PEDAGOGIA DA CONVIVÊNCIA

PEDAGOGIA DA CONVIVÊNCIA

Xesús R. Jares

TRADUÇÃO
Elisabete de Moraes Santana

Título original: Pedagogía de la convivencia
© Xesús R. Jares
Primeira edição, 2006

Coordenação editorial: Daniela Baudouin
Preparação e revisão: Daniela Baudouin
Projeto gráfico e diagramação: Jussara Fino e Daniela Baudouin
Capa: Ademar Assaoka

Dados Internacionais de Catalogação na Publicação (CIP)
(Câmara Brasileira do Livro, SP, Brasil)

Jares, Xesús R.
Pedagogia da convivência / Xesús R. Jares;
tradução Elisabete de Moraes Santana.
São Paulo: Palas Athena, 2008.

Título original: Pedagogía de la convivencia
Bibliografia
ISBN 978-85-60804-07-8

1. Convivência 2. Educabilidade 3. Educação -
Finalidades e objetivos 4. Pedagogia 5. Violência
nas escolas I. Título.

08-10463   CDD-370.115

Índices para catálogo sistemático:
1. Educação para a paz : Pedagogia da convivência 370.115

Todos os direitos reservados e protegidos pela Lei 9610 de 19 de fevereiro de 1998. É proibida a reprodução total ou parcial por quaisquer meios sem autorização prévia, por escrito, da editora.

Direitos adquiridos para a língua portuguesa por Palas Athena Editora

Rua Leôncio de Carvalho, 99 – sala 1 – Paraíso
04003-010 São Paulo – SP – Brasil – Tel/Fax: (11) 3289-5426
www.palasathena.org.br editora@palasathena.org.br
2008

Em um livro sobre convivência, não posso deixar de lembrar aquelas pessoas com as quais tenho convivido. Aquelas com as quais compartilhei tempos, afetos, apoios, preocupações. As que me presentearam com sua amizade e me têm ensinado a conviver. Especialmente, quero recordar aquelas que nos últimos três anos têm me acompanhado e estimulado nos momentos difíceis de minha luta contra o câncer. São estas pessoas que têm estado perto de mim, nem sempre fisicamente, acolhendo-me e dando-me calor e energia em forma de afeto. Algumas são amizades antigas, que o tempo não apenas não desgastou, mas lapidou em respeito e em amor recíproco. Outras são mais recentes, com menor trajetória histórica, mas que surgiram com tal intensidade que parece querermos recuperar o tempo em que não nos conhecíamos.

Pelo que acabo de expressar, dedico este livro de forma muito especial às seguintes pessoas:

- A Paz Raña, minha companheira, e a Sira, minha filha, "meu passarinho de liberdade". Querem-me tanto e cuidam de mim com tal esmero e carinho que, se voltasse a nascer, não pararia até encontrá-las novamente para seguir amando-as infinitamente, existindo junto a elas.
- A minha mãe, Josefa Jares, *in memoriam*. No momento em que finalizo este livro se completam onze anos de sua ausência física, mas sua

presença não tem faltado nem um só dia em meus pensamentos e em meu coração. O meu amor por ela cresce a cada dia como as plantas que deixou e que continuam me acompanhando.

- Aos meus irmãos Pepi e Eliseo. A minha irmã nos deixou em dezesseis de maio de 2006, depois de haver lutado cinco anos contra o câncer. A sua memória e a energia estarão sempre conosco. Eliseo é a idéia perfeita do que significa ser irmão.
- Aos meus cunhados Ricardo Pérez, Mari Zabal, Camilo Raña, Teresa Amido e Román Raña, por tudo o que temos compartilhado e por sua constante atenção. Também à minha sogra, Paz Lama.
- A Emigdio López Lamora, mais que um grande amigo, um segundo irmão, e a sua afetuosa companheira, Mila Gómez.
- A Carmen Sacristán e Pepe Bartolomé, de Madri, amigos excepcionais e irmãos de coração.
- Aos meus amigos e amigas Antonio e Susi, Marisol Vázquez, Elixio Domarco, Mari Prieto, Hipólito Puente, María Valencia, Manuel Nuñez, Carmen Loureiro, Ángel R. de Lera, Maria Antonia Pascual, César Matínez, Carmen Gloria Piñeiro, Belén Piñeiro, Sabela Martínez, Tachi Castro e Susana Fernández Vázquez, sempre generosos, sempre me brindando com seu apoio e amizade, sempre atentos e presentes nos momentos difíceis.
- Aos meus amigos e amigas de Educadores/as para a paz da Nova Escola Galega e da Associação Galego–Portuguesa de Educação para a Paz (AGAPPAZ), por seu constante carinho e por toda a energia que derramam sobre mim aos borbotões há mais de 23 anos. Também tem sido comovedora e incomensurável sua resposta à minha enfermidade. São minha outra grande família e ajudam a dar sentido à vida. Como são tantas e tantos, torna-se impossível citar todos e todas. Assim, vou representá-los em pessoas que são parte da junta diretiva da AGAPPAZ, que tenho a honra de presidir: Helena Proença (Portugal); Teresa Maria Rodrígues Ferreira (Portugal); Maria Emilia Correia Moreira Dias Gregorio (Portugal), Santiago Rodríguez Sánchez (Galícia), Maria Virginia Rodrígues (Portugal), Bernardo Carpente Allegue (Galícia), Isabel Lima (Portugal), Noa Caamaño (Galícia), Américo Nunes Peres (Portugal), Carmen Díaz Simón (Galícia) e Marisa Gamallo Bouzo (Galícia).
- Aos companheiros e companheiras do Departamento de Pedagogia e Didática da Universidade A Coruña, por seu apoio e amizade. Muito especialmente a Narciso de Gabriel, Jurjo Torres, Mariló Candedo, Teresa Nuñez,

Juan José Bueno, Araceli Serantes, Maria Mar Rodríguez e Ana Iglesias. Também a Pilar Rodríguez.

- Às companheiras e amigas das Escolas associadas à UNESCO de Pontevedra, muito especialmente a Flora Fondevila, Carmela Vidal e Estela.
- Aos companheiros e amigos da Junta diretiva da Associação Espanhola de Pesquisas para a Paz (AIPAZ), que presidi: Martín Rodríguez Rojo (Valladolid), Josu Ugarte (Bilbao), José Maria Tortosa (Alicante), Carmen Magallón (Zaragoza), Vicent Martínez Guzmán (Castellón), Paco Muñoz (Granada), Susana Fernández (Madri), Manuela Mesa (Madri) e María Oianguren (Gernika). Também a Carlos Taibo (Galícia-Madri), Jesús Maria Alemany (Zaragoza), Mario López (Granada), Paco Jiménez (Granada), Antonio Poleo (Málaga), Pepe Tuvilla (Almería) e Susana Harillo (País Basco).
- Aos meus companheiros/as do MRP Nova Escola Galega (NEG). Especialmente a Antón Costa, Pepe Ramos, Mercedes Suárez Pazos, Xosé Manuel Cid, Esther Vázquez, Carmela Cóns, Fina Mosquera, Paco Veiga e Alfonso Villares. Também ao grupo do NEG de Lugo (Carmen, Alfonso, Fran, Uxía, Maria Carmen, Elvira e José Antonio).
- Aos companheiros e companheiras das escolas participantes do programa educativo municipal Aprender a conviver, de Vigo, Espanha. Muito especialmente aos amigos Fernando Carrasco, Ramón Caramés e Antonio Vázquez do IES de Teis. Também aos alunos/as mediadores deste Instituto, pela entrega e ternura em seu trabalho de mediação e em relação a minha pessoa.
- A Manuel Blanco, Marina Villamarín e demais membros do grupo de convivência do IES Leiras Pulpeiro, de Lugo. Também à secretária de Educação desta cidade, María Dolores Vieiro Núñez, por seu compromisso com o programa municipal Viver juntos, conviver, e por sua generosidade e estima.
- A Jaume Carbonell, diretor de *Cuadernos de Pedagogia*, por sua amizade e preocupação, e pelos anos compartilhados de trabalho e sonhos.
- A José Paulo Serralheiro, diretor do periódico educacional *A página da educação*, de Oporto (Portugal), por seu compromisso e constante preocupação com meu trabalho e minha saúde.
- A Pedro Badía e María Vieites, diretor e redatora da *Escuela Española*, por sua generosidade e apoio que, apesar da distância física, tenho sempre sentido por perto.
- A Matías Alves, da Editoria ASA, de Oporto (Portugal), por sua permanente atenção com meu trabalho e minha situação pessoal.

✿ Aos meus amigos e amigas que seguem meu trabalho na América Latina e me acompanham na enfermidade com enternecedora generosidade. Cito especialmente Gloria Ramírez (México, DF), Claudia e Eleazar Rodríguez (Chiapas, México), Sydney Oliveira (Brasil), Adriane Kiperman e demais membros da equipe da editora Artmed de Porto Alegre (Rio Grande do Sul, Brasil), Vânia Tanús (Brasil) e Abraham Magendzo (Chile).

✿ Também aos meus queridos amigos e amigas da Associação Palas Athena, São Paulo (Brasil), por sua generosidade, empenho, ternura, suas mostras de carinho e seu compromisso solidário ilimitado, a quem estou unido para sempre em eterna gratidão. Também por confiar em meu trabalho. Muito especialmente a Lia Diskin (co-fundadora da Associação e incansável lutadora da não-violência), a Basílio Pawlowicz, Lúcia Benfatti, Dirceu Darim, Douglas Paes Aranão e Elisabete Santana (que, ademais, é a tradutora do livro).

✿ À excelente equipe de Oncologia do Hospital Geral de Vigo, muito especialmente ao seu diretor, dr. Javier Castellanos, por seus conhecimentos, sua maneira de atender-me, seus estímulos e pela confiança e esperança que me transmite.

✿ À maravilhosa e afetuosa equipe auxiliar, que me atende e anima, do Centro de Saúde Casco Vello de Vigo, à dra. Pilar Gómez e aos enfermeiros Puri Carbajo e Lino Piñón.

✿ A Cinta Vidal, diretora da editora Graó (Barcelona), que sem nos conhecermos pessoalmente nem haver tido nenhum tipo de relação profissional prévia, quis compartilhar comigo o risco de finalizar este livro quando a enfermidade já havia me assaltado novamente. Por sua confiança e preocupação, por decidir esperar-me, pelas palavras de ternura que me enviou, estou em dívida para sempre.

Finalmente, também quero dedicar este livro às pessoas que lutam contra o câncer. Compreenderão que diante das circunstâncias de meu tratamento contra esta enfermidade, não pude me esquivar desta situação que mudou radicalmente minha vida. Boa parte da redação do livro foi realizada nos últimos três meses, precisamente a metade do tempo que levo enfrentando esta recaída. É um tempo com dias muito duros, cheios de incerteza e certo desamparo. Mas também houve dias e momentos maravilhosos, coloridos pelo carinho de muitas pessoas e sem perder a vontade de fazer coisas, como é o caso deste livro. De fato, terminar sua redação foi um elemento de auto-ajuda importante. Não cabe dúvida de que me reconfortaria muitíssimo se a leitura deste livro também supusesse um fio de ajuda e esperança para as pessoas afetadas pelo câncer. Nós, que padecemos desta enfermidade, sabemos que nos obriga em muitos momentos a contemplar a vida vendo passar os dias, "dias como nuvens perdidas" (Octavio Paz). Mas com o amor das pessoas que nos rodeiam, nunca devemos perder a determinação de lutar pela vida, de sonhar com pequenas coisas, de viver com serenidade e esperança. Ao menos é esta minha determinação! E como escreveu o poeta português Miguel Torga, a esperança será "a última palavra de minha boca". Apesar de em meu caso, muito provavelmente, ser a penúltima.

INTRODUÇÃO, 15

1. SOBRE A CONVIVÊNCIA E OS CONTEÚDOS DE UMA PEDAGOGIA DA CONVIVÊNCIA, 23

OS MARCOS DA CONVIVÊNCIA, 25
  A FAMÍLIA, 26
  O SISTEMA EDUCACIONAL, 26
  O GRUPO DE IGUAIS, 27
  OS MEIOS DE COMUNICAÇÃO, 27
  ESPAÇOS E INSTRUMENTOS DE LAZER, 27
  CONTEXTO POLÍTICO, ECONÔMICO E CULTURAL DOMINANTE, 27
OS CONTEÚDOS DE UMA PEDAGOGIA DA CONVIVÊNCIA, 29
  OS DIREITOS HUMANOS COMO MARCO REGULADOR DA CONVIVÊNCIA, 29
  O RESPEITO, 31
  O DIÁLOGO, 32
  A SOLIDARIEDADE, 33
  A NÃO-VIOLÊNCIA, 35
  O LAICISMO, 37
  O CARÁTER MESTIÇO DAS CULTURAS, 39
  A TERNURA COMO PARADIGMA DE CONVIVÊNCIA, 40
  O PERDÃO, 43
  A ACEITAÇÃO DA DIVERSIDADE E O COMPROMISSO COM OS MAIS NECESSITADOS, 44
  A FELICIDADE, 45
  A ESPERANÇA, 46
FATORES DESAGREGADORES DA CONVIVÊNCIA, 49
  O ÓDIO, 49
  OS MANIQUEÍSMOS E A IDÉIA DE INIMIGO, 51
  O MEDO, 51
  OS FUNDAMENTALISMOS, 53
  AS MENTIRAS, 54
  A CORRUPÇÃO, 55
  A DOMINAÇÃO, 56
O PAPEL DA NOVA DISCIPLINA DE EDUCAÇÃO PARA A CIDADANIA, 57
  A EDUCAÇÃO PARA A CIDADANIA DEMOCRÁTICA E OS DIREITOS HUMANOS, 57
  OS ARGUMENTOS DO DESENCONTRO, 58
  CONTEÚDOS, 62

2. A SITUAÇÃO DA CONVIVÊNCIA NAS ESCOLAS DE ENSINO MÉDIO, 65

DADOS DA PESQUISA, 69
  CONTEÚDOS, 69
  A. PROFESSORADO, 71
  B. ALUNADO, 72
  A AMOSTRAGEM, 73
  INSTRUMENTOS DE ANÁLISE E OBTENÇÃO DE DADOS, 75

PRINCIPAIS CONCLUSÕES, 76
1. PERCEPÇÃO NEGATIVA DO CONFLITO, 76
2. PERCEPÇÃO POSITIVA DO CLIMA DE CONVIVÊNCIA JUNTO A UMA VISÃO MUITO PREOCUPANTE DA SITUAÇÃO DE INDISCIPLINA E VIOLÊNCIA DO ALUNADO NAS ESCOLAS, 78
3. ALTA PERCEPÇÃO DE VIOLÊNCIA ATRIBUÍDA AO ALUNADO NA ESCOLA JUNTO A UM ESCASSO RECONHECIMENTO DE SUA PRESENÇA, 81
4. ALTA PERCEPÇÃO DE CONFLITUOSIDADE E VIOLÊNCIA JUNTO AO CLARO RECONHECIMENTO DE POUCOS ESPAÇOS E ATIVIDADES PARA FAVORECER A CONVIVÊNCIA, 83
FREQÜÊNCIA NO USO DE ESTRATÉGIAS DIDÁTICAS NA SUA TENDÊNCIA POSITIVA, 87
5. O PROFESSORADO SITUA AS CAUSAS DA VIOLÊNCIA DO ALUNADO EM ÂMBITOS ALHEIOS À SUA FUNÇÃO, 88
6. CONVIVÊNCIA, DIVERSIDADE E EXCLUSÃO, 91
7. O PAPEL DAS NORMAS INTERNAS E SEU DESIGUAL CONHECIMENTO ENTRE ALUNOS E PROFESSORES, 96
8. ALUNOS E PROFESSORES TÊM ALTA PERCEPÇÃO DE QUE O PROFESSORADO FOMENTA VALORES E ATITUDES PRÓPRIOS DE UMA CONVIVÊNCIA DEMOCRÁTICA, E RECONHECEM A POUCA UTILIZAÇÃO DE ESPAÇOS E ESTRATÉGIAS DIDÁTICAS PARA DESENVOLVÊ-LOS (O QUE SE LIGA À FORMAÇÃO DEFICIENTE), 98
PERCEPÇÃO DOS VALORES FOMENTADOS PELO PROFESSORADO, 99
9. DESENCONTROS ENTRE PROFESSORES E ALUNOS, 100
10. IMPORTÂNCIA DO ACOMPANHAMENTO NOS RECREIOS E AVALIAÇÃO SOBRE A FORMA COMO SE REALIZAM, 103
11. PERCEPÇÃO DE MEDO DE IR À ESCOLA DO ALUNADO E O SENTIMENTO DE APREÇO E REJEIÇÃO EM RELAÇÃO AOS SEUS PRÓPRIOS COLEGAS E AO PROFESSORADO, 105

3. ÂMBITOS DE INTERVENÇÃO, 111

O MARCO LEGISLATIVO, 114
    A LEI 27/2005, DE FOMENTO À EDUCAÇÃO E À CULTURA DE PAZ, 114
    A LEI ORGÂNICA DE EDUCAÇÃO DA ESPANHA, 117
PREMISSAS BÁSICAS PARA UM PLANO DE CONVIVÊNCIA, 127
    GLOBAL E INTEGRADO, 128
    TEMPO, 128
    ESPAÇOS ADEQUADOS, 128
    OPORTUNIDADES, APOIO E ESTÍMULO CONSTANTES, 129
    MÍNIMA ARTICULAÇÃO DO PROFESSORADO EM UM PROJETO COMUM, 129
    PROMOVER A PARTICIPAÇÃO DE TODOS OS SETORES EDUCACIONAIS, 130
    EVITAR MEDIDAS DE EXCLUSÃO, 131
    DEMONSTRAR COMPROMISSO, 131
    APOSTAR EM UM MODELO DE DIREÇÃO COLEGIADA E DEMOCRÁTICA, 132
CONSTRUIR INFRA-ESTRUTURA DE CONVIVÊNCIA, 135
    NO ÂMBITO DA ESCOLA: PLANO DE CONVIVÊNCIA, 135
    NO ÂMBITO DA CLASSE, 139
A FORMAÇÃO DO PROFESSORADO, 141

A COMPREENSÃO POSITIVA E PROCESSUAL DO CONFLITO, 146
A ESPECIFICIDADE DE CADA SITUAÇÃO CONFLITUOSA, 147
DISTINÇÃO ENTRE AGRESSIVIDADE E VIOLÊNCIA, 148
A ACEITAÇÃO DA DIVERSIDADE, 149
CAPACITAÇÃO EM ESTRATÉGIAS DE CRIAÇÃO DE GRUPO, 150
A DEFESA DA EDUCAÇÃO COMO UM DIREITO, 151

4. A MEDIAÇÃO NAS ESCOLAS, 153

OPINIÃO DO PROFESSORADO SOBRE A PRÁTICA DA MEDIAÇÃO NO ÂMBITO EDUCACIONAL, 157
OPINIÃO DO ALUNADO SOBRE A APLICAÇÃO DA MEDIAÇÃO NO ÂMBITO EDUCACIONAL, 162
   COMPARATIVO PROFESSORADO-ALUNADO NO USO DA MEDIAÇÃO, 164
A EXPERIÊNCIA DA MEDIAÇÃO NO IES DE TEIS DE VIGO, 165
   O CONTEXTO DA EXPERIÊNCIA, 165
   A FORMAÇÃO, 166
   IDÉIAS PRÉVIAS DOS MEDIADORES E MEDIADORAS, 169
   O PROCESSO DE FORMAÇÃO: EXCERTO DO DIÁRIO DE MEDIAÇÃO, 171
   AS SESSÕES DE COORDENAÇÃO, 177
   ENTREVISTA COM OS MEDIADORES, 182
   ENTREVISTA COM AS MEDIADAS, 186
   RESULTADOS E AVALIAÇÕES, 188

5. EDUCAR PARA A CONVIVÊNCIA DESDE AS FAMÍLIAS, 191

RELAÇÕES FAMÍLIAS-CENTROS EDUCACIONAIS, 195
   ESCASSA PARTICIPAÇÃO, 196
   A FRATURA FAMÍLIA-ESCOLA, 197
   O ASSÉDIO ESCOLAR, 203
   TRANSFORMAR O PRESENTE PARA MELHORAR O FUTURO: A COLABORAÇÃO COMO NECESSIDADE, 204
ONDE ERRAMOS? ALGUNS ERROS NA EDUCAÇÃO DE NOSSOS FILHOS E FILHAS, 206
   LIBERDADE SEM LIMITES, 207
   DESCUMPRIMENTO DE NORMAS, 208
   O MITO DO TRAUMA, 209
   DAR TUDO O QUE NÃO TIVE QUANDO CRIANÇA, 209
   SUPERPROTEÇÃO, 210
   SOMOS AMIGOS, 211
   CEDER PARA NÃO ENTRAR EM CONFLITO, 212
   MOSTRAR IMPOTÊNCIA: NÃO POSSO COM MEU FILHO!, 212
   CONFUNDIR O PROBLEMA COM A PESSOA, 214
   ENCOBRIR OS FILHOS QUANDO COMETEM ALGUMA FALTA, 215
   A CULPA É DOS PROFESSORES!, 216

"PERDER A CABEÇA", 217
USO DA VIOLÊNCIA, 218
IMPOSIÇÃO DE NOSSAS ESCOLHAS , 219
INTERESSE ÚNICO PELOS ESTUDOS, 220
TRATAMENTO DESIGUAL POR RAZÃO DE SEXO, 221
ESTRATÉGIAS PARA FAVORECER A CONVIVÊNCIA NAS FAMÍLIAS, 221
DIÁLOGO, 222
TEMPO, 223
NORMAS, 223
APRENDER A RESOLVER CONFLITOS, 224
PROCESSO DE INTERVENÇÃO PARA RESOLUÇÃO DE CONFLITOS, 227
EXPRESSAR SENTIMENTOS, 228
CORRIGIR DEMONSTRANDO TERNURA, 228
PEDIR DESCULPAS QUANDO NOS EQUIVOCAMOS, 229
COERÊNCIA, 230
MEDIAR, 230

SISTEMA EDUCACIONAL ESPANHOL (LOE), 231

REFERÊNCIAS BIBLIOGRÁFICAS, 235

INTRODUÇÃO

Toda relação humana implica determinado modelo de convivência que pressupõe determinados valores, formas de organização, sistemas de relação, normas para enfrentar conflitos, formas lingüísticas, modos de expressar os sentimentos, expectativas sociais e educativas, maneiras de exercer o cuidado etc. E isto é assim porque não há possibilidade de viver sem conviver – nós, humanos, somos seres sociais e precisamos dos outros para a própria subsistência. A fragilidade da vida humana é uma das razões que explicam a convivência, ainda que não seja a única. Entretanto, a forma de organizar a convivência em seus diversos âmbitos (familiar, laboral, político, internacional etc.) admite diferentes possibilidades que estão cruzadas pelas variáveis já citadas. Em função disso são construídos os diferentes modelos de convivência, com distintas conseqüências para as pessoas.

Igualmente, a aprendizagem da convivência – para sermos mais precisos, de um determinado modelo de convivência – é inerente a qualquer processo educativo, e tem sido assim historicamente. Aprender a conviver em um conjunto de regras determinadas é uma das funções atribuídas à educação, tanto nos contextos familiares quanto nos sistemas educacionais formais. De tal forma que mudam os modelos de convivência, as estratégias e inclusive as instituições responsáveis por ministrar tal aprendizagem, mas a educação, consciente ou inconscientemente, sempre leva consigo uma determinada acepção de convivência. Conseqüentemente, a primeira incumbência é nos interrogarmos sobre o tipo de convivência na qual aspiramos viver e para a qual pretendemos educar, conscientes de que, em ambos os desafios, jogamos boa parte de nosso futuro.

Pois bem, se a convivência é inerente a todo processo educativo, de modo algum se pode dizer que seja um aspecto exclusivo do sistema educacional formal. E isto por duas razões fundamentais. Em primeiro lugar porque, para qualquer sociedade, uma convivência razoavelmente harmônica da população em geral é um tema tão fundamental e decisivo para seu futuro que não pode ser delegado a um único meio, por mais importante que seja. Em segundo lugar, porque a construção da convivência, gostemos ou não, estejamos conscientes ou não, realiza-se em contextos sociais muito diferentes e com objetivos e estratégias nem sempre coincidentes. Ainda que, tradicionalmente, a família e o sistema educacional tenham exercido a responsabilidade quase exclusiva desta tarefa, hoje sabemos, como veremos mais adiante, que estes âmbitos educativos não são os únicos que favorecem determinados modelos de convivência. Com isto queremos dizer que a missão de construir sociedades conviviais compete ao conjunto da sociedade, assim de modo algum se pode delegar esta responsabilidade exclusivamente ao sistema educacional, mesmo que a tenha e seja enorme,[1] nem às famílias.

Por estas razões, consideramos que a convivência e a educação para a convivência devem ser tomadas como questões prioritárias para o conjunto da cidadania, com a liderança das instituições públicas. Porque, se é certo que o aprender a conviver tem muito de osmose social não intencional e, portanto, com limites dificilmente perceptíveis, tampouco é menos certo que as circunstâncias sociais planificadas em uma determinada direção – por exemplo, fomentando relações de respeito, de pluralidade e convivência democrática – podem facilitar, e de fato em boa medida o fazem, processos e relações sociais neste sentido. Por isto, a educação para a convivência e a cidadania democrática deve ser considerada como uma questão de Estado, assim como a educação em geral.

---

1. Tampouco podemos nos satisfazer com os discursos populistas, que encontram eco em determinados foros, que situam a convivência como um problema de todos – no que estamos de acordo – mas que, em compensação, diluem a responsabilidade do sistema educacional.

Demanda que não podemos separar da imagem social de deterioração da convivência no conjunto da sociedade, o que nos leva tanto ao âmbito das famílias, dos centros educacionais ou de determinadas populações urbanas. Não obstante, tampouco podemos nos esquivar da análise histórica que nos revela que a convivência e a educação dos jovens têm sido habitualmente tratadas como temas de grande preocupação e, desde já, em tom de lamentação em relação às gerações anteriores. Contudo, estamos convencidos que, na atualidade, ocupa espaços de maior preocupação na população, não somente pela amplificação que os meios de comunicação costumam dar aos fatos violentos e atentatórios à convivência respeitosa, mas também porque se constata uma maior série de rupturas sociais, perda de valores básicos e também aumento da presença da violência em suas múltiplas formas.

Com efeito, o denominado "problema da convivência", tanto em determinadas populações e contextos sociais quanto no âmbito escolar, é um dos aspectos que mais preocupa a sociedade em geral, assim como aos diferentes setores do sistema educacional, em particular. A perda das formas básicas de educação, a indiferença nas relações sociais, a deterioração da convivência, a banalização da violência etc. aparecem como grandes preocupações sociais que transpassam o campo meramente educacional.[2] Por exemplo, no âmbito educacional formal podemos citar os seguintes dados como reflexos desta preocupação:

> A progressiva aparição de notícias nos meios de comunicação que falam de conflituosidade e violência escolar.
> A causa fundamental que se destaca para explicar o estresse e as baixas laborais no professorado.
> Os projetos institucionais de educação para a convivência que, pouco a pouco, estão sendo implementados nas esferas municipal, das comunidades autônomas[3] e estatal.
> As regulações jurídicas que estão aparecendo em determinadas comunidades autônomas.

2. Preocupação que afeta todos os países de nosso entorno cultural.
3. Com a promulgação da Constituição de 1978, a divisão política e administrativa da Espanha tem a forma de dezessete Comunidades Autônomas, com capacidade legislativa dos seus Parlamentos Autônomos para preservação, alteração e desenvolvimento de seu direito civil histórico. [N. da T.]

Pois bem, a progressiva deterioração da convivência não acontece ao acaso, nem é fruto de um acidente ou de uma inevitável evolução. Há causas e circunstâncias que provocam esta situação. A casualidade pode ter sua cota de incidência e, de fato, em muitas ocasiões, é um fator decisivo, mas de modo algum explica tudo. O tipo de convivência dominante que temos é resultado de algumas práticas socioeconômicas, políticas, culturais e educacionais decididas por seres humanos. O fato de não conhecê-las ou não estarmos conscientes delas não significa que tais causas não existam. Concretamente, cinco são os fatores fundamentais que, em minha opinião, confirmam a atual situação da convivência:

1 O sistema econômico-social fundamentado no triunfo a qualquer preço, a primazia do interesse econômico e a reputação dos seres humanos como recursos ou meios, e não como fins. Os dados apresentados anualmente por diversas organizações assinalam um processo de globalização neoliberal cada vez mais injusto e desumanizador.
2 Perda do respeito e dos valores básicos de convivência, aquilo a que sempre se chamou de educação básica ou civilidade. Perda que é conseqüência do tipo de sociedade em que vivemos – cada vez mais individualista, consumista, desumanizada – e das mudanças culturais nas relações sociais.
3 Maior complexidade e heterogeneidade social. A nossa sociedade nunca foi simplista – recorde-se nossa história –, nem homogênea – lembrem-se as diferenças por classe social, culturas urbanas e rurais, culturas das nacionalidades de estado, cultura cigana etc. Entretanto, é certo que, com a globalização e o salto de um país exportador de emigrantes a um país receptor, tem-se visualizado e aprofundado esta complexidade e heterogeneidade. É evidente que, por sua própria natureza, nem uma nem outra levam necessariamente à deterioração da convivência, se bem que não é menos certo dizer que enseja maior potencial de conflituosidade. Mas esta, por sua vez, está condicionada aos valores das pessoas, à forma de entender e viver as diferenças, as identidades etc.
4 Perda de liderança educativa dos sistemas tradicionais de educação, da família e do sistema educacional. Perda que, para nós, supõe uma razão a mais para reclamar sua importância junto aos outros dois âmbitos educativos atuais, o grupo de iguais e os meios de comunicação (incluindo a internet).

5   Aumento na ocorrência e na visibilidade da violência. Presenciamos um processo paulatino de aumento e banalização da violência, ao ponto de, em determinados setores sociais, representar um símbolo de identidade de certas culturas grupais e comportamentos sociais. Também preocupa cada vez mais a diminuição da idade dos atores da violência.

Todos estes fatores terão, inexoravelmente, maior ou menor influência nos modelos de convivência de nossas sociedades, como também no sistema educacional. Com relação a este último, tampouco podemos desprezar três processos próprios de grande profundidade que afetam diretamente uma pedagogia da convivência:

1   As dificuldades de organização democrática que ocorrem nas escolas, nas quais o nítido retrocesso na participação revela-se como um de seus indicadores mais eloqüentes e preocupantes. Contudo, como veremos, a participação é insubstituível para fomentar modelos de convivência democráticos. Não se pode estruturar uma pedagogia da convivência à margem dos que são diretamente afetados por ela.
2   Os déficits de formação, tanto do professorado quanto do alunado, que têm sido detectados em recentes estudos relativos aos direitos humanos (Anistia Internacional, 2003; Assembléia Permanente pelos Direitos Humanos, 2004) – déficit de ética e cidadania que podemos estender ao conjunto da sociedade, frente a um excessivo moralismo religioso –, assim como em relação à preparação para o enfrentamento de conflitos, tal como expomos no capítulo 2.
3   A percepção altamente preocupante da situação da convivência nos centros educacionais, tanto do alunado quanto do professorado, que também demonstramos no capítulo 2.
4   As resistências de um setor minoritário mas muito ativo do professorado que se recusa a assumir a sua função educadora, escudando-se num impossível, assim como fictício papel de "professor" como simples transmissor de conteúdos cognoscitivos. É o velho conflito entre ser professor e ser educador que denunciamos há anos, já que parte de premissas falsas.

Pedagogia da convivência surge da experiência pessoal como professor, formador de formadores, estruturador e coordenador de programas de convivência, pesquisador, mediador, e como pai. É, pois, um livro assentado na experiência reflexiva, na investigação e na intervenção social e educativa de muitos anos. Por isso, não é a primeira vez que me acerco desta temática a partir da perspectiva de escritor. Com efeito, além de diferentes artigos, capítulos de livros e conferências, este é o terceiro livro sobre esta questão. Antes, já foram publicados *Educación y conflicto. Guía de educación para la convivencia* [Educação e conflito: Guia de educação para a convivência] e *Aprender a convivir* [Aprender a conviver], ambos de 2001.

O trabalho aqui apresentado pretende indagar cinco conteúdos essenciais: abordar os marcos e conteúdos da convivência, apostando no que denominamos modelo de convivência democrática; explicar os dados mais significativos das pesquisas que desenvolvemos na Galícia e nas Ilhas Canárias, Espanha, sobre a situação da convivência nos centros educacionais de Ensino Médio; apresentar propostas para fundamentar e tornar operativa a pedagogia da convivência nas escolas a partir de uma perspectiva global e integrada; expor uma experiência concreta do processo de implantação de uma equipe de mediação em uma escola de Ensino Médio; e refletir sobre o papel das famílias no processo de educar para a convivência.

Conteúdos que originaram os cinco capítulos nos quais estrutura-se o livro. No capítulo 1, abordamos os marcos e conteúdos da pedagogia da convivência. Parece-nos um capítulo muito importante, através do qual pretendemos contextualizar os diferentes âmbitos que incidem na convivência, assim como os próprios conteúdos básicos: respeito, direitos humanos, ternura, diálogo, solidariedade, perdão, esperança. Insistimos também nos fatores desagregadores da convivência, centrando-nos naqueles que consideramos mais incisivos na atualidade: o ódio, os maniqueísmos, os fundamentalismos, o medo. Finalmente, dado que a Lei Orgânica de Educação (LOE) introduz a nova disciplina "educação para a cidadania e os direitos humanos", nos parece interessante apresentar algumas reflexões e propostas neste sentido.

No capítulo 2, apresentamos os principais resultados da pesquisa Conflito e convivência nos centros educacionais de Ensino Médio, que dirigimos na Galícia nos anos 1998-2002 e que obteve resultados semelhantes na maioria das categorias da mesma investigação que também conduzimos na Comunidade Autônoma de Canárias, nos anos 2002 e 2003, a convite do Instituto Canário de Avaliação e Qualidade Educacional (ICEC). Uma vez explicitados os objetivos, conteúdos e amostra da investigação, apresentamos as conclusões que julgamos de maior relevância para o debate educativo. Com estas pesquisas quisemos analisar de forma global a relação entre conflituosidade e convivência nas escolas de Ensino Médio, centrando-nos em diferentes âmbitos desta relação nos dois protagonistas do processo de ensino-aprendizagem: o professorado e o alunado. Os dados das investigações constatam com nitidez determinadas realidades deficitárias nos centros educacionais e na formação do professorado que devem ser reparadas com a maior brevidade possível.

Se no capítulo 1 apresentamos os marcos genéricos da convivência e no capítulo 2, os resultados da percepção sobre a convivência nas escolas de Ensino Médio, no capítulo 3 adentramos à seara das propostas para os centros educacionais a partir de três idéias fundamentais: a convivência democrática tem de ser preparada e planificada, criando na escola o que denominamos infra-estrutura de convivência; quanto maior for o repertório de atividades didáticas a utilizar, maiores probabilidades teremos de acertar; a participação de todos os setores da comunidade educativa é uma exigência, a partir da idéia-chave de co-responsabilidade.

Este "Plano de intervenção" nos obrigou a examinar o marco legislativo desta temática, as propostas de escola e de aula, e a formação do professorado.

No capítulo 4 apresentamos a experiência de uma escola de Ensino Médio sobre um dos métodos de resolução de conflitos que está sendo utilizado cada vez com mais força nos centros educacionais e em outros âmbitos sociais: a mediação. Não é objeto deste capítulo explicar o processo da mediação, obstáculos etc., que já está suficientemente desenvolvido também em outros livros de minha autoria citados anteriormente. Trata-se de contar e refletir como se pôs em andamento a experiência da mediação em um centro escolar, como se deu a formação dos mediadores e mediadoras, em que tipo de caso intervieram, quais obstáculos encontraram, que opiniões têm os mediadores/as e os mediado/as, o professorado etc. E, com base em tudo isto, sugerir algumas recomendações.

Por último, no capítulo 5, adentro em um território totalmente inexplorado em minha trajetória como escritor, o âmbito familiar. Concretamente, o papel das famílias na educação para a convivência. Três razões fundamentais me levaram a abordá-lo. Em primeiro lugar, como desenvolvo no capítulo, preocupa-me enormemente a fratura produzida nos últimos anos entre professores e famílias dos estudantes. Não é pouco freqüente perceber este desencontro, no qual acusações mútuas em nada beneficiam o processo educativo. Os dados da pesquisa que apresentamos no capítulo 2 corroboram nitidamente esta situação. Em segundo lugar, causam-me impacto e comoção intelectual as enormes mudanças que vêm ocorrendo na família espanhola, nem sempre para melhor em suas repercussões educativas sobre filhas e filhos. Em terceiro lugar, de uma perspectiva mais pessoal como pai e amigo de pais e mães, a falta de limites com seus filhos é um tema recorrente e que preocupa boa parte de ambos. Em alguns casos, chegam até a sentir angústia e sensação de fracasso como mães e pais.

Organizamos o capítulo em três partes: análise das relações famílias-escolas; abordagem dos diferentes erros que consideramos estarem sendo cometidos na educação de nossos filhos e filhas; e estratégias para favorecer a convivência nas famílias e facilitar a resolução pacífica de conflitos.

Com a descrição dos conteúdos do livro que acabamos de realizar é fácil deduzir que *Pedagogia da convivência* está destinado fundamentalmente ao professorado e a mães e pais, com o objetivo de servir como reflexão para melhorar a convivência no seio de seus respectivos espaços, assim como nas relações entre ambos. Melhoria que, entre outros requisitos, exige precisamente a superação da perigosa cisão entre professores e mães/pais.

Também devo confessar que procurei escrevê-lo fugindo de posições simplistas, bairristas e populistas que podem suscitar determinadas adesões e, em alguns casos, rentáveis editoriais sem serventia para resolver os problemas. Por isto, devemos nos despojar de tais trincheiras defensivas e desculpáveis, e aceitar que todos cometemos erros, pais e professores, como também meios de comunicação e autoridades ligadas à educação. A partir daqui, devemos reconhecer que temos um problema, porém abarcável e solucionável tal como demonstram, entre outras, as propostas e experiências que apresentamos. Ao mesmo tempo, devemos romper com a dinâmica destrutiva de desqualificação do outro, e lançar um discurso decididamente favorável à cooperação, à co-responsabilidade e busca conjunta de respostas educativas e democráticas.

Em suma, *Pedagogia da convivência* é um convite ao diálogo, à reflexão crítica e à intervenção global sobre um tema essencial para nosso modelo educacional e social, ao mesmo tempo que busca demonstrar que educar para a convivência a partir de critérios democráticos é possível e necessário.

VIGO, MAIO DE 2006

1 SOBRE A CONVIVÊNCIA E OS CONTEÚDOS DE UMA PEDAGOGIA DA CONVIVÊNCIA

OS MARCOS DA CONVIVÊNCIA

Como já foi dito (Jares, 2001a e 2001b), conviver significa viver uns com os outros com base em certas relações sociais e códigos valorativos, forçosamente subjetivos, no marco de um determinado contexto social. Estes pólos, que marcam o tipo de convivência, estão potencialmente cruzados por relações de conflito, o que de modo algum significa ameaça à convivência. Conflito e convivência são duas realidades sociais inerentes a toda forma de vida em sociedade. Essas diferentes formas de relação e códigos valorativos fazem com que existam diferentes maneiras ou modelos de conviver, não apenas em sociedades diferentes, mas também dentro de uma mesma sociedade e/ou grupo social. E ainda, uma mesma pessoa pode transitar por diversos modelos de convivência ao longo de um dia, em função dos diferentes contextos sociais em que se movimente: familiar, vizinhança, trabalho etc.

O modelo de convivência democrática está assentado no Estado de Direito e no cumprimento de todos os direitos humanos para o conjunto da população. Os direitos humanos favorecem a convivência democrática tanto quanto apostam em um tipo de sociedade assentada em valores democráticos e na justiça social, dimensões que se chocam frontalmente com os interesses dos que defendem o benefício particular e a dominação.

Os direitos humanos optam por um tipo de relações sociais e econômicas baseadas na justiça, na igualdade e na dignidade das pessoas, ao mesmo tempo em que tornam outras incompatíveis.

Além dos conteúdos, que veremos no ponto seguinte, uma questão chave que influi no significado de uma pedagogia da convivência são os diferentes marcos que sobre ela incidem, desde os de tipo conceitual, nos quais situamos a idéia mesma de convivência, até os contextos político, social, econômico e cultural, passando pelas próprias metas e estratégias educativas. Veremos a seguir os diferentes marcos que incidem na convivência, ou ao menos aqueles que consideramos mais importantes.

A FAMÍLIA

É o âmbito inicial de socialização e onde aprendemos os primeiros hábitos de convivência. Daí ser muito importante, e às vezes determinante, nos modelos de convivência que aprendemos. Modelos que flutuam muito em função de distintas variáveis, como o ideal de convivência e de educação dos pais; tipo de relações entre eles e com os filhos, e destes entre si; valores que são fomentados e impostos (pensemos, por exemplo, na submissão a uma determinada confissão religiosa poucos dias depois do nascimento); compromisso social dos pais e sua situação laboral; qualidade das relações afetivas; hábitos culturais; forma mais ou menos consciente de assumir a paternidade ou a maternidade etc. Todas estas variáveis determinam certas orientações no modelo de convivência. Assim, mais que falar da família, há que se falar de famílias, diferentes em sua composição, situação, relações entre seus membros etc.

O SISTEMA EDUCACIONAL

Este é o segundo grande âmbito de socialização em nossas sociedades. A escola, como artífice cultural, gera ritos que deixam vestígios no âmbito da convivência. Com efeito, através das estratégias educacionais, dos formatos organizativos e estilos de gestão, do modelo de professorado e de avaliação, entre outros fatores, professores e professoras estimulam determinados modelos de convivência. O seu tipo e qualidade não são independentes do que fazemos no centro educacional.

O GRUPO DE IGUAIS

É outro âmbito de socialização de grande importância, em idades cada vez menores. Tradicionalmente, a incidência desta variável se situava a partir da adolescência, mas sua ocorrência está baixando para idades mais precoces por conta dos tipos de relações sociais que vivemos. Neste sentido, não podemos deixar de citar a paulatina incidência das culturas dominantes de entretenimento, em muitas ocasiões toleradas e/ou incentivadas pelos próprios pais. Daí a importância de, respeitando uma determinada autonomia da menina ou do menino, haver certo controle por parte das famílias, tal como desenvolvemos no último capítulo, dedicado à educação a partir das famílias.

OS MEIOS DE COMUNICAÇÃO

O quarto grande âmbito de socialização, com forte incidência nos modelos de convivência, está representado pelos meios de comunicação, particularmente a televisão. É conhecido por todos o elevado número de horas que, diariamente, meninos e meninas passam diante do televisor e a enorme influência que seu conteúdo exerce em determinados comportamentos, valores e relações sociais. Por sua especial incidência, destacam-se os desenhos animados, as séries e a publicidade. Esta, apesar da legislação vigente [na Espanha], segue fomentando, em muitos casos, valores claramente sexistas, competitivos e não solidários.

ESPAÇOS E INSTRUMENTOS DE LAZER

Além dos marcos destacados anteriormente, meninos, meninas e adolescentes conformam seus valores e modelos de convivência na interação e escolhas que estabelecem com os espaços e instrumentos de lazer. Espaços que, em nossos tempos, são dominados por grandes centros comerciais, com a conseqüente cultura consumista que implicam, e instrumentos como videogames, revistas, internet, determinadas letras de músicas etc. Boa parte deles transmite práticas e valores consumistas, violentos, discriminatórios etc.

CONTEXTO POLÍTICO, ECONÔMICO E CULTURAL DOMINANTE

Todos os âmbitos anteriores se dão e interagem, seja no micro ou no mais global dos planos médio e macro, em um determinado contexto político, econômico, social e cultural. Desse modo, a convivência está inexoravelmente condicionada pelo contexto sócio-político, ao mesmo tempo em que este está condicionado por ela. Em conseqüência, as condições sociais, econômicas e culturais nas quais vivemos[1] incidem, de uma forma ou de outra, nos tipos de convivência. Assim, a pedagogia da convivência deve considerar tais condições, além do "ideal de convivência",[2] para entender e explicar determinados processos sociais e educacionais, bem como para planejar sua intervenção educativa. Neste sentido, não podemos desconsiderar que atualmente, tanto no plano internacional quanto nos nacional e local, estamos imersos em um contexto de políticas neoliberais e conservadoras que não favorecem modelos de convivência democráticos e respeitosos para com os direitos humanos. E isto é assim porque, como desenvolvemos em outro texto (Jares, 2005: 30-55), o modelo neoliberal está assentado nas seguintes premissas:

> Está construído por uma minoria.
> É um processo de dominação, e não de interdependência.
> Favorece a polarização e a desigualdade social.
> Atenta contra o estado de bem-estar social.

Por isto, são cada vez mais escassos os espaços para exercer o direito a uma autêntica cidadania, a uma convivência democrática, conduzindo-nos a um sistema de democracia formal mercantilizada e televisionada, com claras diferenças sociais e com setores da população vivendo totalmente excluídos do Estado de Direito e da convivência democrática. Neste cenário, ao invés de cidadãos, querem nos converter em meros espectadores-clientes, substituindo o viver pelo consumir, o decidir, pelo delegar.[3]

---

1. Condições que nem são homogêneas, nem não-conflituosas.
2. Ligado à própria caracterização da natureza humana e da sociedade.
3. Evidentemente, frente a esta ideologia e sistema econômico dominantes, contestações e formas de convivência contra-hegemônicas são produzidas. Daí a importância da luta social e política emancipadora.

OS CONTEÚDOS DE UMA PEDAGOGIA DA CONVIVÊNCIA

O que foi expresso no ponto anterior nos leva a considerar que a convivência faz referência a conteúdos de naturezas bem distintas: morais, éticos, ideológicos, sociais, políticos, culturais e educativos, fundamentalmente. Conteúdos que podem ser agrupados em três grandes categorias:

> Conteúdos de natureza humana: o direito à vida e ao desejo de viver, à dignidade, à felicidade, à esperança...
> Conteúdos de relação: ternura, respeito, não-violência, aceitação da diversidade e rejeição a qualquer forma de discriminação, solidariedade, igualdade...
> Conteúdos de cidadania: justiça social e desenvolvimento, laicismo, Estado de Direito, direitos humanos...

Dada a impossibilidade de desenvolver todos eles, iremos nos centrar naqueles que consideramos prioritários.

OS DIREITOS HUMANOS COMO MARCO REGULADOR DA CONVIVÊNCIA

Toda convivência é regida, explícita ou implicitamente, por um marco regulador de normas e valores, tanto no âmbito micro da família e entorno imediato ao indivíduo quanto no conjunto dos diferentes contextos sociais nos quais vivemos. Da mesma forma, sabemos que este código de normas e valores é transmitido, como já destacamos, a partir de diferentes instâncias sociais – família, escola, meios de comunicação, sistema judicial, estratégias políticas, confissões religiosas etc. Pois bem, para todos estes âmbitos e como critério geral de convivência, propomos partir do conjunto dos direitos e deveres integrados na Declaração Universal dos Direitos Humanos. Por quê?

Porque os direitos humanos significam o pacto mais sólido para uma convivência democrática, além de representar o consenso mais abrangente jamais conseguido na história da humanidade sobre valores, direitos e deveres para viver em comunidade. Com efeito, ao indagar acerca dos pilares sobre os quais queremos construir a convivência, os direitos humanos representam opção idônea e legítima. Tal como assinalamos (Jares, 1999b), a idéia central na qual se assenta o conceito de direitos humanos é a de *dignidade, inerente a todo ser humano*. E é a partir deste ponto que devemos construir a convivência em todos os âmbitos sociais. Dignidade que se situa entre três qualidades essenciais: *liberdade, justiça* e plena *igualdade* de todos os seres humanos. Conseqüentemente, falamos não de uma dignidade de caráter exclusivamente moral, mas também da exigência de direitos e práticas econômicas, sociais e políticas para plasmar na vida cotidiana tal idéia de dignidade e, por extensão, de convivência digna. Neste sentido, podemos dizer que a Declaração promove um conjunto de valores, princípios e normas de convivência que devem conformar essa dignidade humana, assim como a vida em sociedade, ao mesmo tempo em que rechaça aqueles que lhes sejam contrários.

Organizações como *Human Rights Watch* ou Anistia Internacional, entre outras, sublinharam e avaliaram que, desde a crise de 11 de setembro de 2001 até a atualidade, os direitos humanos vêm sendo uma das vítimas, chegando inclusive a afirmar que a partir daquela data sofreram o maior retrocesso desde sua proclamação.[4] Nesta estratégia de ataque aos direitos humanos tem papel essencial a *dicotomia ou dualidade que se estabelece entre segurança e liberdade*. Esta dicotomia não apenas é contraditória como, ademais, é moralmente inaceitável. Os atentados contra a vida e a liberdade não podem ser combatidos com morte e menos liberdade. Sem direitos humanos não pode haver segurança nem democracia. A defesa da segurança não pode acarretar mais insegurança para todos, e menos liberdade. É um contra-senso inaceitável que os atentados contra a liberdade tenham de ser combatidos com menos liberdade.

Neste sentido, têm especial significado as reflexões de Zygmund Bauman quando assinala que o êxito ou o fracasso de uma sociedade democrática depende do equilíbrio entre liberdade e segurança. Assim, considera que a democracia se debilita quando a balança se inclina a favor de uma das duas condições, quando a liberdade ou a segurança são deficientes. "Em ambos os casos, o resultado é notavelmente similar: o debilitamento das pressões democráticas, a crescente incapacidade para atuar politicamente, a saída massiva da política e da cidadania responsável" (Bauman, 2001: 69).

Junto aos direitos, não podemos esquecer que toda convivência sempre implica determinados deveres para com os demais, aspecto que às vezes se descuida. O cumprimento dos direitos é acompanhado de limi-

---

4. Crítica reiterada no Relatório Anual de Direitos Humanos da Anistia Internacional de 2006.

tações e deveres para que possam ser exercidos. O sentido do dever para com os membros da família, da comunidade educacional, do país, bem como em relação aos valores da justiça, liberdade, paz etc., é um sentimento necessário que devemos inculcar desde crianças. Os deveres são a outra face dos direitos, uns e outros estão indissoluvelmente unidos.

O RESPEITO

Há consenso generalizado em reconhecer que no conjunto da Espanha, e não apenas no âmbito do sistema educacional, perdeu-se boa parte das normas básicas de convivência, o que antigamente se chamava boas práticas de educação ou de civilidade. Normas que, em sua maioria, fundamentam-se no respeito. Há anos constato isto através de diferentes pessoas e profissionais, e em todos os territórios do Estado espanhol – neste sentido, os fatos pontuais não têm influência –, e a conclusão é contundente: deterioraram-se consideravelmente o respeito e as normas básicas de convivência. No sistema educacional, conheci escolas de Educação Infantil que tiveram de elaborar um plano de intervenção explícito para trabalhar as normas básicas de convivência e de respeito diante da deterioração que se estava produzindo neste âmbito. E o fato é que, se falta o respeito, a convivência torna-se impossível ou, ao menos, se transforma em um tipo de convivência violenta e não democrática.

E, ainda mais, em muitos casos esta situação é aceita como algo irremediável, que não tem volta. É como se o considerável desenvolvimento econômico que tivemos nos últimos 25 anos trouxesse consigo, inevitavelmente, a contrapartida deste terrível pedágio: crescer em índices econômicos, mas empobrecermos em educação, em convivência, em humanidade. A situação exige que as formas respeitosas de relação nos âmbitos familiar, escolar, laboral, político etc., sejam observadas com muita delicadeza. Neste sentido, a alta visibilidade social que os políticos têm agrava o problema quando contemplamos atônitos e indignados comportamentos de "bandalheira política" ou de corrupção.

O respeito é uma qualidade básica e imprescindível que fundamenta a convivência democrática em um plano de igualdade e contém implícita a idéia de dignidade humana. Ademais, supõe a reciprocidade no trato e no reconhecimento de cada pessoa. Os seres humanos como sujeitos a serem respeitados. Mas, ligado a este reconhecimento, o respeito também exige tornar-se efetivo em relação aos demais seres vivos e, por extensão, ao planeta Terra. Não esqueçamos que os seres humanos se relacionam e convivem consigo mesmos, com os outros e com os elementos do entorno natural. Daí a necessidade de estimular o respeito ao meio-ambiente. Além da dignidade e da igualdade, o respeito também se associa ao desenvolvimento da autonomia e da capacidade de afirmação. "Fazer-se respeitar" tem a ver precisamente com não deixar-se intimidar, sofrer abusos ou outro tipo de violência. Em sentido contrário, uma relação respeitosa é oposta a relações de autoritarismo, violência, discriminação etc.

O DIÁLOGO

Junto com o respeito e os direitos e deveres que encarnam os direitos humanos, o diálogo é outro dos conteúdos essenciais da pedagogia da convivência. Não há possibilidade de convivência sem diálogo. As pessoas crescem e se humanizam graças à linguagem e ao diálogo. Conviver uns com os outros é um contínuo exercício de diálogo. Como assinalou Albert Camus, "não há vida sem diálogo. E, na maioria do mundo, a polêmica substituiu hoje o diálogo" (2002: 148).

Em linha semelhante expressou-se o pedagogo brasileiro Paulo Freire quando associa a idéia de diálogo a uma

> exigência existencial. E se ele é o encontro em que se solidariza o refletir e o agir de seus sujeitos endereçados ao mundo a ser transformado e humanizado, não pode reduzir-se a um ato de depositar idéias de um sujeito no outro, nem tampouco tornar-se simples troca de idéias a serem consumidas pelos permutantes. (Freire, 1981: 93)

E mais adiante acrescenta: "Não há diálogo, porém, se não há um profundo amor ao mundo e aos homens" (p. 93), e por isso não pode haver diálogo em relações de dominação. Igualmente, Paulo Freire menciona outra característica necessária para que exista um verdadeiro diálogo: a humildade. "O diálogo, como encontro de dois homens para a tarefa comum de saber agir, se rompe, se seus pólos (ou um deles) perdem a humildade" (p. 95). Finalmente, considera que tampouco pode haver diálogo sem esperança.

> A esperança está na raiz da inclusão dos homens, a partir da qual estes se movem em permanente busca... A desesperança é também uma forma de silenciar, de negar o mundo, de fugir dele... Se o diálogo é o encontro dos

homens para ser mais, não pode fazer-se na desesperança. Se os sujeitos do diálogo nada esperam da sua empreitada já não pode haver diálogo. (Freire, 1981: 96-97)

O diálogo também é um fator essencial para dar e melhorar a qualidade de vida das relações humanas. Com efeito, naquelas organizações humanas – famílias, escolas, empresas, cidades, países etc. – em que este seja um conteúdo e uma estratégia habitual, aumentam as possibilidades de melhorar as relações, assim como as condições de abordar e resolver os conflitos. Quando se rompe o diálogo, se está inviabilizando a possibilidade da convivência em geral e de poder resolver os conflitos, em particular. E não há possibilidade de resolver os conflitos senão por meio do diálogo, seja diretamente entre as partes que se enfrentam ou através de terceiros que se coloquem como mediadores ou, ao menos, intermediários.

A SOLIDARIEDADE

A solidariedade é uma qualidade do ser humano que devemos aprender e desenvolver desde a primeira infância. Qualidade que nos leva a partilhar os diferentes aspectos da vida, não somente os materiais, mas também os sentimentos. Nós nos solidarizamos com o que sofre, com o que está carente de determinadas necessidades, com o que padece injustiça. É evidente que a solidariedade também pode ser conceituada como obrigação ou dever ético, mas em nosso caso, sem descartar esta acepção, preferimos conceituá-la como necessidade de humanização, possibilidade de realização e felicidade, além de instrumento para melhorar a qualidade da convivência.

Deste modo, consideramos a solidariedade como uma qualidade de humanização e, conseqüentemente, como um aspecto que deve estar presente na vida das pessoas para serem plenamente humanas e felizes. Em outras palavras, *para serem plenas, a socialização e a aprendizagem da convivência requerem solidariedade, porque não há forma de conviver sem compartilhar, sem o cuidado, sem a entrega aos demais*. A fragilidade e imperfeição do ser humano precisam justamente da solidariedade para sua subsistência. Com efeito, sem ela, dificilmente poderíamos ter superado as diversas dificuldades em nossa evolução. É, pois, um requisito para a convivência e para o futuro.

Porém, além de sua necessidade, a solidariedade também é uma qualidade que deve fazer parte de todo processo educacional, não apenas para dotá-lo de melhor qualidade, como também para aumentar as possibilidades de realização e felicidade. Ou seja, a solidariedade não é apenas um princípio ético ou um imperativo categórico, como afirma Kant, que exige nossa implicação pessoal, mas também é uma forma de nortear a vida e ser mais feliz por isso. Neste sentido, Santiago Sánchez Torrado (1998) também coincide quando concebe a solidariedade como um imperativo ético, além de um "espaço de realização, de gratificação e de reciprocidade" (p. 78). É evidente que, em determinados momentos, uma aposta solidária pode trazer consigo determinados sacrifícios, mas discordo dos que pensam que esta é a característica fundamental da solidariedade. Nós a consideramos mais como compartilhar e desfrutar com o outro e, definitivamente, como exigência de nossa plena realização.

A solidariedade costuma começar com a compaixão. Entretanto, nem toda compaixão gera solidariedade, mas

> somente aquela que reconhece o outro como outro, aquela que se realiza como um exercício de *reconhecimento*. A estrutura originária da solidariedade pertence à qualidade do reconhecimento que nasce da dialética entre alteridade e comunhão. A ação voluntária acolhe o outro radicalmente "por ser quem é"; por solidariedade, saímos de nós mesmos para o outro e, ao encontrá-lo, acabamos por encontrar nós mesmos nele. (García Roca, 1994: 63)

Além da compaixão, a solidariedade leva consigo outras duas características muito importantes: a *relação com a justiça* e a necessidade de *transformar as situações injustas*. Em relação à primeira, a solidariedade exige, para que de fato o seja, a posta em prática de um determinado tipo de ação. Esse compartilhar sentimental e/ou material que nos impulsiona a solucionar ou transformar as situações injustas, que produzem sofrimento. Em relação à justiça, a solidariedade exige uma transformação das situações injustas, razão pela qual se diferencia, entre outras, da caridade. Não se trata apenas de ajudar ao necessitado, de apoiá-lo naquilo que carece, mas, ao mesmo tempo, há um compromisso de mudança social, política, econômica e cultural. De maneira sintética, o expressamos no seguinte quadro:

Além das características assinaladas, há outras duas de cunho pessoal muito importantes: o caráter voluntário e desinteressado. Neste sentido, Javier de Lucas afirma que "a solidariedade seria o contrário de dever e, portanto, de direito. O reino da solidariedade é o da ética, da virtude, não o das instituições, não o do Direito e do Estado" (1998: 134). O que não quer dizer que exijamos do Estado políticas de solidariedade dentro e entre países. A relação entre solidariedade e cidadania crítica deve equilibrar-se, em nossa opinião, entre nosso compromisso ativo e direto, de um lado, e nossas exigências ao Estado para que desenvolva tais políticas de solidariedade.

Do ponto de vista educativo, é importante que a solidariedade se torne parte das diferentes instâncias sociais – família, escola, associações de moradores etc. –, devendo ser um elemento presente nos diferentes âmbitos de convivência. Em outras palavras, que a solidariedade seja parte da cultura. E, em sentido contrário, para que a cultura da solidariedade seja viável é necessário impregnar os tecidos social e cultural nos quais nos desenvolvemos, para que se torne um elemento consubstancial deles.

A NÃO-VIOLÊNCIA

A partir dos pressupostos de uma cidadania democrática, respeitosa e solidária, devemos reforçar nossas propostas inequívocas em favor de uma cultura de paz e não-violência, que tem como princípio fundamental o respeito à vida dos demais, a vivência dos direitos humanos, os princípios democráticos de convivência e a prática das estratégias não-violentas de resolução de conflitos. A partir destas coordenadas, deve-se educar para o direito à vida como um direito prioritário, hierarquicamente superior a outros. É um direito de direitos, como tal inegociável e não sujeito a conchavos ou táticas conjunturais de estratégia política.

Uma das estratégias ou princípio fundamental do pensamento não-violento é a imprescindível coerência que deve existir entre os fins que se persegue e os meios a serem empregados para tal. "O fim está nos meios, como a árvore na semente", é uma frase que Gandhi costumava repetir e que viria a ter uma profunda repercussão social e educativa na história do pensamento não-violento. A não-violência se propõe como a forma de lutar contra a injustiça, sem que esta luta implique dano à pessoa ou ao grupo que apóia tal injustiça. Junto a este grande princípio, podemos ressaltar dois outros: a insistência em formar pessoas autônomas, como primeira condição para serem livres, e a necessidade de rebelar-se ou da desobediência ante situações de injustiça. Sobre este último, ao analisar sob a perspectiva da não-violência tantas situações de dominação e opressão ao longo da história da humanidade, exercidas habitualmente por grupos minoritários, conclui-se que somente são possíveis com a colaboração ou cumplicidade da maioria.

A violência como ideologia ou a violência terrorista como estratégia de luta social devem ter um lugar especial no currículo das escolas, tendo em vista que viola o princípio básico do direito à vida. Neste sentido, o primeiro conteúdo que devemos abordar é a violência como forma de encarar os conflitos, mas não de resolvê-los. A violência anula ou protela o conflito matando ou anulando a outra parte, mas não resolve o problema. E, tal como nos mostra a história, mais cedo ou mais tarde volta a brotar novamente em um cenário mais complicado para a sua resolução. Se realmente queremos sair da pré-história das relações sociais, devemos romper com a violência como forma de enfrentar os conflitos. As guerras, o terrorismo, assim como qualquer forma de violência devem ser evitados porque contradizem os princípios básicos de resolução não-violenta de conflitos, da convivência democrática e da moral.

A sociedade em seu conjunto e o sistema educacional, em particular, devem gerar um sistema cultural e de valores imune a qualquer apologia à violência, seja esta dos grupos neonazistas, do ETA,[5] de gênero ou do terrorismo islâmico. Como em toda grave enfermidade, o importante é

---

5. Euskadi Ta Askatasuna (ETA), "Pátria Basca e Liberdade", em basco. Organização nacionalista de ideologia marxista-leninista que utiliza o terrorismo como via para obter a unificação dos chamados territórios bascos e sua independência dos Estados da Espanha e da França. Fundada em 1959, durante a ditadura franquista, tem o apoio de setores nacionalistas bascos. [N. da T.]

conhecer sua etiologia para prevenir sua aparição e posterior contágio. Como tem sido dito,

> talvez a chave de qualquer estratégia neste sentido consista em não concentrar-se no terrorismo em si, mas nos "vazios políticos" que a cultura da violência gera. Isto requer um enorme compromisso, não apenas no que diz respeito a recursos, mas também quanto à vontade política. Supõe não fixar-se em discursos cosmopolitas, mas atuar conseqüentemente. O desafio mais formidável se dá no campo dos valores, em como conseguir que se leve a sério o princípio de que todos os seres humanos são iguais. (Kaldor, 2003: 29)

O LAICISMO

O laicismo é um princípio indissociável da democracia e a melhor opção para respeitar todas as crenças em um Estado democrático. Laicidade e liberdade de consciência são conceitos que instam um ao outro. Fundamenta-se na separação de confissões religiosas do Estado, e na neutralidade religiosa deste, circunscrevendo a religião ao foro privado e ao das igrejas.

> O laicismo contém em seu ideário uma vocação universalista, racionalista e civilizadora; e, por tudo isso, postula o movimento comprometido com o aprofundamento e a expansão dos direitos humanos no contexto de um universalismo civilizatório, com os seres humanos como indivíduos e principais protagonistas da história. A igualdade e a liberdade que o laicismo reclama é o desenvolvimento integral e autônomo da consciência livre como valor supremo do processo de humanização e civilização dos povos. Estes valores não apenas impõem uma elaboração teórica, mas também uma estratégia. (Puente Ojea, 2002)

O laicismo representa a garantia da liberdade de consciência e da igualdade jurídica de todos os cidadãos. Como conseqüência, não vai contra as religiões nem contra as crenças morais particulares de cada um, porém se opõe à sua imposição a uma determinada população. A sociedade laica facilita o direito de ter crenças, mas não permite o dever ou sua imposição ao conjunto da população. E isto porque as crenças religiosas pertencem ao âmbito pessoal e privado e, por conseguinte, devem realizar-se neste espaço, separando-as de qualquer opção obrigatória confessional por parte dos poderes públicos.

> A laicidade exige a neutralidade da ética pública, na medida em que a cidadania se apóia em uma ética do público como sinônimo de comum, daquilo que todos compartilhamos frente ao que é privado e particular, ao passo que tradições religiosas ou estilos de vida moral são próprios somente a alguns. (Cifuentes, 2005: 97)

Na Espanha, vivemos uma situação anacrônica neste aspecto devido à Concordata entre a Santa Sé e o Estado espanhol, de 1979, que implica o maior obstáculo legal e político para o avanço da laicidade em nosso país. Neste sentido, são muito significativas as acusações de "fundamentalismo laicista" que, a partir de diversos setores da Igreja Católica espanhola e do Vaticano, estão sendo lançadas contra o governo socialista por paralisar a obrigatoriedade de religião para todos os estudantes,[6] entre outros insultos. Da mesma forma, como analisamos na chave crítica do capítulo 3, lamentamos a falta de coragem do governo para eliminar a religião, ou melhor dizendo, a Catequese, das escolas, o que nos obriga a continuar trabalhando por isto.[7]

---

6. Reivindicação que o papa Bento XVI voltou a lembrar quando da apresentação das credenciais do novo embaixador espanhol no Vaticano, em maio de 2006, além de sua crítica expressa à união entre homossexuais. É outro exemplo de uma história que mostra a Igreja Católica como uma das instituições mais recalcitrantes contra o laicismo.

7. Ao menos com a mesma pertinaz insistência da Conferência Episcopal Espanhola, do papa e de determinados setores midiáticos e políticos espanhóis. Foi a última investida até o momento da entrega dos originais deste livro, em 25 de maio de 2006, por parte dos representantes da conferência, depois de reunião com a nova ministra da Educação para formular suas conhecidas reivindicações. À saída do encontro, não tiveram qualquer pudor em voltar a solicitar a revogação da LOE, ainda que, em um exercício de sinceridade e reconhecendo a impossibilidade de tal petição, avisaram que iriam centrar-se nos regulamentos que a desenvolvem para conseguir manter seus antigos privilégios: ensino de religião "equiparável às disciplinas fundamentais", suscetível a avaliação e – novidade para este autor – que seja ministrada "em bom horário" (o que é uma inequívoca prova de que também são firmes defensores da autonomia das escolas!). *Claro*, continuam a reivindicar a insustentável situação dentro do nosso ordenamento jurídico de que seja o Estado a remunerar os professores de religião, porém selecionados pelos bispos a cada ano.

O CARÁTER MESTIÇO DAS CULTURAS

A cultura é um processo dinâmico ligado às próprias condições de vida das pessoas e, como tal, incide na vida destas e vice-versa. Ao conceito de cultura poderíamos aplicar o princípio da física, de que a energia nem se cria nem se destrói, mas se transforma. E transforma-se pelas decisões tomadas em dado momento e pelas interações, inevitáveis, com outras culturas. Daí o caráter mestiço das culturas. Nas palavras de Juan Goytisolo,

> uma cultura, na realidade, é a soma de todas as influências exteriores que se tenha recebido. Tentar buscar uma raiz única, uma essência única, conduz não apenas à ruína desta cultura, como aos piores excessos e a estes crimes que cometem os nacionalistas, o que considero grave. (Grass e Goytisolo, 1998: 86)

Todas as pessoas, todas as culturas, participam inexoravelmente de outras, inclusive com relações de conflito e dominação. O ser humano é fundamentalmente multicultural e mestiço.

Com efeito, diferentes autores têm argumentado sobre o caráter mutável, flexível e evolutivo do conceito de identidade, uma vez que esta não nos é dada de uma vez por todas, mas vai se construindo e transformando ao longo de toda nossa existência.

> A identidade não é um dado rígido imutável, e sim fluida, um processo sempre progressivo, em que continuamente nos distanciamos de nossas próprias origens, como o filho que deixa a casa de seus pais e volta a ela com o pensamento e o sentimento; algo que se perde e se renova, em um incessante desarraigar e retornar. (Magris, 2001: 74)

Por isso, ressalta-se o caráter mestiço da identidade. Carlos Fuentes assinala que "apenas uma identidade morta é uma identidade fixa" (2003: 319); e, mais adiante, acrescenta: "As culturas se influenciam umas às outras. As culturas perecem no isolamento e prosperam na comunicação" (2002: 323). Por isso,

> o direito à diferença cultural não pode ser o apelo à defesa da pureza da própria cultura diante da dos demais, que não existiu, nem existe; nem deve procurar evitar os fenômenos da globalização, porque contribuem de forma espontânea para a mudança e diversificação que são inerentes às culturas

vivas, de maneira tão natural como o fato de que tenham certa especificidade própria. Entrar em contato com outros não implica perder a identidade nem renunciar ao que é próprio necessariamente, embora seja motivo, sim, para rever a visão sobre a nossa cultura. (Gimeno Sacristán, 2001: 93)

Nesta linha argumentativa, é importante ressaltar o conceito de *identidades assassinas*, de que fala Amin Maalouf. Segundo o autor, são aquelas que reduzem a identidade de pertença a uma só coisa, as que acomodam "os homens em uma atitude parcial, sectária, intolerante, dominadora, às vezes suicida e, amiúde, os transforma em gente que mata ou em partidários dos que o fazem. A sua visão de mundo está por isso enviesada, distorcida" (1999: 43). Os *nossos* em oposição aos *outros*:

> Quanto aos outros, aqueles que estão do outro lado da linha, jamais procuramos nos colocar em seu lugar, perguntar pela possibilidade de, em tal ou qual questão, não estarem completamente equivocados, nos esforçamos para que seus lamentos, seus sofrimentos, as injustiças de que tenham sido vítimas não nos afetem. Conta apenas o ponto de vista dos "nossos", que costumam ser os mais aguerridos da comunidade, os mais demagogos, os mais irados. (Maalouf, 1999: 43-44)

Portanto, devemos considerar a complexidade ecológica dos contextos sociais e a importância das singularidades históricas para a análise e planificação de nosso trabalho (a dialética entre o micro e o macro, o particular e o geral).

A TERNURA COMO PARADIGMA DE CONVIVÊNCIA

A ternura é uma necessidade vital dos seres humanos e, conseqüentemente, deve sê-lo também em todo processo educativo. A afetividade é uma necessidade fundamental de todos os seres humanos. É a necessidade que nos torna humanos, indispensável à construção equilibrada da personalidade. Mas, além de sua influência no processo vital e de amadurecimento das pessoas, a afetividade tem, em segundo lugar, uma inequívoca relação com a convivência, sendo um de seus traços de identidade, tanto em sua acepção de conteúdo quanto de expressão. E isso porque sua ausência pode provocar problemas de convivência tendo em vista que, no plano positivo, as relações de boa convivência sempre levam consigo, em maior ou menor medida, a afetividade. Por isso, a alfabetização em afetividade e ternura deve ser um objetivo prioritário de todo processo educacional.

No entanto, tradicionalmente, a dimensão afetiva da educação está silenciada desde os pressupostos técnico-positivistas que consideram a educação como algo científico e, em conseqüência, por sua visão particular, como algo alijado da realidade afetiva. O desenvolvimento da modernidade se declara incompatível com a afetividade. A modernidade considerava a racionalidade como o instrumento através do qual as pessoas seriam mais autônomas e teriam maior capacidade "racional" para tomar decisões e avançar no progresso científico e social.

> Ao negar a importância das cognições afetivas, a educação se afirma no pedantismo do saber, que se mantém subsidiário a uma concepção de razão universal e apática, distante dos sentimentos e afetos, afiançadora de um interesse imperialista que desconhece a importância de ligar-se a contextos e seres singulares. (Restrepo, 1999: 51)

Como destacou Gimeno Sacristán,

> nos enfoques tradicionais, o mundo da afetividade em geral preocupa quando se manifesta em conflitos e enfrentamentos. Quando muito, a responsabilidade sobre ela é transferida para os serviços pedagógicos especializados em casos de conflito. Tem sido vista, inclusive, como uma esfera de relação social que dificulta o trabalho escolar e, com tal perigo, suas manifestações foram reprimidas para tornar possível a ordem e o tipo de disciplina exigidas pelas metodologias de trabalho estabelecidas pelos padrões de organização dominantes no ensino. Boa parte do professorado do ensino obrigatório não considera que esta esfera de intervenção seja de sua competência profissional, como um facilitador, além de tornar tolerável o nível admissível de conflitos que possam surgir. Neste sentido, existe uma mudança importante no caminho da Educação Fundamental para o Ensino Médio, momento em que os alunos experimentam uma perda de calidez nas relações interpessoais (no Fundamental predomina um estilo mais propício à atenção pessoal ao estudante que no Médio). (Sacristán, 2001: 117)

Assim, as instituições educacionais devem integrar como própria e específica de seu trabalho a educação dos sentimentos. À diferença do que se considerava na modernidade, o emocional, como bem assinala Hannah Arendt (1993), não se opõe à racionalidade, mas à insensibilidade. A racionalidade não nega a emotividade, e vice-versa. Atuamos e pensamos globalmente como seres racionais e afetivos. Por isso, a educação em todos os níveis deve considerar a dimensão sentimental como um aspecto-chave da formação das pessoas. Aspecto que, por conseguinte, também deve estar presente na formação dos futuros profissionais da educação.

Pois bem, a recuperação do interpessoal e do afetivo – que, por outro lado, foi e é um dos sinais de identidade da educação para a paz[8] – não deve nos levar a uma postura de ensimesmamento, de canalizar todas as potencialidades como chave de desenvolvimento pessoal, de buscar as explicações e alternativas nesta perspectiva. A pós-modernidade teve a virtude de resgatar a importância do pessoal, a subjetividade e a afetividade, mas, em contrapartida, cometeu o erro de centrar sua análise e explicação da realidade neste único plano, desprezando o social e o político.

Considero que são poucas as pessoas que ainda duvidam da incidência da afetividade nos processos educacionais, bem como, em geral, em todo processo social (outra coisa muito diferente é que se leve isso à prática). Neste sentido, devemos considerar a incidência da afetividade na convivência e no desenvolvimento equilibrado das pessoas. O professorado que leva anos exercendo a profissão terá detectado, em numerosas ocasiões, como certos problemas de indisciplina têm sua origem na falta de afeto, no desenvolvimento deficiente da dimensão emocional ou em personalidades inseguras derivadas precisamente da falta de afeto. E também que, às vezes, a solução de tais problemas de convivência ocorre depois de enfocar o problema a partir da afetividade. Como afirma Bertrand Russell, "uma das causas mais importantes da perda de amor à vida é a sensação de não sermos queridos; ao contrário, a convicção de que nos querem bem é o maior dos estímulos" (1991: 165).

Recordo o caso de um garoto para o qual havia sido aberto um expediente disciplinar no Instituto A Coruña, e sobre o qual a escola me havia pedido "conselho e orientação". Uma das estratégias usadas naquele centro escolar com crianças com problemas era enviar-lhe uma carta

---

8. De fato, consideramos a educação para a paz como a encruzilhada de uma educação afetiva, política e ambiental (Jares, 1983). Neste mesmo sentido está a importância que outorgamos à "criação de grupo" (Jares, 1999a, 1999b, 2001a e 2001b).

pessoal do professor ou professora que tomava conta do caso. Um destes professores comentou comigo:

> usei este método com duas crianças neste ano e os resultados foram surpreendentes. Elas são muito suscetíveis ante medidas de força e autoridade, mas ficam completamente desarmadas com o trato afetuoso e desinteressado, valorizando acima de tudo a lealdade e a confiança que depositamos nelas. É preciso ter muita paciência, mas uma paciência ativa, vigilante, criativa e se há um professorado que acredita em um determinado modelo de educação, em um determinado projeto de escola, muitas destas crianças acabam por encontrar seu lugar e sua estabilidade, dentro do possível.

Sob outra ótica, em educação, como no que concerne à saúde, os afetos ajudam a curar. A ternura e o amor nem sempre são curativos, mas na maioria dos casos, sim. As palavras doces e respeitosas, as mãos sensíveis que sustentam e acariciam, os abraços que transmitem energia, amor, são formas de relação que denotam um modelo de convivência salutar, tão necessário à vida em sociedade quanto ao desenvolvimento harmônico e equilibrado das pessoas.

> Sem dúvida, o cérebro necessita do abraço para seu desenvolvimento e as mais importantes estruturas cognitivas dependem deste alimento afetivo para alcançar um nível adequado de competência. Não devemos esquecer, como assinalou Leontiev anos atrás, que o cérebro é um autêntico órgão social, necessitado de estímulos ambientais para seu desenvolvimento. Sem matriz afetiva, o cérebro não pode alcançar seus mais altos ápices na aventura do conhecimento. (Restrepo, 1999: 78)

O PERDÃO

Tradicionalmente, o perdão está ligado ao discurso religioso – de fato, Hannah Arendt (1993) reconhece Jesus de Nazaré como descobridor do papel do perdão nos assuntos humanos. Mas, ao mesmo tempo, esta autora destacou a validade do perdão fora dos dogmas religiosos: "O fato de que tenha havido este descobrimento em um contexto religioso, articulado em uma linguagem religiosa, não é razão para tomá-lo com menor seriedade em um sentido estritamente secular" (Arendt, 1993: 258).

Perdão nada tem a ver com esquecimento, nem com desculpa ou justificação. O perdão como "algo que concedem livremente as vítimas; é da esfera do altruísmo, que ninguém pode exigir de ninguém (ainda que as vítimas possam entender que devam exigir a si mesmas)" (Etxeberría, 2003: 78). Perdão que não significa impunidade – a condição do perdão para quem o solicita é o reconhecimento da falta, o arrependimento e o compromisso de que não voltará a cometer a mesma ação –, nem muito menos esquecimento. Como foi dito, "as vítimas não merecem o esquecimento, e sim a memória" (2003: 27), ao que devemos acrescentar a verdade, o reconhecimento social e a eliminação da violência.

O perdão como "extremo oposto à vingança" (Arendt, 1993: 260), como ato de amor supremo e como estratégia inerente à cultura da reconciliação. Cultura que substitui "a viciosa espiral ascendente da violência pela virtuosa espiral ascendente do respeito mútuo" (Ignatieff, 2004). Desta forma falamos do poder curativo e reparador do perdão. Perdão que, como assinalou Hannah Arendt (1993), libera das conseqüências do ato o que perdoa e o que é perdoado, bem como "para os atos do passado, cujos 'pecados' pairam como a espada de Demócles sobre cada nova geração" (Arendt, 1993: 256).

A ACEITAÇÃO DA DIVERSIDADE E O COMPROMISSO COM OS MAIS NECESSITADOS
Aprender a conviver significa conjugar a relação igualdade e diferença. Como proclama a Declaração Universal dos Direitos Humanos, somos iguais em dignidade e direitos, mas as pessoas também são diferentes por vários motivos circunstanciais; diferenças que podem ser positivas e fomentadas e, em outros casos, que são negativas e, portanto, devem ser eliminadas. Em todo caso, a diferença ou diversidade é parte da vida e pode ser um fator de conflituosidade. "Conviver em um ecossistema humano implica uma disposição sensível para reconhecer a diferença, assumindo com ternura as ocasiões que o conflito nos proporciona para alimentar o mútuo crescimento" (Restrepo, 1999: 142).

É evidente que um dos grandes conflitos que se manifesta na atualidade é precisamente a relação igualdade-diferença. A partir dos pressupostos de uma educação democrática e comprometida com os valores de justiça, paz e direitos humanos, temos de encarar esta diversidade reclamando os apoios que sejam necessários, mas de modo algum favorecer políticas de segregação no interior das próprias escolas. Não podemos ocultar nossa preocupação com as propostas que defendem procedimentos segregacionistas para os estudantes da Educação Secundária Obrigatória[9] (veja as preocupantes respostas sobre esta medida dadas pela maioria do professorado desta etapa na pesquisa que realizamos e apresentamos no capítulo seguinte).

Neste sentido, um dos grandes mitos que o sistema educacional transmite, geração após geração, e que devemos desmontar, é o da igualdade de oportunidades; ou seja, aquele que afirma que o sistema educacional trata a todos e todas igualmente, e que todos e todas têm as mesmas oportunidades de sucesso. O modelo tecnocrático de educação crê que as diferenças que se produzem no alunado são imputáveis unicamente às diferenças individuais de cada pessoa (aptidões e atitudes). Desta forma, a educação se apresenta como uma atividade exclusivamente técnica, e o ato de aprender como algo que compete exclusivamente à inteligência e vontade de cada indivíduo. Assim, tudo o que sucede no interior do sistema educacional é apresentado como algo "blindado" das contingências sociais, pedagógicas e dos interesses ideológicos que, através dele, são transmitidos. No entanto, há várias décadas têm sido realizados numerosos estudos que provam a desigual distribuição tanto de benefícios quanto de fracassos nos sistemas educacionais. Estas desigualdades sociais e escolares são as que exigem, precisamente, um maior compromisso por parte do professorado e das administrações educacionais para remediá-las.

A FELICIDADE

Como escreveu Bertrand Russell, "ainda é possível a felicidade" (1991: 139). Os pais, o professorado, os educadores em geral querem o melhor para nossos filhos ou estudantes. Mas, em nossa sociedade consumista e mercantilista tal expectativa costuma ser reduzida a questões econômicas, à riqueza, ao triunfo a qualquer preço, ao ter mais que ser, como dizia Eric Fromm. É evidente que a felicidade requer determinadas condições materiais, como também saúde e outras circunstâncias sociais, como qualidade e satisfação com o trabalho. Não vamos negar que é possível ser feliz em condições materiais paupérrimas, porque tais condições são substituídas por entusiasmo, esperança ou fé em determinados projetos. Porém, em geral, o mínimo é imprescindível – mínimo que nos leva novamente aos direitos humanos. Estes não a garantem, mas estão na base da felicidade.

---

9. ESO, ou Educação Secundária Obrigatória, equivalente ao Ensino Médio, dentro do sistema educacional brasileiro. [N. da T.]

Entretanto, o domínio da economia em nossas vidas é de tal monta que a felicidade chega a apresentar-se como algo secundário, às vezes e inclusive, absurdo ou impossível, ou, em todo caso, condicionada ao êxito econômico. Boa prova disso é a paulatina ausência da felicidade nos discursos educativos diante da progressiva presença da sujeição da educação ao aspecto econômico. Também no plano acadêmico, não é pouco freqüente reduzir nossa felicidade em função dos resultados obtidos. Ambas as perspectivas obstaculizam seriamente as possibilidades de felicidade, ainda que às vezes, momentaneamente, pareça o contrário.

No extremo oposto, nos sentimos igualmente distantes deste tipo de discurso obcecado com a felicidade, apresentada no plano individual. Mas a felicidade nem é absoluta, nem está separada do corpo social, nem temos de estar perseguindo-a obsessivamente. A monotonia, o esforço pelo prazeroso, o tédio etc., por mais que nos pesem, estão em nossos percursos vitais. É evidente que não são parte de nossas metas, mas sim da vida e, portanto, também devemos aprender a conviver com eles de maneira inteligente e sabermos buscar alternativas. É muito preocupante esta cultura do vertiginoso, do rápido, do que não distingue, da novidade, do fácil que se espalha na sociedade e, com assombrosa facilidade, captura importantes setores de nossa juventude.

A felicidade não é algo estritamente individual, mas está permeada por circunstâncias pessoais, materiais, sociais e culturais. Para Russell, o segredo da felicidade é "que teus interesses sejam o mais amplos possível e que tuas reações a coisas e pessoas interessantes sejam amistosas, ao invés de hostis" (1991: 150). Vemos como a felicidade está impregnada de cultura e de relações sociais, que devem ser justas. Considerando estas duas condições muito importantes, para nós a felicidade está marcada especialmente por outras duas: a capacidade de encantar-se, de ter entusiasmo pela vida, "o sinal mais universal e distintivo dos homens felizes" (Russell, 1991: 151), e em segundo lugar, pela capacidade de amar e ser amado.

A ESPERANÇA
Como já destacamos,

> a esperança é uma necessidade vital, é o pão da vida, e como tal é parte da mais pura essência da natureza dos seres humanos. Não se trata de um agregado forçado ou uma banalidade prescindível; ao contrário, a esperan-

ça acompanha o ser humano desde que toma consciência da vida, convertendo-se em uma de suas características definitórias e distintivas. Somos os únicos seres vivos que almejamos coisas, estados melhores ou supostamente melhores, que aspiramos e aninhamos processos de mudança para melhorar nossas condições de vida. Somos os únicos seres vivos que sonhamos e confiamos em tempos melhores. (Jares, 2005a: 243)

Porque, como argumenta Ernst Bloch (1979 e 2004), o ser humano tem uma natureza de caráter utópico, como realidade inconclusa sujeita a contínua transformação. Daí o próprio Bloch afirmar que "a existência, tanto privada quanto pública, está entremeada de sonhos sonhados acordado; por sonhos de uma vida melhor que a anterior. No âmbito do imaginário, e ainda mais no do autêntico, toda intenção humana se sustenta neste fundamento" (2004: 28).

No conviver cotidiano e em todos os contextos sociais, necessitamos de esperança para melhorar a convivência. Pais e professores precisam transmitir esperança, conviver com ela como uma excelente e necessária companheira de viagem. A esperança está ligada ao otimismo e, neste sentido, facilita a convivência positiva, com efeito benéfico para a autoestima, individual e coletiva, e como um antídoto frente à passividade e o conformismo, duas circunstâncias claramente prejudiciais para as pessoas e a convivência.

Devemos destacar o papel essencial dos docentes, no caso do sistema educacional, e dos pais, nas famílias, como modelos que eduquem desde e para a esperança. No caso do professorado, *a forma como se vive a profissão* é um elemento gerador de esperança de primeira ordem ou, em seu oposto, de desesperança. Viver a profissão com amor, na entrega ao outro é um requisito e, talvez, uma das estratégias mais eficazes e necessárias para dar e construir esperança. Igualmente, o exemplo do professor ou professora em sua busca cotidiana do saber, da verdade, da justiça são atitudes inerentes à esperança e, ao mesmo tempo, estratégias muito importantes para gerá-la. Em suma, viver a profissão como um exercício contínuo de esperança.

Também é importante compreender os medos e as desesperanças que, às vezes, nos assaltam. Uns e outros são partes da luta da vida, mas a esperança é a autêntica guia. Esperança *versus* medo, esperança *versus* desilusão serão desafios educativos necessários para encarar nossas vidas e a própria função educadora. Entender o porquê dos desânimos e reconhecer que a vida cotidiana não é exatamente fácil é um requisito educacional e de importante saúde psíquica. Sem dúvida, um otimismo ingênuo pode ser, inclusive, irresponsável e frustrante. Mesmo sabedores das muito fortes e diferentes circunstâncias que podem nos levar à desesperança, tampouco é menos certo que também estão ocorrendo mudanças que nos convidam a uma razoável esperança. E, o que é mais importante, necessitamos de esperança para viver, dado que é uma qualidade inerente ao ser humano e tão indispensável para a vida psíquica e social como o alimento para o corpo. Situar-nos sob estas perspectivas parece-me essencial para todo educador e educadora.

Finalmente, a esperança traz consigo a alegria. As pessoas com esperança costumam ser mais alegres, mais otimistas. Como constatou o psiquiatra Luis Rojas Marcos,

> os indivíduos esperançados que mantêm um sentido de futuro, quando se deparam com situações difíceis, confiam que encontrarão um consolo, um refúgio ou uma saída. Diante dos problemas, perseveram com mais paixão que as pessoas que perdem o sentido de futuro. E, do ponto de vista prático, é evidente que aqueles que persistem durante mais tempo na busca de um remédio para sua desgraça têm maiores probabilidades de encontrá-lo, no caso de que este exista. (2004: 36)

Neste mesmo sentido coincidem as experiências dos profissionais sobre a resiliência, ou capacidade de resistência ativa ante a vulnerabilidade psicológica (Cyrulnik et al., 2004).

A alegria é igualmente necessária e imprescindível na vida e, conseqüentemente, também na educação. Com efeito, além de lugar para esforço, disciplina, aprendizagem, o sistema educacional deve ser também um espaço de alegria. De alegria pelo descobrimento, pelo conhecer – pessoas e conteúdos –, por estabelecer novas relações humanas, por perceber avanços nos estudantes, por desfrutar do trabalho bem feito. Sabemos que há momentos no processo educativo em que temos de dizer não, ainda que isso nos seja doloroso, e outros muitos que exigem sacrifícios, mas tampouco é menos certo que, junto a eles, sempre deve estar presente a alegria como pano de fundo, como imprescindível companheira de jornada. A esperança do ato de educar deve levar consigo a alegria.

FATORES DESAGREGADORES DA CONVIVÊNCIA

Podemos dizer que praticar ou divulgar o contrário dos conteúdos que vimos no ponto anterior são fatores desagregadores da convivência. Esta pode se romper ou turvar a partir de fatores socioeconômicos, violência estrutural, assim como de outros culturais e ideológicos. Entre estes últimos, citamos, por sua especial periculosidade, as diferentes formas de violência (discriminação, violência direta, violência cultural etc.); *os fundamentalismos*, que negam a reflexão e o exame crítico, a autocrítica e a crítica, processos inerentes a uma autêntica educação e sociedade livre; a intolerância; a não aceitação da diversidade; a idéia de inimigo e a desumanização do outro; a mentira; o individualismo; o consumismo; a indiferença e a apatia; a "guetização"; a desigualdade e a injustiça social; a corrupção; as generalizações e os pré-julgamentos etc. Todos estes são fatores que dificultam ou impedem a convivência saudável. Vejamos, a seguir, aqueles que consideramos gozar de lugar privilegiado no campo educacional para preveni-los e combatê-los.

O ÓDIO

Como já assinalamos (Jares, 2005a: 146), o ódio é um sentimento que se volta, habitualmente, para aquela pessoa, grupo, instituição ou país que nos ameaça, ou que percebemos que nos ameaça, seja a nós mesmos ou a algum de nossos entes queridos, os nossos interesses – econômicos, profissionais, políticos, afetivos –, a nossa auto-estima ou a nossa identidade coletiva. O ódio, ademais, anula nossa racionalidade e dignidade, tornando igualmente irracionais e indignas nossas relações com os outros.

Mesmo existindo diferentes escalas de ódio quanto à gradação de intensidade, é um sentimento que carrega consigo uma elevada temperatura emocional que, conseqüentemente, anula ou diminui sensivelmente os estímulos de racionalidade chegando inclusive, e em muitas ocasiões, a gerar estados de irracionalidade na pessoa que odeia. Por isto, o ódio é antagônico à racionalidade, à convivência e à educação democrática. Sem dúvida, é um fator altamente perigoso para a convivência humana, tanto no micro-meio quanto nos âmbitos nacional e internacional.

O ódio costuma trazer consigo a necessidade de vingança. Esta nos introduz em uma espiral de mais sofrimento e tragédia. A vingança é, em si mesma, repudiável como sentimento e conduta social, mas, além disso, gera mais violência e impede a reconstrução do tecido social. Frente à vingança e ao ódio, devemos persuadir nossos estudantes sobre o valor da justiça.

> O ódio, como sentimento e capacidade inerente aos humanos, é suscetível de ser educado, assim como o restante dos sentimentos. Com isto quero dizer que podemos desenvolver esta capacidade em maior ou menor medida; que podemos aprender a odiar, como também podemos aprender a não odiar e, em terceiro lugar, que podemos aprender a *desodiar*, a desandar o caminho do ódio tal como demonstram diversas experiências tanto no plano individual quanto coletivo. (Jares, 2005a: 148)

É de grande importância social e educativa a prevenção do ódio, não apenas pelo que implica em ataque à convivência, mas também pelas dificuldades para opor-lhe obstáculo uma vez que seu processo tenha se iniciado. Além disso, tendo este se deflagrado, é imprevisível seu resultado. Por isto, tanto no plano social quanto no educativo, é muito pertinente a reflexão sobre os fatores da prevenção – como a adoção de um código de normas que permitam abordar as diferenças com respeito, e o próprio princípio do valor da vida humana –, tal como fazemos na seara da resolução de conflitos. Neste sentido, um problema importante que devemos encarar e, na medida do possível, prevenir é o fato de que a aprendizagem do ódio acontece muitas vezes como forma de integração em um grupo, em uma nacionalidade, em um coletivo que oferece apoio e segurança.

Também está demonstrado que a aprendizagem do ódio passa a ser o elemento diferencial ou iniciático para a integração em grupos fundamentalistas. "O ódio nunca une ou irmana; no máximo, entrecruzam-se cruéis necessidades" (Benedetti, 2004: 24). Trata-se de compartilhar o mesmo ódio do grupo e, desta forma,

> o grupo se consolida quando todos os componentes vivem uma ameaça comum. O ódio é um excelente elo entre os membros de um grupo e, uma vez que se odeia como todos os demais, torna-se um dos fiéis... A comunhão pelo ódio. Por outro lado, os ódios que são transmitidos de geração em geração são resultado de uma aprendizagem, e o odiar, o sinal de que se é fiel aos ancestrais; por esta razão, se não se odeia como deveria, transgride-se a norma básica do grupo e o sujeito se converte de imediato em pessoa

suspeita por estar ao lado do objeto, grupo ou pessoas odiados. Os ódios comuns unem estreitamente, e quando alguém que odiava como os demais deixa de fazê-lo, imediatamente se perde a confiança nele, não é de se fiar. (Casilla del Pino, 2002: 34-35)

OS MANIQUEÍSMOS E A IDÉIA DE INIMIGO

Os maniqueísmos – os bons contra os maus, os nossos contra os outros – tendem a fomentar a *criação do inimigo*. Este é o que está sempre contra nós, o que tem como único objetivo nos destruir. Logo, nossa única chance será destruí-lo. A idéia de inimigo é criada através da *desumanização do outro*, representando-o inclusive através de traços não humanos, na maioria das vezes. De um lado, apresenta-se o desejável – nós mesmos – e, de outro, de forma irreconciliável, o indesejável – os outros, os estigmatizados. É uma idéia que está bastante incrustada na maior parte das culturas, especialmente naquelas que se configuraram em torno das grandes religiões monoteístas. De tal forma que temos sido socializados na "naturalidade" de ter "sempre" inimigos; efetivamente foram mudando ao longo da história, mas sempre tivemos inimigos a combater, e quase sempre que vencer.

Acomodarmo-nos nesta dicotomia simplista favorece a fácil submissão de setores da sociedade a postulados xenófobos e racistas, assim como a perda de poder democrático para o conjunto da população. Como assinalou Carlos Fuentes, "se não reconhecemos nossa humanidade nos outros, não a reconheceremos em nós mesmos" (2002). Mas, reciprocamente, o ódio alimenta esta espiral dicotômica excludente, dado que aprofunda a divisão entre nós e os outros, e instala-se em uma dialética contínua de reafirmação da justiça e da bondade de nossas posições frente à injustiça e maldade dos outros. Os casos vividos ainda recentemente nas repúblicas balcânicas, as dicotomias excludentes entre palestinos e judeus, entre muçulmanos e cruzados, ou entre nacionalistas e espanholistas ou constitucionalistas no País Basco, entre outros, são bons exemplos do que dissemos.

O MEDO

O medo é um sentimento produzido nas interações e interpretações que estabelecemos com o que nos rodeia. É, pois, algo construído. Em sua acepção de relação social, precisamente a que aqui consideramos, o medo está sujeito ao vai-e-vem das relações que estabelecemos com os demais. E, como em toda relação social, há inevitavelmente uma parte emocional subjetiva, inexplicável em muitos casos, e uma parte mais objetiva relacionada às causas que o produzem. Em todo caso, estamos falando de uma realidade que, tanto pelo fato de ser construída, quanto pelos efeitos que tem, seja nas pessoas individualmente, seja nas sociedades ou coletivos sociais, requer uma inequívoca resposta educativa. Resposta que percebemos mais peremptória à medida que o medo está sendo utilizado de maneira perversa como estratégia política partidária.

Tampouco podemos esquecer o peso que o medo teve e tem nas pedagogias autoritárias, a ponto de ser uma das características e estratégias principais nas quais se assenta. O medo do discípulo ao seu mestre, do filho ao pai, é o mecanismo que, junto à devida obediência, garante este tipo de relação. Relação que nada tem a ver com o necessário e imprescindível respeito. O professorado, assim como mães e pais, devem respeitar e fazerem-se respeitar, aspectos que, sem dúvida, são essenciais em todo o projeto educacional democrático, e sobre eles não se pode ceder. O professorado deve ser respeitado, mas nunca temido; deve tornar-se querido, não odiado. Esta diferença é chave para entender certos lamentos de um setor do professorado que ciclicamente reclama uma volta a tempos passados ante situações de falta de respeito que podem acontecer nas salas de aula.

O segundo ponto a abordar está relacionado ao questionamento e formação sobre a importância social e política do uso social do medo. Formação que deve nos levar, nos planos individual e social, a obstaculizar as políticas assentadas ou que fomentam o medo, dado que este é um processo que debilita as possibilidades cidadãs, individuais e coletivas, e costuma conduzir à busca de um salvador que elimine, ou ao menos mitigue, as causas que o provocam. Como afirma Luis Rojas Marcos, "prisioneiros da insegurança, da angústia, da impotência, da desorientação e do terror, vemos minada nossa capacidade de pensar com clareza, de nos concentrar ou de tomar decisões" (2002: 67). E, mais adiante, acrescenta: "O medo do desconhecido ao qual me refiro é uma emoção paralisante que nos afunda em um ambiente de angústia e opressão, que nos obscurece o juízo" (pp. 102-3).

Em terceiro lugar, o medo também deve ser analisado em relação ao terrorismo. Com efeito, além da morte e destruição, o medo também é utilizado por grupos terroristas para pressionar a população e os governos a favor de suas teses, ou ao menos para que não se atrevam a combatê-las por medo de represálias. Especialmente quando tais ameaças se estendem de forma arbitrária a um grupo significativo da população.

Como destacou Enrique Gil Calvo, o impacto potencial que os terroristas buscam é duplo. De um lado, está

> a função que exerce sobre a opinião pública que é a de atemorizá-la quebrando seu sentido de segurança e semeando dúvidas e ameaças – de riscos e perigos – à sua percepção da realidade. E a função sobre o poder público é a de minar seu prestígio e reputação, revelando sua verdadeira vulnerabilidade até então oculta e quebrando, como conseqüência, a confiança nele depositada. Se ambas as dimensões se somam – insegurança pública e desconfiança no poder –, são destruídos os marcos de referência que legitimavam a realidade social, convertendo-a em falaciosa, incerta, absurda e injusta. (2003: 260)

Em suma, frente ao silêncio, temor e resignação que o medo produz, necessitamos – tanto do ponto de vista educativo quanto social – combatê-lo para podermos nos expressar em liberdade e exercitar em toda sua extensão o direito a uma cidadania democrática. Se chegamos à conclusão de que este sentimento obstaculiza a racionalidade, a convivência, o pleno exercício da cidadania e da solidariedade, é óbvio que nega a essência mesma do sentido educativo, ao menos desde a concepção de educação na qual nos situamos.

OS FUNDAMENTALISMOS
Assentam-se no doutrinamento mediante a imposição de uma verdade que não pode ser examinada e muito menos criticada, negando toda reflexão e exame crítico, a autocrítica e a crítica, processos inerentes a uma autêntica educação e convivência democrática e livre. Como afirma Leonardo Boff, o fundamentalismo

> não é uma doutrina, mas uma forma de interpretar e viver a doutrina. É assumir literalmente as doutrinas e as normas sem atender seu espírito e inserção no processo sempre mutável da história, que obriga a efetuar contínuas interpretações e atualizações, justamente para manter sua verdade essencial. O fundamentalismo representa a atitude de quem confere um caráter absoluto a seu ponto de vista pessoal... Quem se sente portador de uma verdade absoluta não pode tolerar nenhuma outra verdade, e seu destino é a intolerância. E a intolerância gera o desprezo pelo outro; o desprezo engendra a agressividade; e a agressividade ocasiona a guerra contra o erro, que deve ser combatido e exterminado. (2003: 25)

Ainda que atualmente o fundamentalismo costume ser associado ao mundo islâmico, é necessário recordar que nem nasceu nessa cultura – Leonardo Boff indica que "o berço do fundamentalismo se encontra no protestantismo norte-americano, surgido em meados do século XIX" (Boff, 2003: 13), cunhando-se no final de 1915 –, nem se dá unicamente no âmbito religioso. Assim, existem fundamentalismos religiosos – católicos, protestantes, muçulmanos, judeus[10] –, econômicos – o capitalismo como o único sistema possível de organização social –, políticos, ideológicos, pedagógicos, artísticos etc. Logo, devemos desmascarar a idéia segundo a qual o fundamentalismo se dá unicamente no âmbito religioso e, particularmente, na religião muçulmana; ao contrário, o avanço do integrismo é um fato que está ocorrendo em diferentes países e culturas. Não esqueçamos que a história do Ocidente está infestada de episódios fundamentalistas, todos com conseqüências trágicas.

AS MENTIRAS

A institucionalização da mentira e da manipulação da informação vem ganhando relevância especial em nossas sociedades. Sem dúvida, são dois grandes desafios que enfrenta a sociedade da informação na qual vivemos. Na atualidade, os meios de comunicação costumam ser utilizados como instrumentos para a institucionalização da mentira. É óbvio que nos referimos ao seu uso perverso, não à sua natureza mesma. Daí a importância da educação como espaço de exame minucioso e análise racional. Como já havia dito Albert Camus nos anos 1950,

> a liberdade não é dizer o que quer que seja e multiplicar a imprensa marrom, nem instaurar a ditadura em nome de uma futura liberação. A liberdade consiste sobretudo em não mentir. Ali onde a mentira prolifera, a tirania se anuncia ou se perpetua. (2002: 168)

A mentira e a manipulação informativa devem ocupar, pois, lugar preferencial como objeto de análise nas escolas para fomentar atitudes radical-

---

10. Como escreve Leonardo Boff, "não há nada mais belicoso que a tradição dos filhos de Abraão: judeus, cristãos e muçulmanos. Três povos irmãos, cada um dos quais vive com o convencimento tribal de ser o povo eleito e portador exclusivo da revelação de um Deus único e verdadeiro" (2003: 26).

mente contrárias ao seu uso. Uma cidadania que não tolere a mentira é uma cidadania assentada em sólidas bases de convivência.

Entretanto, como ficou evidente na primeira guerra do Golfo (Aguilar, 1991), nos casos dos atentados terroristas de 11-S e de 11-M,[11] ou nas atuais guerras do Afeganistão e Iraque, novamente veio à cena a manipulação da informação como um meio a mais que acompanha a contenda bélica. Nos Estados Unidos, a situação de guerra criou um ambiente complicado para os valores democráticos e, entre eles, para o pluralismo informativo.

Não só funcionou a censura imposta pelo governo, como também a autocensura em muitos meios de comunicação, justificada pela necessidade de apoiar a guerra. Os meios de comunicação norte-americanos pareciam informar quase sempre "acusando" ou "desculpando", mais preocupados em convencer do que em buscar a verdade.[12]

A CORRUPÇÃO

A corrupção debilita a convivência e é uma ameaça à democracia. Afeta todos os âmbitos da sociedade e todos os países, ainda que haja claras diferenças entre uns e outros.[13] A lógica da corrupção está enraizada na mesma essência do mercado, no qual

> tudo foi convertido em mercadoria (tudo tem um preço: também os homens, os assalariados) a ser comprada ou vendida; necessitamos que a concorrência entre empresas leve ao cálculo do custo-benefício, que embutidos nos custos estejam o suborno e a negociata, e que o objetivo seja o da acumulação incessante de capital, ou seja, que se valorize a vantagem acima de qualquer outra consideração. (Tortosa, 1995: 26-27)

11. 11 de setembro de 2001: ataque terrorista às torres do *World Trade Center*, em Nova York (EUA), quando mais de três mil pessoas morreram; 11 de Março de 2004: ataque terrorista a três estações de trem de Madri (Espanha), que deixou um saldo de 190 mortos e 1.900 feridos. [N. da T.]
12. Situação que levou o *The New York Times*, que também havia apoiado a guerra assim como o partido Democrata, com o qual simpatiza, a pedir perdão aos seus leitores ao ficar demonstrada a falsidade dos argumentos para a invasão. É um sinal de racionalidade que gostaríamos de ver em outros meios, inclusive políticos.
13. O Brasil aparece entre os países mais corrompidos (Tortosa, 1994: 40), mas as multinacionais são o primeiro agente a ser considerado no terreno da corrupção internacional (p. 45).

Sensibilizar sobre a não tolerância social frente à corrupção, apoiar o fortalecimento judicial e policial em sua luta, entre outras iniciativas, são medidas necessárias para evitar a ruptura da convivência. Esta situação se apresenta de forma clara em muitos países onde a corrupção invade todas as esferas sociais e ocorre uma resposta social majoritária de aceitação. Em outras palavras, torna-se parte da cultura majoritária de um país.

A DOMINAÇÃO

O afã de dominação rompe os pilares básicos nos quais se fundamenta a convivência democrática: dignidade, justiça, liberdade e relações de reciprocidade. Como justificativa fundamental costuma-se apelar a pretensas legitimações de superioridade – sejam estas por razão de sexo, de raça, de religião, de país, entre outras –, outorgadas por mitos assentados em supostas leis naturais, destinos da história, escolhas divinas etc. Em outros casos, estes mitos não deixam de ser utilizados como o que são, anteparos que encobrem concretos interesses econômicos ou políticos. A história e a cultura na qual vivemos transmitem a mitificação das vitórias militares, a conquista, a colonização, a vitória sobre o outro, o domínio, em suma. Culto que também está muito presente em diferentes religiões.

A idéia de dominação traz em seu bojo a detenção de um poder calcado no uso da violência. Por isso, tanto nas relações interpessoais quanto no âmbito nacional ou internacional, sempre aparece a violência para impor esse domínio ou quando acredita-se que se não usada se perderá o domínio sobre tal pessoa ou país. Exemplos palpáveis do que dizemos são a insuportável violência sexista – boa parte destes casos se produzem quando o homem percebe que já não exerce domínio sobre sua parceira ou ex-parceira –, a invasão militar de um país como é o caso ainda sangrento do Iraque, ou a violência física de um acossador sobre sua vítima quando esta decide não prosseguir com determinadas práticas de submissão.

Para neutralizar esta idéia de inimigo devemos insistir na concepção de dignidade e na igualdade de todos os seres humanos, o que implica os deveres de respeito e de cuidado, entre outros. Atuar igualmente no âmbito moral e afetivo com a intenção de compreender e sentir a amargura do domínio sobre o outro; fazer compreender e sentir que, em nenhum caso, nossa realização na vida – ou, se preferir, nossa felicidade – pode advir da derrota, da humilhação, da exploração do outro.

O PAPEL DA NOVA DISCIPLINA DE EDUCAÇÃO PARA A CIDADANIA[14]

A EDUCAÇÃO PARA A CIDADANIA DEMOCRÁTICA E OS DIREITOS HUMANOS

A democracia exige educação e, mais particularmente, educação para a cidadania. Exigência que se torna mais patente nos tempos em que vivemos de globalização neoliberal, guerra preventiva, fundamentalismos e terrorismos que a debilitam. Entretanto, até esta data, os governos da Espanha não cumpriram as recomendações em matéria de educação em direitos humanos e cidadania propostas pelas Nações Unidas e outros organismos internacionais. Apenas recentemente com a incorporação ao currículo da disciplina *Educação para a cidadania e os direitos humanos*, aprovada na Lei Orgânica de Educação (LOE), tal como analisamos no capítulo 3, a situação parece começar a modificar-se.

A educação para a cidadania e os direitos humanos tem por objetivo principal formar pessoas política e moralmente ativas, conscientes de seus direitos e obrigações, comprometidas com a defesa da democracia e os direitos humanos, sensíveis e solidárias com as condições do outro e com o entorno em que vivemos. E, para facilitar a consecução deste objetivo tão importante e complexo, deve ser abordada no currículo a partir de diferentes aspectos convergentes. Concretamente, propomos duas vias complementares: aprofundar a transversalidade e introduzir no currículo "para todo o alunado de Primária, Secundária Obrigatória e *Bachillerato*[15] a disciplina Educação para a cidadania e os direitos humanos", tal como abrange a Lei Orgânica de Educação (LOE). Medida que não deixou de ter seu espaço de polêmica envolvendo diferentes opções ideológico-pedagógicas.

---

14. Uma versão reduzida foi publicada na revista *Cuadernos de Pedagogía*, n. 350, pp. 88-92.
15. Segundo o Ministério de Educação, Política Social e Esportes da Espanha, o sistema educacional espanhol divide-se em Educação Infantil (0 a 6 anos), Educação Primária (do 1º ao 6º ano) e Ensino Secundário Obrigatório (ESO), com quatro anos de duração, concluído geralmente quando o aluno completa dezesseis anos. *Bachillerato* corresponde à última etapa do ESO, tem caráter voluntário e duração de dois anos, com alunos de 16 a 18 anos. Apresenta modalidades diferentes que permitem uma preparação especializada para os estudos posteriores, tanto universitários quanto de formação profissional. Doravante, passaremos a usar, por equivalência, a mesma nomenclatura utilizada no Brasil sempre que cabível. [N. da T.]

Mais particularmente, ainda que na Educação Básica a opção preferencial seja a transversalidade, considero oportuno o estabelecimento desta disciplina ao menos no último ano. O que significa definir horário e currículo, como ocorre em outras áreas desta etapa, mas não com um professor especialista a ministrá-la, e sim que esta tarefa seja empreendida pelo professor-tutor,[16] com a devida formação a ser arbitrada pelas autoridades. Na Educação Secundária Obrigatória (ESO), por ser uma etapa crucial, a *Educação para a cidadania* deve ser ministrada nos três primeiros anos, dado que no 4º já existe a disciplina ética (a lei espanhola abrange apenas um curso além de ética cívica, no 4º ano). Esta deve ajustar seus conteúdos à nova seqüência, que supõe introduzir aquela disciplina nas três etapas educacionais. Igualmente, tendo em vista que foi ministrada por professores do Departamento de Filosofia, é lógico que, além da natureza dos conteúdos, seja aproveitada sua experiência e formação para que continuem ministrando-a, o que não deve eximi-los das necessárias adaptações e atualizações metodológicas. No *Bachillerato* deveria ser ministrada nos dois anos, mesmo que um período fosse dedicado à compatibilização de seus conteúdos com alguns de filosofia, no 1º ano, e história, no 2º.

Se realmente queremos que esta nova disciplina seja apoiada e tenha valor, tem de ser integrada ao currículo com as maiores garantias. Não pode ser uma "moleza", uma passagem irrelevante por algum dos anos em curso, ou ser utilizada como subterfúgio para completar o período, nem como alternativa a nenhuma outra matéria. Portanto, deve ter uma carga horária em nenhum caso inferior a duas horas semanais e conteúdos ligados à centralidade e complexidade de sua natureza, o que significa, como destacamos no ponto anterior, que não pode sofrer o processo de fagocitose por nenhuma matéria. Ao contrário, seus conteúdos recebem o aporte de diversas disciplinas, como filosofia, sociologia, direito e história, fundamentalmente.

OS ARGUMENTOS DO DESENCONTRO

Três são os argumentos principais que até agora têm sido usados para oposição à nova matéria.

---

16. Responsável pela integração dos alunos no grupo e por fomentar sua participação nas atividades da escola. [N. da T.]

Disciplina versus transversalidade?
O enfrentamento deste binômio tem sido o argumento mais citado, ainda que, curiosamente, para expressar posicionamentos totalmente contrários. De um lado, estão os furibundos anti-transversalidade, que apóiam a criação da nova disciplina como uma forma de livrar-se de "tantos anos de submissão ao vazio despotismo pedagógico, à transversalidade e outras verborragias" (Arteta, 2004), e, em conseqüência, acabar com este "conto do vigário" (Savater, 2005a). A partir desta posição, considera-se que com a nova disciplina serão solucionados, ou ao menos haverá maiores garantias para tal, os déficits de cidadania e de moralidade, sem fazer nenhuma referência nem à forma de ministrá-la, nem aos seus possíveis conteúdos. Também foi motivo de polêmica a área de conhecimento que adjudicaria a nova disciplina; assim, ela foi reivindicada em alguns casos para o direito (Peces Barba, 2004) e, mais especialmente, para a filosofia. Tampouco faltou o inaudito e pitoresco desprezo aos pedagogos, e ao pedagógico particularmente, a uma função essencial da profissão docente: *como* ensinar. Refiro-me a Aurelio Arteta, que alegremente sentencia:

> Se não há garantia alguma de que a escola acabe ensinando a ler e escrever, devemos agradecer em especial ao despotismo tão pouco esclarecido dos pedagogos. Da nada moderada invasão desta disciplina em ministérios e conselhos, de suas infladas pretensões acadêmicas, de seu pedante jargão tanto mais denso quanto mais vazio..., nada tem sido falado em muito tempo. O certo é que a obsessão sobre a forma de ensinar está convertendo o professor em um técnico de nada e o aluno, em terra improdutiva. (Arteta, 2005)

Realmente, seria engraçado não fosse este sr. um professor. Talvez sua desconsideração ao "como" deva-se à sua excelência como docente ou a que talvez não conheça nenhum caso de estudantes que chegam a odiar literalmente uma disciplina justamente pela forma como fora ministrada. Nós conhecemos muitíssimos também em relação à filosofia. Igualmente, agradeceríamos que não utilizasse um linguajar vulgar, inepto e ofensivo aos pedagogos (que os haverá de todo tipo, como os filósofos), e que se informa sobre quem estruturou a LOGSE [Lei Orgânica de Ordenação Geral do Sistema Educacional da Espanha]. Não obstante, a pergunta-chave que estes articulistas não fizeram é por que a transversalidade fracassou. E, em boa medida, aconteceu muito mais no Ensino Médio que no Fundamental, por não ter atendido às petições que naquele momento muitas pessoas e organizações formularam (currículo disciplinar, falta de tradição e formação, ausência de trabalho em equipe no professorado etc.).

Em posição oposta estão as pessoas e organizações que resolvem este binômio optando pela alternativa contrária, ou seja, a defesa da transversalidade e o rechaço à nova disciplina. Entre outros, esta tem sido a posição do Conselho Escolar do Estado, a proposta da CCOO [Confederação Sindical de Comissões Trabalhadoras]. Ao contrário do grupo anterior, este considera que a formação em valores em geral e a formação para a cidadania democrática, em particular, não se aprende em uma disciplina. Outras organizações, como a conservadora organização de pais CONCAPA [Confederação Católica Nacional de Pais de Família e Pais de Alunos], se opõem igualmente pelo possível conflito entre os conteúdos da nova disciplina e os ideários da escola, clareza argumentativa sofrível.

Como já expressamos, nossa posição não vê incompatibilidade entre ambas as propostas. Ao contrário, precisamos de ambas as iniciativas, e as duas necessitam de apoios políticos e econômicos para seu desenvolvimento. A transversalidade compromete todo o professorado em dois objetivos irrenunciáveis: a formação cidadã do alunado e a imprescindível colegialidade. A nova disciplina garante que a totalidade do alunado receba uma educação em conteúdos e valores democráticos, além de reforçar os conteúdos dos temas transversais.

Doutrinamento?

Creio que não nos equivocamos ao afirmar que o argumento do possível doutrinamento que ocorreria com a nova matéria está sendo utilizado com exclusividade pela direita, tanto política quanto de suas organizações e meios de comunicação. Em alguns casos ressuscitando a velha ideologia da neutralidade, em outros acusando o governo de querer doutrinar "em sua ideologia". A proposta que fazem é reivindicar a exclusividade da educação em valores para a família; em segundo lugar, através dos ideários das escolas particulares e, em terceiro, a partir do ensino da disciplina de religião. A conseqüência que deriva de ambos os argumentos é o rechaço frontal à proposta da nova disciplina, chegando em alguns casos a suscitar a objeção de consciência perante a matéria de educação para a cidadania (ABC, 12 nov. 2005).

Em pesquisa da CONCAPA feita na *web* são expostos os resultados, entre outros, à pergunta: "Qual sua opinião sobre a disciplina obrigatória 'educação para a cidadania' proposta pela LOE?". Os resultados são os seguintes: reduzirá o tempo de estudo, prejudicando outras – 9,68%; servirá para doutrinar segundo as idéias do governo – 70,9%; deve ser abordada apenas como área transversal – 6,45%; é boa para a formação de nossos filhos – 12,90%.

Com estes resultados, que reforçam sua tomada de posição inicial, lhes é fácil concluir pela rejeição, já que a maioria dos pais – e estes tinham de explicitar – considera que esta nova disciplina irá servir para o doutrinamento com base nas idéias do governo.

É realmente curioso que aqueles que consideram que a nova disciplina "servirá para doutrinar nas idéias do governo" sejam precisamente os que querem impor a obrigatoriedade do ensino religioso na escola, assim como que "sejam avaliados todos os efeitos". O doutrinamento, diferentemente da sensibilização ou conscientização, está precisamente ligado à imposição. E, justamente, trata-se de não impor e sim facilitar os processos de análise, diálogo e reflexão que conduzam a uma tomada de consciência dos valores democráticos e de uma cultura de paz. Daí a enorme importância do "como". Igualmente, é importante realizar um amplo esforço para chegar a um consenso sobre tais conteúdos para evitar que esta dimensão educativa se converta em arma na luta partidária, porque, como já dissemos, deveria ser considerada como uma questão de Estado (o que exige um amplo e democrático debate).

Contraposição à filosofia?

Neste terceiro aspecto da controvérsia, considero que tenha havido posições errôneas. De um lado, o Ministério da Educação e Ciência (MEC)[17] apresentou a nova disciplina, em alguns momentos, como espaço contraposto ou em detrimento da filosofia. Além disso, a infeliz proposta do MEC, já corrigida, de suprimir a carga horária docente de filosofia no *Bachillerato*, fez acirrar os ânimos neste setor. De outro, no âmbito da filosofia, a nova disciplina foi vista por um duplo prisma: os que a defendem como um campo exclusivo de sua competência, e os que viram esta

---

17. Devido à recente reestruturação do governo da Espanha, as competências do antigo Ministério de Educação e Ciência passaram a depender de dois Ministérios diferentes: Ministério de Educação, Política Social e Esportes, e Ministério de Ciência e Inovação. [N. da T.]

proposta como uma ameaça à sua carga docente. Daí o porquê de, em alguns casos, terem se apressado a reivindicá-la e, em outros, a rechaçá-la.

Compreendendo algumas das posições expressas, devemos recordar que o currículo, como as reformas, deve ser formulado globalmente, e não a partir de parcelas e interesses particulares, por mais legítimos que sejam. Como já destacamos, a educação para a cidadania transborda claramente o âmbito de uma só disciplina. Além do mais, parece que duas coisas foram confundidas: a suposta contraposição entre educação para a cidadania e filosofia, quando em realidade compartilham determinados objetivos e conteúdos; e as numerosas vozes de filósofos, tanto individual quanto coletivamente, que defendem a educação para a cidadania como exclusiva competência de sua área alegando nada menos que é a única que pode fomentar "a reflexão, a liberdade, a crítica e o exercício da cidadania". Felizmente, outros filósofos, como é o caso de Savater (2005b), têm-se descolado desses "hiperbólicos encômios". Em suma, *nem a educação para a cidadania se resolve em sua totalidade a partir da filosofia, nem a disciplina educação para a cidadania deve tirar espaço desta matéria.*

CONTEÚDOS

Os objetivos e conteúdos fundamentais da educação para a *cidadania e os direitos humanos* devem estar ligados logicamente à caracterização dos dois conceitos de seu título: *cidadania e direitos humanos*. Ou seja, seus fundamentos e referências sobre nossas sociedades e o contexto internacional. Mas sempre sem perder de vista o chão em que se produz a experiência educativa, e evitando todo o enfoque memorial (que nada tem a ver com o necessário uso da memória). Neste sentido, o que podemos denominar *conhecimentos, habilidades e atitudes* de cidadania, é estruturado em cinco grandes áreas que devem integrar os conteúdos da nova proposta de disciplina.

Em primeiro lugar, a educação para a cidadania e os direitos humanos deve servir, antes de tudo, para refletir e sensibilizar sobre a convivência e o exercício da cidadania democrática na escola e em seu entorno, o que constitui ao mesmo tempo uma consideração metodológica fundamental. Assim, a análise das formas de convivência, o respeito, a participação, o enfrentamento não-violento dos conflitos, a aceitação da diversidade e a rejeição a qualquer forma de discriminação no entorno imediato da escola deve estar presente em cada aula e em todos os cursos do ensino, não apenas para dar a conhecer a realidade na qual vivem os estudantes, mas também para gerar espaços e possibilidades de intervenção para sua resolução. A primeira necessidade para formar pessoas autônomas é torná-las conscientes das coordenadas que explicam seu entorno.

Um segundo bloco de conteúdos deve abordar as causas e as diferentes formas de violência – escolar, de gênero, pobreza, terrorismos etc. –, assim como as alternativas existentes. A violência e seus processos de "naturalização", além de atentar contra o exercício da cidadania democrática, constitui um dos grandes problemas que temos nos diferentes âmbitos da sociedade, logo deve ser abordada de forma global em toda sua complexidade e rigor. Igualmente, carece ser tratada nesta esfera a situação das vítimas da violência, para fomentar o respeito e a solidariedade para com elas, ao mesmo tempo em que as próprias vítimas tenham a possibilidade de transformar-se em agentes educativos.[18]

Um terceiro tipo de conhecimento deve dar lugar à compreensão do significado do que é o Estado de Direito laico e a normativa fundamental que o regula, assim como os direitos e deveres fundamentais da vida em sociedade. Igualmente importante é conhecer as condições e posições ideológicas, econômicas, políticas e religiosas que questionam os pressupostos da democracia.

Um quarto bloco seria a análise histórica, filosófica, jurídica, política e ética dos direitos humanos. Isto estimula conhecer suas características fundamentais, sua história e sua compreensão como um processo inacabado, os tipos de direitos e principais textos que os regulam, os organismos e associações de defesa, a situação na qual se encontram, teorias e regimes que os questionam etc.

Um quinto bloco de conteúdos está ligado a dois processos sociais relativamente novos: o crescente processo migratório e, por outro lado, o atual processo de construção européia. O primeiro implica, fundamen-

---

18. Neste sentido, consideramos que todas as vítimas são merecedoras de respeito e apoio por parte da sociedade e respectivas autoridades, mas em seu possível uso pedagógico nas escolas devem ser cumpridos três requisitos inegociáveis: 1º, não utilizar sua dor e relatos em benefício partidário; 2º, respeitar a dignidade de todas as pessoas, inclusive dos infratores (o que não significa que a lei deixe de ser aplicada em toda sua extensão); e 3º, que seus relatos e contribuições se façam a partir de e para uma cultura de paz e reconciliação.

talmente, em contemplar o currículo a partir da dimensão multicultural, muito particularmente no que diz respeito às estratégias educativas anti-racistas. O segundo exige acrescentar a dimensão européia da educação, tanto em relação às estruturas educacionais quanto ao componente cultural do currículo.

O sexto levaria em conta os conteúdos restantes da pedagogia da convivência que explicitamos ao longo deste capítulo, assim como os fatores desagregadores da convivência.

Em suma, consideramos que a proposta de conteúdos deve contemplar a globalidade dos direitos humanos, assim como as dimensões da cidadania democrática, global e crítica: moral, jurídica, histórica, política, filosófica e educativa.

2 A SITUAÇÃO DA CONVIVÊNCIA NAS ESCOLAS DE ENSINO MÉDIO

Neste capítulo queremos apresentar e submeter ao debate algumas das principais conclusões da pesquisa Conflito e convivência nos centros educacionais de Ensino Médio, que dirigimos na Galícia entre os anos 1998 e 2002.[1] Resultados semelhantes aos aqui apresentados também foram obtidos na mesma investigação que conduzimos na Comunidade Autônoma de Canárias, através do Instituto Canário de Avaliação e Qualidade Educacional (ICEC), nos anos 2002 e 2003. De maneira geral, podemos dizer que com estas pesquisas pretendemos analisar a percepção que o professorado e o alunado do Ensino Médio têm sobre diferentes dimensões da relação conflito e convivência. Tendo em vista que os resultados são muito semelhantes e que a investigação nas Ilhas Canárias está publicada pelo ICEC (2004),[2] apresentamos aqui somente os dados inéditos da pesquisa realizada na Galícia.[3]

---

1. Fizeram parte da equipe de pesquisa, além da pessoa que assina este trabalho na qualidade de pesquisador principal, Juan José Bueno Aguilar, Cristina Moar Grobas, Xosé Ramos Rodríguez e Concepción Sánchez Blanco.
2. As pessoas interessadas nesta pesquisa podem entrar em contato com o Instituto Canario de Evaluación y Calidad Educativa (ICEC). Tel.: 00 operadora 34 922 534 880. Correio eletrônico: jclacla@gobiernodecanarias.org.
3. Quero agradecer a colaboração de muitas e diferentes pessoas, que contribuíram com seu grão de areia ao longo do processo desta pesquisa: →

A ainda escassa pesquisa sobre esta temática realizada em nosso país costuma centrar-se unicamente em geral na violência entre iguais, aspecto importante mas que, do ponto de vista educacional, nos parece uma visão claramente restritiva e incompleta. Restritiva porque se limita a um dos agentes do processo de ensino-aprendizagem, o alunado, e a um tipo de violência – a relacionada com a violência física; incompleta, porque deixa de fora da análise diversas variáveis contextuais, metodológicas, organizacionais etc., que podem influir não apenas na aparição das condutas violentas, mas também no marco mais amplo da conflituosidade. E este é precisamente nosso enfoque de estudo – não a violência, mas o conflito e a convivência como dois processos inseparáveis e consubstanciais em toda relação humana e em toda atividade educativa.[4] Da mesma forma, diferentemente de outras investigações que abordam o tema da violência no meio escolar, queremos fazer notar duas diferenças fundamentais – uma com relação ao próprio conceito de violência e outra, com relação aos possíveis atores que a utilizam:

> De um lado, partimos de um conceito amplo de violência, não restrita exclusivamente às manifestações mais comuns e visíveis da violência física. A violência é aqui entendida, seguindo o pensamento gandhiano, como qualquer ação intencional que perturba negativamente a

→
> Em primeiro lugar aos 1.131 professores e professoras da ESO da Galícia que responderam ao questionário, apesar de sua extensão. Igualmente, aos 11.033 estudantes da ESO da Galícia, pela mesma razão. É óbvio que sem sua colaboração não teria sido possível este trabalho.
> Em segundo lugar, quero fazer um agradecimento especial também às professoras e aos professores, orientadoras e orientadores dos grupos de controle de Vigo e A Coruña, por submeterem-se às provas e também pelas sugestões que aportaram, algumas delas recolhidas dos questionários.
> Agradecimento especial também às pessoas, habitualmente orientadores/as, dos centros educacionais que se encarregaram de recolher os questionários do professorado e por sua insistência para que seus colegas respondessem.
> Ao alunado do 3º ciclo de nosso programa de doutorado que levaram a cabo outro trabalho fundamental e imprescindível, como foi sua colaboração no trabalho de campo e, muito especialmente, na triagem dos questionários.
4. Uma análise mais ampla destas temáticas, bem como de determinadas propostas educacionais, foi realizada no livro já citado *Educação e conflito. Guia de educação para a convivência* (Madri: Popular, 2001).

vontade das pessoas impedindo sua realização. Por conseguinte, temos de falar de diferentes tipos de violência, e não somente da mais tradicional e facilmente reconhecível como a violência física, que é, insisto, a única pela qual se costuma questionar.

> De outro lado, nas pesquisas realizadas as análises da violência são associadas somente ao alunado na qualidade de único membro da comunidade educacional sobre o qual supõe-se seu uso. No entanto, nas escolas se produz violência não apenas nas relações entre o alunado. Perceber daquela forma indica uma grande deturpação, porque exclui outro tipo de relações violentas que ocorrem nas escolas.

DADOS DA PESQUISA

CONTEÚDOS

Tanto para alunos quanto para professores, a pesquisa está estruturada em três grandes blocos temáticos:

1 Conflito, disciplina e convivência
2 Percepção de violência
3 Estratégias para favorecer a convivência

Os três blocos são importantes e estão, sem dúvida, estreitamente inter-relacionados. No primeiro bloco introduzimos a percepção que o professorado e o alunado têm sobre três aspectos que consideramos muito importantes nesta investigação: *a percepção do conflito, o clima de convivência e a suposta indisciplina dos estudantes*. Destes aspectos, o que sem dúvida destacamos, por ser o mais recente, é a análise da visão do conflito que o professorado e o alunado têm e sua relação com determinadas variáveis ligadas a alunos e professores – gênero, ser repetente ou tirar más notas e conflituosidade, capacidade de diálogo de professores e professoras, idade do professorado e conflituosidade etc.

O segundo bloco é dedicado *a analisar as formas de violência possíveis de serem produzidas no exercício da convivência nas escolas* e que, neste sentido, podem alterá-la ou rompê-la. Os aspectos mais inovadores da pesquisa neste bloco, como assinalamos, são o próprio conceito amplo de violência com o qual trabalhamos e o fato de não relacionar o possível uso da violência unicamente ao alunado. Outros conteúdos de investigação que configuram este segundo bloco são as possíveis violências sofridas pelo professorado nos últimos três anos, a percepção da relação violência-gênero e um tema muito importante para revelar a posição do professorado a respeito: conhecer as causas que atribui ao surgimento da violência. Em relação ao alunado, também destacamos a análise sobre a possibilidade de, alunos e professores, terem sentido medo de ir à escola, bem como os sentimentos de apreço e rejeição.

O terceiro bloco é o que contém o maior número de categorias e perguntas do questionário. Está voltado a obter informações sobre *questões de diversas naturezas, mas que têm em comum o fato de estarem relacionadas a estratégias e possibilidades para enfrentar os conflitos*. Assim, abordamos, entre outros, a análise do que denominamos infraestrutura das escolas em assuntos de convivência, que inclui aspectos como espaços utilizados para enfrentar os conflitos, existência ou não de comissão de convivência, participação dos diferentes órgãos e setores da comunidade educacional para favorecer a convivência etc.; em segundo lugar, perguntamos aos professores e alunos sobre os valores que o professorado difunde em relação à convivência democrática; em terceiro lugar, indagamos sobre a frequência e o tipo de atividades que o professorado estimula para favorecer a convivência; em quarto, solicitamos a opinião do professorado sobre as questões organizacionais ligadas à diversidade que têm relação direta com o tipo e possibilidades de convivência; em quinto, abordamos as estratégias que o professorado utiliza para a resolução de conflitos, como é o caso da mediação; em sexto lugar, analisamos a formação do professorado tanto em relação ao seu nível de competência para enfrentar conflitos e a importância disto para o desenvolvimento do exercício profissional quanto, por outro lado, para saber sua disposição pessoal para aprender e participar de programas de resolução de conflitos. Questão esta que também analisamos junto ao alunado.

Vejamos nos quadros seguintes os blocos e a totalidade das categorias que configuram a pesquisa.

A. PROFESSORADO

BLOCO 1. CONFLITO, DISCIPLINA E CONVIVÊNCIA

CATEGORIAS
- Percepção de conflito
- Clima de convivência
- Percepção da situação de indisciplina
- Relação alunado e direitos/deveres; relação indisciplina-gênero; relação alunado repetente e aumento dos conflitos; relação alunado com más notas e aumento da indisciplina; relação alunado que comete atos de indisciplina e obrigatoriedade de assistência das escolas; relação mulheres professoras e capacidade de diálogo; relação professorado jovem e maior conflituosidade; relação sexo do professorado e maior nível de conflituosidade

BLOCO 2. VIOLÊNCIA

CATEGORIAS
- Percepção da suposta natureza violenta do ser humano
- Percepção da situação da violência do alunado
- Tipos de violência observados na escola na relação entre o alunado
- Tipos de violência observados na escola na relação do alunado com o professorado
- Tipos de violência observados na escola na relação entre o professorado
- Tipos de violência observados na escola na relação entre o professorado e as famílias do alunado
- Violências sofridas nos três últimos anos
- Causas ou fatores da violência do alunado

BLOCO 3. ESTRATÉGIAS PARA FAVORECER A CONVIVÊNCIA E A RESOLUÇÃO DE CONFLITOS

CATEGORIAS
- Espaços nos quais o professorado, o alunado e os pais/mães de alunos abordam os conflitos, segundo os professores
- Existência e avaliação da comissão de convivência
- Existência e avaliação de normas de convivência
- Participação:
  – do alunado, professorado e famílias para favorecer a convivência;
  – dos órgãos do centro educacional;
  – das famílias e do alunado na resolução de conflitos.
- Tipo e freqüência de atividades para favorecer a convivência
- Freqüência que os professores observam no fomento de atitudes do professorado ligadas à convivência respeitosa e democrática
- Freqüência da mediação nos diferentes setores da comunidade educacional e sua importância para o bom funcionamento da escola
- Opinião do professorado sobre as medidas organizacionais de atenção à diversidade
- Importância da vigilância durante os recreios e avaliação da forma como se realizam
- Nível de formação para enfrentar conflitos, sua importância para exercer a profissão e disposição para aprender a resolver conflitos

B. ALUNADO

BLOCO 1. CONFLITO, DISCIPLINA E CONVIVÊNCIA

CATEGORIAS
- Percepção do conflito
- Clima de convivência
- Percepção da situação de indisciplina
- Relação mulheres professoras e capacidade de diálogo; relação professorado jovem e maior conflituosidade; relação sexo do professorado e maior nível de conflituosidade
- Relação alunado repetente e aumento dos conflitos; relação alunado com más notas e aumento da indisciplina; relação alunado e direitos/deveres; relação alunado que comete atos de indisciplina e obrigatoriedade de assistência das escolas

BLOCO 2. VIOLÊNCIA

CATEGORIAS
- Percepção da situação da violência
- Tipos de violência na relação entre o alunado
- Tipos de violência na relação do alunado com o professorado
- Percepção da relação violência-gênero em relação ao alunado
- Percepção do sentimento de medo, do alunado e do professorado, de ir à escola
- Percepção do sentimento de apreço e rejeição em relação a seus próprios companheiros e ao professorado

BLOCO 3. ESTRATÉGIAS PARA FAVORECER A CONVIVÊNCIA E A RESOLUÇÃO DE CONFLITOS

CATEGORIAS
- Espaços e possibilidades para enfrentar os conflitos na escola
- Funcionamento da comissão de convivência
- Existência de normas sobre convivência nas escolas
- Participação:
  – do alunado para favorecer a convivência
  – das famílias dos alunos e destes na resolução de conflitos
- Tipo e freqüência de atividades para favorecer a convivência
- Freqüência que o alunado observa no fomento de atitudes do professorado ligadas à convivência respeitosa e democrática
- Disposição para aprender a resolver conflitos

A AMOSTRAGEM

A delimitação espacial desta pesquisa é a Galícia e os focos de análise são o professorado e o alunado do Ensino Médio de escolas públicas e particulares conveniadas.[5] As escolas foram selecionadas de forma aleatória, com base nos seguintes critérios:

1. O número de centros educacionais em cada localidade foi decidido proporcionalmente de acordo com o conjunto da população escolar em cada uma. Assim, a proporção de escolas foi ajustada à seguinte distribuição: em A Coruña, 1; em Pontevedra, 2; em Lugo, 1,5 e em Ourense, 1.
2. Dentro de cada localidade foi considerado o mesmo critério anterior de proporcionalidade em relação à concentração da população. Assim, por exemplo, em A Coruña e Pontevedra há mais escolas situadas no litoral devido à maior concentração populacional.
3. Os centros, por sua localização sócio-geográfica, foram analisados em três categorias:
   - Tipo A: escolas das capitais. Neste grupo estão os centros escolares das sete capitais galegas (as quatro capitais de província, mais Santiago de Compostela, Ferrol e Vigo). Igualmente dentro delas levamos em conta, para proceder sua seleção, as diferentes situações socioeconômicas da população que atendem e que costumam coincidir com os diferentes espaços urbanos.
   - Tipo B: escolas semi-urbanas. São as que pertencem às populações intermediárias, próximas às áreas de influência das capitais e/ou grandes povoados. Como critério de seleção deveriam ter ao menos duas ou mais escolas públicas de Ensino Médio.
   - Tipo C: centros escolares da zona rural/pequenos povoados que contam apenas com uma escola pública de Ensino Médio.

---

5. Ainda que desde o início de nossa atividade profissional defendamos a participação de mães e pais em todas as etapas educacionais das escolas de Ensino Infantil, Fundamental e Médio, descartamos a análise de sua opinião nesta pesquisa porque entendemos que em boa parte das categorias com as quais trabalhamos seria muito difícil que tivessem informação contrastada e direta, especialmente pelos baixíssimos índices de participação registrados no Ensino Médio. No entanto, em algumas perguntas analisamos o papel das mães e dos pais a partir da perspectiva de professores e alunos.

A seguir, na tabela 1, expomos os dados totais da amostragem; na tabela 2, os da população, correspondentes ao período 1999-2000, ano letivo no qual realizamos o trabalho de campo; na tabela 3, os dados totais das escolas, segundo o tipo de população na qual estão localizadas, e na tabela 4, os dados totais das escolas conforme sua localização geográfica, litoral-interior.

TABELA 1. DADOS DA AMOSTRAGEM

	Nº DE ESCOLAS	Nº DE PROFESSORES/AS	Nº DE ALUNOS/AS
A Coruña	50	542	4.937
Lugo	15	123	1.474
Ourense	14	84	1.326
Pontevedra	39	382	3.356
TOTAIS	118	1.131	11.003

TABELA 2. DADOS POPULACIONAIS, ANO LETIVO 1999-2000

	PÚBLICA	PRIVADA
Alunado da ESO	93.433	34.141
Professorado do Ensino Médio de todos os níveis	16.154 (602 deles atuam no Ensino Fundamental e no Médio)	3.757 (659 deles atuam no Ensino Fundamental e no Médio)

TABELA 3. DADOS TOTAIS DAS ESCOLAS SEGUNDO O TIPO DE POPULAÇÃO EM QUE ESTÃO INSERIDAS

	ESCOLAS TIPO A	ESCOLAS TIPO B	ESCOLAS TIPO C
A Coruña	26	15	9
Lugo	5	6	4
Ourense	8	3	3
Pontevedra	20	14	5
TOTAL	59	38	21

TABELA 4. DADOS TOTAIS DAS ESCOLAS SEGUNDO SUA INSERÇÃO GEOGRÁFICA, LITORAL–INTERIOR

	LITORAL	INTERIOR
A Coruña	35	15
Lugo	13	2
Ourense	0	14
Pontevedra	30	9
TOTAL	78	40

Finalmente, no que diz respeito à proporcionalidade da amostragem[6] em relação ao conjunto da população segundo a titularidade das escolas, foi praticamente idêntica à que ocorre no conjunto da população. Da mesma forma, preservamos a proporção pelas variáveis sexo dos entrevistados, anos de antiguidade e matéria ministrada pelo professorado, e ano em curso do alunado.

INSTRUMENTOS DE ANÁLISE E OBTENÇÃO DE DADOS

Os dados da pesquisa foram obtidos mediante a aplicação dos questionários de elaboração própria, um para o professorado e outro para o alunado, que estruturamos e validamos previamente. No total, o questionário do alunado tem 22 perguntas com 110 itens, e o do professorado tem 32 perguntas, com 208 itens. O trabalho de campo foi feito entre os meses de janeiro e maio de 2000, e a análise estatística foi realizada com o programa para estatística SPSS, versão 9.0.

Além dos resultados globais, analisamos os dados das categorias anteriores em função de diferentes variáveis, tais como o tamanho da escola, localização, sexo-gênero dos entrevistados etc. No caso do professorado, além destas, introduzimos também a variável antiguidade na profissão, a matéria que ministram ou o fato de terem ou não car-

---

6. No caso das Canárias, a amostragem do professorado foi de 932 (564 da província de Las Palmas e 368 de S/C de Tenerife), com margem de erro estimada em 5%. Em relação ao alunado, a amostragem foi de 2.500, com nível de confiabilidade de 99,7% e margem de erro de 3%.

gos diretivos. Com relação ao alunado, o ano em curso e sua situação acadêmica – neste sentido, o questionário introduzia uma pergunta no quadro inicial, no qual os estudantes deveriam escolher entre as seguintes alternativas: 1. aprovo sempre; 2. reprovo em alguma matéria nas avaliações durante o ano, mas ao final aprovo em todas; 3. passo de ano com pendências; 4. repeti o ano. Pois bem, a maioria dos estudantes situa-se entre os que aprovam sempre e os que reprovam alguma vez durante o ano, mas ao final aprovam tudo (66,8%); 11,3% passam de ano com pendências, e 20% repetem o ano. A soma destes dois últimos dados de fracasso escolar nos dá uma tendência de 31% do alunado com sérios problemas acadêmicos no Ensino Médio. Reconhecimento por parte dos estudantes que coincide em grande medida com algumas estatísticas, tanto de diferentes autores quanto do Ministério da Educação, sobre fracasso escolar. Os 2% restantes não responderam, mas devido a seu pequeno valor estatístico consideramos que não têm incidência sobre os resultados.

Uma vez finalizada a pesquisa, os resultados foram apresentados nas diferentes capitais galegas, depois de haver convocado os centros educacionais participantes da pesquisa. Era o compromisso que havíamos assumido – além da confidencialidade das escolas e pessoas participantes – ao nos apresentarmos para a pesquisa. No entanto, constatamos que a assistência nessas apresentações foi, em geral, bem mais escassa.

PRINCIPAIS CONCLUSÕES

Devido ao enorme volume de informações que a pesquisa proporcionou e em virtude do espaço desta publicação, ressaltamos as conclusões que nos parecem mais interessantes para abordar o tema. Tendo em conta que no capítulo 3 enfoca-se a formação do professorado, ali expõem-se as conclusões referidas a esta questão.

1. PERCEPÇÃO NEGATIVA DO CONFLITO

Professorado e alunado coincidem na alta percepção negativa do conflito, com tendência ligeiramente maior do alunado. Concepção negativa esta que se mantém inalterável na análise que considera as variáveis, exceto no caso do professorado levando em conta a matéria ministrada.[7] Este é um fator que, para nós, condiciona os resultados da pesquisa, dado que está na base da grande maioria dos que respondem ao questionário. Em outras palavras, esta percepção tão inequivocamente negativa do conflito e tão generalizada é, ao mesmo tempo, explicação e causa para interpretar corretamente os diferentes resultados que compõem a pesquisa. Ou seja, o ponto de partida do qual alunos e professores respondem as perguntas do questionário é esta percepção claramente negativa do conflito que, sem dúvida, em maior ou menor medida, condiciona suas respostas.

Percepção negativa que, como comprovamos neste e em outros trabalhos similares anteriores, explica-se pela confusão que se estabelece ao relacionar conflito com violência e indisciplina, fundamentalmente.[8] Esta confusão faz com que consideremos como uma hipótese explicativa da alta percepção de indisciplina e violência, tanto no professorado quanto no alunado, a visão negativa e distorcida do conflito. Hipótese que deveremos trabalhar nos próximos anos com outro tipo de metodologia.

A título de recomendação, consideramos que modificar esta percepção negativa do conflito é um dos desafios prioritários a serem enfrentados para encarar a realidade do conflito como algo natural e a partir daí tratá-lo como um fato educativo, uma oportunidade para aprender.[9]

---

7. Ainda que a grande maioria do professorado tenha uma visão negativa do conflito, é sensivelmente menor no coletivo de orientadores (69% deste coletivo têm uma visão negativa do conflito frente a 84-86,5% do resto do professorado). Nas demais variáveis, não houve diferenças significativas, circunstância que reforça a contundência desta visão negativa do conflito.
8. Detectamos como esta visão negativa se associa de forma distinta, conforme a abordagem do professorado ou do alunado. O primeiro o faz fundamentalmente em relação à indisciplina dos estudantes, associando esta negatividade ao outro, o alunado; no caso do segundo, o faz sobre si mesmo e ligado à violência, essencialmente física.
9. Recomendação que também se apóia na formação deficiente que o professorado reconhece nesta temática, tal como vimos, assim como no desejo majoritário expressado por alunos e professores de aprender a resolver conflitos de forma não-violenta, através da participação em programas de melhoria da convivência em suas escolas.

2. PERCEPÇÃO POSITIVA DO CLIMA DE CONVIVÊNCIA JUNTO A UMA VISÃO MUITO PREOCUPANTE DA SITUAÇÃO DE INDISCIPLINA E VIOLÊNCIA DO ALUNADO NAS ESCOLAS

Tanto a maioria do professorado (67,4%) quanto a metade do alunado (47,5%) têm uma percepção bastante boa da convivência entre professores e alunos[10] mas, ao mesmo tempo, a maioria dos docentes e dos estudantes coincide em ter uma percepção muito negativa da indisciplina e da violência dos educandos nas escolas.[11] Como se explica esta aparente contradição?

Em primeiro lugar, porque não podemos nos esquivar do fato de que aparece uma diferença clara na formulação e no contexto das perguntas que pode incidir nas respostas em uma determinada proporção, e de fato assim acreditamos. Tanto no caso da pergunta que se refere ao conceito de conflito quanto na questão sobre indisciplina e violência, o professorado responde em relação ao outro – entendo por outro ora o conceito de conflito, ora o alunado –, em nenhum caso ele entra na resposta, tal como estão formuladas as perguntas. Enquanto nos itens que compõem a pergunta sobre convivência, isto está explicitado na formulação do enunciado e, conseqüentemente, na resposta – seja na relação com seus colegas, seja com o alunado ou outras instâncias. Assim, esta diferença faz com que, na hora de responder, sejam perguntas de distintas naturezas, o que em maior ou menor medida, influi na resposta.

Em outras palavras, na visão dos professores parece ocorrer uma dupla intenção no momento de responder: reconhecem-se a si mesmos com relações globalmente aceitáveis na convivência com o alunado, seja porque assim são percebidas, seja pelo fato de entenderem que ao fazerem uma avaliação negativa esta possa ser interpretada como reconhecimento de um certo fracasso profissional ou, em relação à escola, que pensem que ao responder negativamente, seja transmitida uma imagem ruim da instituição. No entanto, aumenta de maneira espetacular a percepção no

---

10. Note-se que somente 11,3% dos alunos dizem que a convivência é ruim, enquanto 37,8% afirmam ser regular. No caso do professorado, irrelevantes 2,6% dizem que é ruim, ao passo que 25,9% afirmam ser regular.
11. Coincidência que também se dá entre professores e alunos da rede pública e da rede privada conveniada, frente à visão generalizada de que ambos os processos só acontecem na rede pública, ao menos no caso da Galícia (a pesquisa das Canárias realizou-se apenas em escolas públicas).

sentido contrário sobre a indisciplina dos alunos – que está estreitamente ligada à relação com o professorado – e a violência.

Em segundo lugar, observa-se uma clara diferença na percepção da convivência entre professores e alunos, avaliada mais positivamente pelos primeiros que pelos segundos. Concretamente, dos seis tipos de convivência sobre os quais perguntamos, aparecem diferenças significativas em todos eles, exceto em um: a convivência entre o professorado e mães/pais de alunos. As diferenças tornam-se especialmente notáveis em três tipos de convivência: entre a direção da escola e alunado, entre alunado e professorado, e, em terceiro lugar, a convivência entre a direção do centro escolar e mães/pais de alunos. Vejamos os dados:

> *Na convivência entre a direção do centro educacional e o alunado.* Há uma diferença de nada menos que 38,5 pontos percentuais, maior junto ao professorado. Portanto, inequívocas diferenças na visão de uns e outros. Sem dúvida, o papel institucional da direção explica em boa medida estas grandes diferenças e a percepção negativa que o alunado tem da mesma.
> *Na convivência entre alunos e professores.* Aparecem vinte pontos percentuais de diferença, mais favorável entre o professorado que no alunado.
> *Na convivência entre a direção da escola e mães/pais de alunos.* Há 16,5 pontos percentuais de diferença, maior no professorado.

Portanto, o professorado tem uma melhor percepção do clima de convivência que o alunado, setor este que aparece praticamente dividido ao meio, entre os que se situam na tendência positiva e negativa.[12] Em consequência, podemos falar de um claro desencontro em um setor significativo do alunado, praticamente 50%, que não sente que exista boa relação entre eles e os professores. "Logicamente" poderíamos esperar uma diferença a ser explicada, fundamentalmente, pelo setor do alunado que encontra-se em situação de fracasso escolar. Mas os resultados obtidos entre os alunos superam claramente a percentagem anterior na tendência negativa. Isto quer dizer que provavelmente a maior parte do alunado que fracassa do ponto de vista escolar faz uma avaliação negativa de suas

---

12. Neste sentido, esta desarmonia entre a visão do alunado e do professorado não só reflete uma percepção diferente sobre uma mesma temática, mas também pode ajudar a explicar nossa tese anterior.

relações com os professores, porém, além disso, aparece uma significativa percentagem, em torno de 20%, de estudantes que se somam a esta opinião e que, entretanto, não estão no grupo dos fracassados.

Em terceiro lugar, porque talvez a maioria do professorado tenha uma visão positiva do clima de convivência em geral entre eles e o alunado, e por outro lado, claramente negativa sobre a indisciplina e a violência dos alunos, pois neste caso concentra sua opinião em determinados sujeitos, mais do que no conjunto do coletivo estudantil, tal como parece inferir-se dos resultados que expomos mais adiante.

Também vale destacar a sensível diferença entre os professores quando respondem à categoria que trata da convivência entre o professorado do mesmo nível educacional e quando o fazem sobre a convivência entre o professorado dos distintos níveis educacionais. Revela-se uma diferença de nada menos que 16,8 pontos percentuais em favor do primeiro âmbito de convivência citado. Diferença que muito provavelmente se explique pelas dificuldades de integração dos professores da Educação Fundamental que passaram a dar aulas no Ensino Médio, assim como na convivência entre os diferentes setores profissionais que convivem em muitas escolas.

Igualmente há uma clara diferença no professorado sobre a indisciplina do alunado no momento de responder pensando em suas aulas ou no conjunto do centro educacional. O professorado do Ensino Médio tem uma percepção mais negativa da situação de indisciplina em sua escola do que em sua classe. Concretamente na tendência que considera a situação de indisciplina do alunado como um problema muito importante ou bastante importante há uma diferença de catorze pontos, maior ao pensar na escola do que ao pensar na sua classe. Em qualquer caso há que se ressaltar, como já o fizemos, que tanto o professorado quanto o alunado obtêm resultados praticamente idênticos em suas percentagens, muito altas (em torno de 75% de professores e de alunos), sobre a avaliação da indisciplina dos estudantes como um problema muito ou bastante importante.

Conclusão a que também se chega em relação à violência exercida pelos alunos. Com efeito, a maioria do alunado (73,5%) e do professorado (65,7%) coincidem em expressar uma percepção muito preocupante da violência dos alunos nos centros educacionais. Em ambos os casos, a alternativa mais escolhida foi "muito importante", e a tendência mostra que é claramente majoritária a que reflete o estado de opinião mais preocupante, "muito ou bastante importante". No entanto, vemos como nesta última o alunado tem uma visão ainda mais crítica que o próprio professorado, chegando à diferença de oito pontos, isto é, no limite estabelecido para considerá-la como significativa. Provavelmente, esta diferença oculta um tipo de violência que o alunado observa e suporta nas relações entre si, mas sobre a qual os professores não têm consciência.

3. ALTA PERCEPÇÃO DE VIOLÊNCIA ATRIBUÍDA AO ALUNADO NA ESCOLA JUNTO A UM ESCASSO RECONHECIMENTO DE SUA PRESENÇA

Como já assinalamos, a maioria do professorado e do alunado concorda ao expressar uma percepção muito preocupante da violência dos alunos nas escolas, ainda que ligeiramente mais alta entre os estudantes. Igualmente, quando perguntamos ao professorado se considera que a violência está aumentando nas escolas, a maioria dos professores responde afirmativamente – concretamente três em cada quatro. Entretanto, devemos contrastar esta alta percepção com aquelas perguntas que se atêm mais aos fatos, e não tanto às percepções. Neste sentido, constatamos o seguinte:

> Da perspectiva do professorado, a percentagem que considera a violência exercida pelo alunado na escola como um problema bastante ou muito importante, baixa de 65,7% para 54,1% quando a mesma questão se refere às suas aulas. Ou seja, o professorado vê mais violência no conjunto do centro educacional que em sua própria sala. Fenômeno que também aparece em relação à indisciplina, com a mesma diferença percentual entre as duas tendências,[13] ainda que um setor do professorado distinga entre violência e indisciplina.[14]

---

13. Atribuímos a explicação desta diferença a três possíveis fatores: em primeiro lugar, provavelmente muitas das pessoas que responderam pensam que existe uma violência na escola que se localiza fora das classes (nos pátios, recreios etc.), tal como se comprova em outro lugar desta pesquisa. Em segundo lugar, porque o clima de violência se transmite por comentários, notícias, opiniões etc. de que existe violência nos centros educacionais, mesmo que observando a própria classe se constate este clima de violência em menor medida. Em terceiro lugar, os fatores pessoais que tendem a ver mais problemas, indisciplina ou violência nos vizinhos do que em nossa própria sala, entre outras coisas, porque reconhecer o contrário poderia ser interpretado como uma certa incapacidade para dirigir a classe.
14. No que diz respeito à consideração da indisciplina como um problema bastante ou muito importante, aumenta para 60,1% nas salas e para 74,3% em relação à escola.

> Quando perguntamos aos professores por tipos concretos de violência do alunado, na relação entre eles, que percebem em sua escola, a tendência claramente majoritária das respostas é "nenhuma" ou "pouca", exceto na apatia ou indiferença do alunado – muito ligado às tarefas escolares e função docente que, em todo caso, presumimos que esteja mais relacionada com a indisciplina que com a violência –, e com a violência verbal (insultos ou apelidos), algo que, por certo, não se pode afirmar ser uma novidade, ainda que o seja o fato de que muitos destes insultos ou apelidos se manifestem diante dos professores. Em todo caso, quero ressaltar com este comparativo que ocorre uma defasagem entre a percepção global de violência como um problema na escola e as diferentes formas de violência, dado que esta percentagem de avaliação preocupante baixa sensivelmente, e muito sensivelmente, exceto nos dois tipos de violência expressados (verbal e indiferença).
> O mesmo acontece nos possíveis usos de diferentes tipos de violência nas relações entre alunado e professorado. Os resultados obtidos mostram que as ações violentas dos alunos em suas relações com os docentes são, na opinião do professorado, praticamente minoritárias ou inexistentes. O único tipo de violência que preocupa a maioria do professorado em relação ao alunado é, da mesma forma que nas relações entre os próprios, a apatia ou indiferença.
> Finalmente, quando perguntamos ao professorado pelas possíveis ações violentas das quais tenham sido alvo durante os três últimos anos no exercício de sua profissão, tanto do alunado quanto de suas famílias, na tendência preocupante, haver sofrido violência bastantes ou muitas vezes, as percentagens são estatisticamente desprezíveis. Apenas com relação a insultos, 5,7% dos professores situam-se nesta tendência.

Logo, os resultados que comentamos, juntamente aos obtidos em relação às violências sofridas pelas famílias dos alunos que expomos mais adiante, nos fazem questionar o suposto alarme de apresentar um professorado ameaçado, agredido ou insultado. Pelos dados obtidos, tanto na pesquisa desenvolvida na Galícia quanto nas Canárias, consideramos que é uma imagem que não se ajusta à realidade. E, ainda mais, a investigação prova documentalmente como a maior presença de violência se dá entre o alunado na relação entre iguais, constatação esta fruto das respostas dadas tanto por alunos quanto por professores, sendo totalmente mínima a recebida pelos docentes e, desde já, desprezível em comparação com a que acontece entre os estudantes. Em contrapartida, a violência que se produz entre o alunado não tem eco social nos meios de comunicação, exceto quando são casos de extrema gravidade como suicídios ou fortes agressões, e tampouco se percebe da mesma forma no próprio coletivo docente. Não obstante, em relação à violência do alunado para com o professorado, sim, precisamos prestar atenção a alguns comportamentos que devem ser eliminados – exatamente da mesma forma que nas relações entre iguais –, especialmente no que diz respeito a insultos, agressão mais disseminada (também entre o alunado), ameaças e destruição de bens pessoais.

4. ALTA PERCEPÇÃO DE CONFLITUOSIDADE E VIOLÊNCIA JUNTO AO CLARO RECONHECIMENTO DE POUCOS ESPAÇOS E ATIVIDADES PARA FAVORECER A CONVIVÊNCIA

A pesquisa deixa clara esta grande contradição. De um lado, tanto alunos quanto professores concordam sobre a alta percepção negativa da situação de indisciplina e, inclusive, de violência do alunado, mas, em contrapartida, ambos os setores da comunidade educacional reconhecem que são poucos os espaços dados e muito raramente são utilizadas estratégias didáticas recomendáveis para favorecer a convivência.[15] É realmente grande a contradição, e exige uma resposta educativa institucional, a começar pela própria formação inicial, tal como expomos na última conclusão. A pesquisa confirma, de forma clara e contundente, a escassa bagagem metodológica e organizativa que desafia o professorado a melhorar a convivência nas escolas. O único espaço onde a maioria de docentes e estudantes coincidem em destacar como habitual para abordar os conflitos são as monitorias.[16] Mas quando perguntamos pelas

---

15. Esta contradição que a pesquisa constata também é comprovada nos cursos para o professorado e em visitas a escolas. Igualmente, ficou muito claro na resposta dos centros educacionais e professores de Ensino Médio, no Programa educativo municipal *Aprender a conviver*, que coordenei na cidade de Vigo. Justamente as escolas e o professorado da Educação Secundária Obrigatória, onde se diz e aceita que existe um maior nível de conflituosidade, são os que em muito menor medida participaram de tal programa. Nos cursos de formação, a relação de participação é de 5 para 1 em favor do professorado da Educação Fundamental.
16. Originalmente, o autor refere-se a *tutorías*, nas quais um professor orienta e aconselha os alunos de um curso ou disciplina. Doravante, passaremos a usar o termo coordenadoria pedagógica e/ou monitoria, sempre que cabível. [N. da T.]

atividades realizadas, ambos concordam em reafirmar as conversas nas monitorias, coletivamente.[17] Esta atividade é necessária, mas sem dúvida apresenta claras limitações do ponto de vista didático.

Para apoiar esta conclusão, realizamos a seguir uma análise a partir das diversas dimensões educacionais formuladas na pesquisa:

a) Espaços de convivência

Em relação aos espaços de convivência, deparamo-nos com o mesmo problema. A pesquisa confirma o escasso uso de estruturas, como assembléias de classe, conselhos, comissões de convivência etc. É muito significativo o fato de que o espaço mais utilizado pelo professorado para abordar os conflitos, segundo os próprios docentes, sejam os conselhos de avaliação. Nada menos que 82,8% afirmam que neste espaço são abordados os conflitos muitas vezes ou habitualmente.[18] Em relação aos estudantes, professorado e alunado coincidem em colocar as monitorias como o espaço habitual no qual os estudantes abordam os conflitos.

b) Participação dos diferentes setores para melhorar a convivência

Em geral, o professorado mostra-se favorável à participação do alunado nos problemas de disciplina, mas manifesta uma percepção negativa acerca do "índice" de tal participação para a melhoria da convivência.[19] Em contrapartida, porém, encontramos contradições deste pensamento nas respostas dadas pelo coletivo estudantil, tanto em relação ao uso de espaços para abordar os conflitos quanto nos tipos de estratégias didáticas utilizadas.

Em relação à participação das famílias dos alunos, enquanto a maioria do professorado diz ter uma opinião favorável a que participem sempre na resolução dos problemas de disciplina, ainda que em menor medida que em relação à participação do alunado, a maioria do alunado, por

---

17. Cabe ressaltar a coincidência de resultados, tanto no alunado quanto no professorado, nos diferentes itens sobre estes aspectos.
18. Chama fortemente a atenção que as assembléias de classe com os alunos seja o espaço que conta com menor freqüência e o único mencionado na pergunta, na qual a tendência negativa é maior que a positiva.
19. Visão negativa que aumenta sensivelmente em relação à participação de mães e pais. A tendência "não participam" ou "apenas uma minoria" chega a 76,2%.

outro lado, não pensa da mesma maneira, tende a rejeitar esta possibilidade e considera que sua participação deve circunscrever-se unicamente aos conflitos graves ou apenas quando sejam solicitados (o que também costuma coincidir com conflitos graves).

c) Participação dos diferentes órgãos da escola para favorecer uma convivência positiva
Em relação à participação dos diferentes órgãos do centro educacional para favorecer uma convivência positiva, o professorado reconhece somente a equipe diretiva como instância que não apenas intervém em maior medida para propiciar uma convivência positiva, como também é a única que atua habitualmente. Os demais órgãos, e como segunda conclusão importante, têm como tendência majoritária sua intervenção apenas em conflitos graves ou quando são requeridos, ou seja, têm uma intervenção mais em função das circunstâncias, normalmente de caráter grave, que como estratégia planejada e continuada na escola. Assim, é reconhecido o escasso uso dos órgãos colegiados para abordar conflitos, especialmente o Conselho Escolar que, no momento em que realizamos a pesquisa, era o órgão encarregado de resolver os conflitos de disciplina e a esfera específica para favorecer a convivência, como o é a Comissão de convivência[20] – não regulada expressamente no Decreto 324/1996, de 26 de julho (DOG, 09-08-96), no qual é aprovado o Regulamento Orgânico dos Institutos de Ensino Médio da Galícia, onde se afirma que poderiam "constituir-se outras comissões para assuntos específicos" (artigo 45.2). Esta situação "diferencial", neste caso não exatamente positiva,[21] ajuda a

---

20. Regulada pelo Decreto Real 929/1993, através do qual é aprovado o Regulamento Orgânico dos Institutos de Educação Secundária, art. 20 [equivalente ao Ensino Médio].
21. Paradoxalmente, enquanto o citado Decreto não reconhece a criação da Comissão de Convivência como sim o fazia o do MEC e o de outras comunidades autônomas, no entanto, dentre as "sugestões e propostas de melhoria" do Conselho Escolar da Galícia reforça-se a necessidade e a recomendação a "todos os centros educacionais" que "constituam comissões de convivência com o propósito de promover a convivência nos centros" especificando que em tais comissões devem estar presentes todos os setores da comunidade educacional (Conselho Escolar da Galícia. *La convivencia en los centros escolares como factor de calidad. Experiencias.* Santiago de Compostela, Consellería de Educación e Ordenación Universitaria, 2001: 22).

explicar os baixos resultados obtidos por este órgão. Resultados obtidos tanto no professorado quanto no alunado, ainda que seja sensivelmente mais baixo no coletivo estudantil o reconhecimento de seu funcionamento. Entretanto, vale destacar que a minoria que responde sobre a avaliação do funcionamento desta comissão, tanto professores quanto alunos, a faz de forma claramente positiva. Dado que, sem dúvida, deveria servir como referência para sua implantação nas escolas. Não parece, pois, que os órgãos colegiados sejam caracterizados por uma intervenção constante e planejada para melhorar a convivência, excentuando, como dissemos, a equipe diretiva. Esta constatação volta a ser, como as anteriores, uma contradição e anomalia em relação aos supostos altos índices de conflituosidade que percebidos em suas escolas.

d) Uso de estratégias didáticas

Professorado e alunado coincidem na visão pouco otimista sobre a freqüência das catorze atividades, sobre as quais perguntamos, para favorecer uma convivência positiva na escola. Ambos os setores concordam em assinalar uma única atividade em que é maior a tendência positiva que a negativa: as conversas coletivas na coordenadoria pedagógica, coincidente, por outro lado, com os resultados – tanto do professorado quanto do alunado – do uso desta como espaço habitual no qual os estudantes abordam os conflitos. Como destacamos, estes resultados nos levam a crer, por dedução, que são as atividades de cunho negativo, especialmente expulsão das aulas ou determinados castigo, as que mais devem ser utilizadas para neutralizar essa alta conflituosidade reconhecida, além das conversas nas monitorias. Resultados que também combinam com o reconhecimento do professorado sobre sua deficiente formação nestas temáticas (conclusão número dez). Vejamos no quadro seguinte as atividades pelas quais perguntamos e os resultados do professorado e do alunado em sua tendência positiva, bastantes ou muitas vezes:

FREQÜÊNCIA NO USO DE ESTRATÉGIAS DIDÁTICAS NA SUA TENDÊNCIA POSITIVA

ESTRATÉGIAS DIDÁTICAS	PROFESSORADO (%)	ALUNADO (%)
1. Assembléias com os alunos nas classes sobre conflito e convivência	25,0	25,9
2. Debates nas classes sobre conflito e convivência	32,5	26,4
3. Conversas individuais na coordenadoria pedagógica	38,7	31,3
4. Conversas coletivas na coordenadoria pedagógica	48,2	61,4
5. Participar ou organizar campanhas em favor da convivência	15,2	16,2
6. Participar ou organizar jornadas em favor da convivência	9,0	12,7
7. Dinâmicas de grupo (jogos de troca de papéis e de simulação, estudos de caso etc.) sobre conflito e convivência	9,6	7,9
8. Jogos cooperativos	15,2	19,1
9. Exercícios de resolução de conflitos	6,8	13,7
10. Leitura de textos sobre conflitos e convivência	16,4	21,4
11. Comentários de textos sobre conflitos e convivência	14,9	20,0
12. Projeção de *slides*, vídeos ou filmes sobre conflitos e convivência	6,5	13,6
13. Reuniões com mães/pais para abordar temas sobre conflitos e convivência	4,5	20,5
14. Entrevistas com mães/pais sobre conflitos e convivência	27,5	22,1

e) Avaliação positiva da importância da mediação para o bom funcionamento da escola mas que, de outro lado, não corresponde à freqüência de sua prática

A grande maioria do professorado, 91,4%, tem uma avaliação positiva da importância da mediação para o bom funcionamento do centro escolar. Entretanto, esta esmagadora avaliação positiva não corresponde à utilização generalizada desta ferramenta nos diferentes âmbitos e setores da comunidade educacional, nem sequer quando se refere ao professorado, ao qual se atribui o uso majoritário como mediador/a. Portanto, repete-se aqui o mesmo processo que detectamos em outras categorias: de um lado, há uma alta percepção de seu uso e com boa avaliação, mas de outro, ao perguntar por sua prática concreta, o próprio professorado reconhece níveis baixos ou muito baixos de sua prática. No capítulo dedicado à mediação ampliamos estes e outros resultados.

5. O PROFESSORADO SITUA AS CAUSAS DA VIOLÊNCIA DO ALUNADO EM ÂMBITOS ALHEIOS À SUA FUNÇÃO

Há dois aspectos fundamentais da análise dos dados obtidos sobre esta questão a serem ressaltados. De um lado, constatar o fato de que a grande maioria do professorado situa fora de sua intervenção as causas da violência do alunado nas escolas, que intuimos também poder transportar para o caso da indisciplina, de acordo com os resultados obtidos. Em relação às causas da violência do alunado nas escolas, a grande maioria do professorado do Ensino Médio inclina-se por quatro grandes fatores, todos ligados a circunstâncias alheias à sua atividade profissional:

> Em primeiro lugar, o ambiente desestruturado e as condições negativas das famílias. Nada menos que 81,1% lhe dá muita importância, seguido de 16,6% que lhe confere bastante, o que nos apresenta uma tendência de 97,7%. Isto significa que existe algo próximo da unanimidade, praticamente quase a totalidade do professorado outorga a esta variável a principal causa do surgimento de condutas violentas do alunado. Tanto por alternativas quanto por tendências, estes dados são os mais altos das dezesseis causas sobre as quais perguntamos. Em outras palavras, quase 100% dos professores colocam como causa primeira da aparição de comportamentos violentos nos alunos o ambiente desestruturado das famílias.

> A segunda causa que o professorado considera no surgimento de comportamentos violentos do alunado, também com altíssima percentagem – nada menos que 91,3% dos entrevistados/as lhe dão muita ou bastante importância – é a influência do grupo de iguais.
> Em terceiro lugar, duas circunstâncias ligadas a situações pessoais dos estudantes, de um lado a que faz referência à sua personalidade e, de outro, a atitude de indiferença frente aos estudos. A primeira opção obtém o resultado de 84% e a segunda de 87% das tendências "bastante" ou "muito". Ou seja, a indiferença ou apatia diante dos estudos, os chamados "objetores escolares" por uma parte do professorado do Ensino Médio, ocupa um lugar muito importante na explicação da violência. Logicamente, deduzimos que a maioria, devido a fatores diversos, traduziu isso por personalidades instáveis ou com tendência à violência.
> Em quarto lugar, diferentes aspectos relacionados ao contexto sóciocultural e político da sociedade em geral. Primeiramente, a perda do valor de autoridade, reconhecida como uma de suas manifestações concretas. Assim o pensam 82,6% dos entrevistados ou entrevistadas. Em seguida, o contexto sócio-cultural e político da sociedade em geral, também com uma percentagem muito alta: 81,1%.

A única variável de caráter pedagógico que é levada em conta por mais da metade do professorado é a influência da escola-classe, ainda que tampouco saibamos exatamente em qual sentido. Em todo caso, as variáveis que afetam diretamente o papel dos professores pelas quais perguntamos – a estrutura organizacional da escola/classe e as opções metodológicas que o professorado utiliza – ficam em um significativo último lugar. Entretanto, consideramos que circunscrever as causas da violência, como da indisciplina, aos fatores externos assinalados relegando as variáveis pedagógicas e organizacionais da escola não é apenas um erro de vulto ou um álibi perigoso, mas também deixa as escolas em situação muito delicada para encarar esta problemática. É evidente que muitos problemas de disciplina ou violência têm suas causas, e às vezes suas soluções, fora da escola ou no tratamento de situações individuais, mas estas duas circunstâncias, ainda que importantes, não explicam tudo. É necessário considerar também as variáveis ligadas a nossa tarefa profissional, fundamentalmente a metodologia didática, a forma de organizar a aula e a escola, e o tipo de interações que mantemos com os estudantes. Blindar estes aspectos em relação à violência ou à indisciplina dos alunos é algo mais que um exercício de miopia, significa negar nossas responsabilidades e, com isto, nossa capacidade de influir sobre elas, o que supõe um elemento adicional de desprofissionalização, com o conseqüente perigo que isto acarreta. Além disso, se as variáveis pedagógicas também não forem consideradas, como se explicaria a distinta posição e atitude dos estudantes observadas em um mesmo grupo diante de diferentes professores?

Ao analisarmos a incidência das variáveis pedagógicas pelas variantes "sexo-gênero", observamos uma ligeira consideração maior em direção a estas nas professoras do que nos professores. Assim, na categoria "estrutura organizacional da escola-classe", ainda que a diferença nesta tendência não chegue a 8%, decidimos incluí-la porque, além de estar no limite da significância, na tendência pouca ou nenhuma importância, as professoras obtêm 53,8%, enquanto os professores, 63,4%. Ou seja, ambos os dados corroboram, exatamente como acontece no item seguinte, de mesma natureza, que há uma ligeira diferença significativa entre as professoras e os professores, no sentido de que as primeiras manifestam maior sensibilidade à influência das variáveis pedagógicas. Com efeito, na categoria das opções metodológicas que o professorado utiliza, ocorrem em ambas as tendências as mesmas diferenças que na anterior: sete pontos na tendência bastante ou muito, em favor das professoras, e dez pontos na tendência pouco ou nada, em favor dos professores (nesta última, as percentagens foram 61% e 71,1%, respectivamente).

Em relação à variável "matéria", aparecem pequenas diferenças na metade dos itens, obtendo na outra resultados semelhantes. No entanto, o dado realmente relevante que a análise desta variável nos proporciona é pôr na mesa a grande diferença que novamente volta a aparecer entre os orientadores/as e o resto do professorado, precisamente na incidência dos três fatores do ponto de vista pedagógico sobre os quais perguntamos. Provavelmente, a explicação destas diferenças esteja relacionada aos resultados obtidos na categoria "Nível de formação para enfrentar conflitos, sua importância para exercer a profissão e disposição para aprender a resolver conflitos", que corresponde às perguntas 6, 9 e 32 do questionário. Efetivamente, nestes três itens, há uma grande diferença entre os orientadores/as e o restante do professorado, muito especialmente nas disciplinas de ciências–tecnologia e humanidades, tanto na formação inicial recebida, importância da formação em temas de conflito e convivência para a prática profissional como na disposição para participar de programas de melhoria da convivência nas escolas.

Finalmente, em relação à incidência da variável "sexo-gênero no surgimento de condutas violentas", em geral, a maioria do professorado considera que os diferentes tipos de violência se dão igualmente em meninos e meninas, exceto naqueles relacionados ao uso, ou possível uso, da força física, que aparece de forma mais contundente nos meninos que entre as meninas. Efetivamente, nos itens 2, 4, 5 e 15 alcança maior percentagem a alternativa "mais os alunos", chegando a obter diferenças altíssimas na percentagem outorgada a cada um dos sexos:

> 61,8% a 1,9% nas intimidações-ameaças.
> 65,5% a 2,1% nas brigas entre pessoas.
> 47,1% a 1,2% nas brigas entre "bandos" (ou contra pessoas).
> 67% a 1,2% na depredação do edifício ou mobiliário.

Portanto, todos os itens aos quais o professorado outorga maior incidência ao alunado estão relacionados ao uso, ou possível uso, da violência física seja contra pessoas, edifício ou mobiliário.

6. CONVIVÊNCIA, DIVERSIDADE E EXCLUSÃO

Com esta categoria pretendemos abordar um tema central para a convivência: as medidas de atenção à diversidade. No momento de realizar a pesquisa, esta temática estava em grande evidência porque a Junta da Galícia havia publicado o livro *Atención á diversidade, medidas organizativas* [Atenção à diversidade, medidas organizacionais] (1999), no qual é oferecida a possibilidade de organizar o alunado do segundo ano do Ensino Médio em grupos de acordo com seu rendimento acadêmico e comportamental. Assim, estamos diante de outra das categorias que definem não apenas as diferentes possibilidades de intervenção para a melhoria da convivência, mas em um de seus epicentros para analisar a perspectiva do professorado sobre sua concepção de convivência e, indiretamente, da própria profissão.[22]

---

22. Esta é uma variável que ainda não tínhamos visto em pesquisas semelhantes. A nossa tese é que influi não apenas na convivência, entre outros fatores, nos modelos didáticos-organizacionais do coletivo docente, mas que estão estreitamente ligados à concepção da profissão e, por sua vez, na forma de encarar a convivência.

Como dissemos, o objetivo desta pergunta é conhecer a opinião do professorado do Ensino Médio sobre uma medida de atenção à diversidade. Concretamente, a pergunta está formulada recolhendo a seguinte descrição:

> Em recente publicação do Conselho de Educação da Junta da Galícia, *Atenção à diversidade, medidas organizacionais* (1999), entre as medidas de atenção à diversidade propostas para o alunado do segundo ano da ESO ou do primeiro ano, desde que tenham a idade equivalente à dos alunos do segundo ano, está a possibilidade de criar o chamado "Programa de ciclo adaptado", que é "uma medida extraordinária de atenção à diversidade dirigida exclusivamente à atenção do alunado na qual confluem, além de um atraso acadêmico generalizado, problemas graves de conduta e de convivência na escola". Isto significa, na prática, a criação de grupos estáveis com estes tipos de estudantes, durante um ou dois anos no máximo, com o limite de quinze alunos por grupo e com o máximo de quatro professores/as que "darão as aulas estabelecidas em relação aos âmbitos de prática, sócio-linguístico e educação física".

O primeiro dado importante é que, no momento de realizar a pesquisa, 64,6% do professorado conhecia a proposta da Junta da Galícia e elevados 33,2% a desconheciam.[23] Entretanto, este resultado global está seriamente condicionado pela variável "tipo de escola", no sentido de que o professorado da rede pública conhece a medida em maior proporção que os professores da rede privada conveniada. Dentre estes, a percentagem de conhecimento não chega sequer a 50%. O maior conhecimento do professorado da rede pública, com uma diferença de 22 pontos percentuais, pode ser devido à maior transparência da informação nos centros educacionais públicos, ou como reflexo de um maior interesse pela temática ao perceber maior grau de conflituosidade, ou especialmente

---

23. Contudo, a alta percentagem que não conhece esta medida não impede que respondam depois da mesma forma que aqueles que a conhecem. Isto se deve, possivelmente, porque a breve descrição feita sobre ela na pergunta dá informação suficiente sobre seu conteúdo para que seja possível respondê-la. Também porque é declarado seu desconhecimento concreto, mas existe posição sobre a mesma, ainda que não a conheçam exatamente.

pelo diferente padrão de relação contratual.[24] Isto, supondo que a Junta da Galícia tenha feito o mesmo esforço de divulgação nos centros públicos e privados conveniados.

Em relação à segunda parte da pergunta – análise do acordo ou desacordo com a medida adotada – foi estruturada em seis itens.[25] Nos três primeiros, a formulação é elaborada em níveis de concordância com a medida. O primeiro e o segundo tratam do possível benefício para o grupo-classe; o primeiro, do ponto de vista didático ("permitirá desenvolvê-los com normalidade"), e o segundo conforme a disciplina ("fará decrescer a conflituosidade"). O terceiro vai mais além, dado que postula ser benéfica para o alunado afetado por esses agrupamentos (15.B.3). Nos três itens seguintes queremos indagar o grau de desacordo com a medida, no primeiro caso porque tornará mais aguda a conflituosidade na sala, no segundo porque favorecerá a exclusão do alunado afetado e, em último, desaconselhável, porque acentuará a diferença entre os "bons" e os "maus" estudantes. Os resultados obtidos são os seguintes:

> 71,8% dos professores do Ensino Médio pesquisados estão de acordo com a medida proposta porque "tirar esses alunos das aulas permitirá desenvolvê-las com normalidade". Apenas 20,5% estão totalmente ou bastante em desacordo com a medida proposta. Sem dúvida, uma disposição clara e preocupante da maioria dos docentes para segregar esse tipo de alunos.
> 69,9% do professorado está bastante ou totalmente de acordo com a afirmação "adequada porque fará decrescer a conflituosidade na sala de aula", enquanto a tendência contrária situa-se em 21,4%. Ou seja,

24. Não podemos esquecer que algumas escolas privadas, seja de forma explícita ou tácita, vêm aplicando este critério de forma não legal nas escolas conveniadas. Em todo caso, o professorado desta rede mostra menor conhecimento da normativa da Junta porque, na realidade, seu interesse e preocupação dependem mais das normas e critérios do centro educacional que o contrata.

25. Dada a importância da medida, que ainda pressupõe respostas concretas para medidas concretas, considerei oportuno perguntar com afirmações que argumentassem razões para o "de acordo", como em outras tantas afirmações que argumentassem no sentido "em desacordo". Com isso, não apenas ganhamos a possibilidade de contrastar a coerência nas respostas, como também detalhamos alguns aspectos concretos nos níveis positivos e negativos.

obtivemos resultados praticamente idênticos ao item anterior, como não poderia deixar de ser, dada a íntima relação entre ambos.

> 68,3% estão bastante ou totalmente de acordo com a afirmação "adequada porque este tipo de alunado poderá aproveitar melhor o tempo", enquanto 24,1% estão bastante ou totalmente em desacordo. Isto é, a maioria considera que a medida proposta terá efeitos benéficos tanto para o alunado "normal", dado que as aulas poderão acontecer sem maiores sobressaltos, quanto para os estudantes "excluídos", tendo em vista que poderão aproveitar melhor o tempo.

No caso dos três itens formulados para apontar desacordo com a medida da Junta, os resultados obtidos mostram uma coerência total com os três anteriores, em sentido inverso:

> 70% estão totalmente ou bastante em desacordo com a afirmação "desaconselhável porque acentuará a conflituosidade na classe", enquanto somente 17,1% estão totalmente ou bastante de acordo. Ou seja, está mantida a tendência dos resultados anteriores mas, coerentemente, ao contrário.

> A maioria do professorado mostra igualmente seu desacordo com a afirmação "desaconselhável porque irá favorecer a exclusão deste tipo de alunos", porém, em troca, baixa sensivelmente a percentagem em relação ao item anterior, concretamente em treze pontos percentuais: 56,9% estão totalmente ou bastante em desacordo e 31,4%, totalmente ou bastante de acordo. Parece, pois, que ainda que seja mantida a tendência geral de toda a pergunta, há 13% que mesmo aprovando a medida reconhece que irá favorecer a exclusão deste tipo de alunado.

> 53,7% do professorado pesquisado está totalmente ou bastante em desacordo com a afirmação "desaconselhável porque acentuará a diferença entre os 'bons' e os 'maus' alunos/as", enquanto 35,4% se manifestaram totalmente ou bastante de acordo. Assim, ainda que esta última seja a maior percentagem deste segundo grupo de itens, continua havendo uma clara maioria do professorado que se manifesta em desacordo com a afirmação e considera que esses tipos de medidas não irão provocar maior diferenciação entre "bons" e "maus" alunos.

Em suma, vemos como nos três primeiros itens, a concordância é muito elevada e praticamente idêntica em percentagem. Em termos de tendência, a zona de acordo, soma das opções bastante e totalmente de acordo, situa-se ao redor de 70% do professorado. Nos outros três itens que qualificam a medida como "desaconselhável", em coerência com as respostas anteriores, os resultados são claramente contrários. A congrüência das respostas entre os resultados destes seis itens, nos dá uma visão do professorado do Ensino Médio majoritariamente favorável a esta medida, e não considera que seja perigosa por fomentar a exclusão ou a maior diferenciação entre os estudantes. Sem dúvida, a deficiente formação do professorado, a falta de apoio à diversidade por parte das administrações educacionais e o fato de que boa parte do professorado do Ensino Médio ministrou aulas durante anos no antigo *Bachillerato*, com uma população previamente selecionada, podem explicar este estado de coisas que nos parece claramente preocupante, já que demonstra opinião amplamente favorável a uma medida que supõe maior exclusão a esse tipo de alunos que, na maioria, procede justamente de famílias desfavorecidas.

Entretanto, não podemos deixar de dizer que estes resultados gerais estão sensivelmente afetados por duas variáveis – "tipo de escola" e "matéria" –, no sentido de que o professorado da rede pública mostra-se mais favorável à medida que os professores da rede privada conveniada e, em segundo lugar, porque evidenciam um categórico desencontro entre os orientadores/as e o resto do coletivo docente, já que a maioria dos primeiros se mostra em desacordo, enquanto a maioria dos segundos está de acordo. No primeiro caso, constatamos que o professorado da rede pública apresenta maior tendência a mostrar-se de acordo com a medida que o da rede privada conveniada e, coerentemente, um menor grau de acordo nos três itens que desaconselham a medida. Interpretamos estas diferenças como um dado a mais da diferente conflituosidade em um e outro tipo de escola, assim como a maior homogeneização do alunado, tanto do ponto de vista acadêmico quanto comportamental, nas escolas particulares. Incide também o fato, já comentado, de que uma parte do atual professorado da ESO que há anos dá aulas no BUP [*Bachillerato* Unificado e Polivalente], agora tem de ministrar sua disciplina a cem por cento da população e, em alguns casos, a alunos mais novos. Estas circunstâncias, além das mencionadas, ajudam a explicar essa diferente percepção.

Com relação ao claro desencontro entre os orientadores/as e o restante do coletivo docente, assinalamos dois fatores essenciais como chaves explicativas. De um lado, a diferente formação inicial de uns e outros e, de outro lado, a própria cultura profissional de um e outro coletivo derivada de suas tarefas e condições profissionais. Mas, sem dúvida, estes dados nos provam a enorme necessidade e responsabilidade das administrações educacionais no investimento na formação profissional dos docentes do Ensino Médio, muito especialmente no que diz respeito às medidas de atenção à diversidade e melhoria da convivência. Igualmente, isso nos leva a requerer da administração educacional um especial cuidado e sensibilidade na hora de escolarizar a população com déficits sócio-culturais para evitar o processo de "guetização" de determinadas escolas, tal como vem sendo denunciado em certos locais.

7. O PAPEL DAS NORMAS INTERNAS E SEU DESIGUAL CONHECIMENTO ENTRE ALUNOS E PROFESSORES

A indisciplina está associada ao descumprimento de normas. Entretanto, sobre este tema, observamos duas grandes conclusões da pesquisa. Em primeiro lugar, há uma grande distância entre o professorado e o alunado no grau de conhecimento das normas internas da escola sobre convivência. Efetivamente, apenas 36,9% dos estudantes respondem que conhecem a normativa interna de sua escola, frente a 82,8% dos professores. Nada menos que 46 pontos percentuais de diferença na resposta afirmativa – "sim e a conheço" – maior no professorado. É realmente contraditória uma situação na qual de um lado é constatada alta conflituosidade e de outro fica comprovado o grande desconhecimento dos estudantes sobre as normas de sua própria escola. Os resultados são os seguintes:

	Sim, e a conheço	Sim, mas não a conheço	Não existe	Não sei
PROFESSORADO	82,8	5,3	4,8	7,1
ALUNADO	36,9	25,2	3,4	34,5

Esta situação reflete, sem dúvida, uma grande disfunção dos centros educacionais. Em conseqüência, estes deveriam não apenas realizar esforços para dar a conhecer tais normas, como também – e muito especialmente – tornar o alunado partícipe em sua realização e difusão. Com efeito, toda convivência se faz a partir de e com determinadas normas, escritas ou não. No entanto, é certo que tem predominado em nossas escolas uma concepção burocratizada sobre esta questão, de tal forma que as normas ou regulamentos sempre foram vistos, especialmente pelos estudantes, como algo imposto ou distante de seus interesses. Os dados que apresentamos nesta pesquisa refletem não só o desconhecimento do alunado sobre o regulamento interno, como provavelmente também sua escassa participação nesta área tão importante da convivência.

Em segundo lugar, despertou interesse a avaliação do papel que o professorado confere às normas em relação à sua incidência no bom andamento da escola. Interesse que concretizamos no item 22.14 do questionário dirigido aos docentes. "Em geral, as normas ou regulamentos têm pouca relevância no dia-a-dia da convivência." As respostas obtidas refletem um professorado praticamente dividido à metade, ainda que a maioria seja a daqueles que lhes dão valor, diante dos que rechaçam a afirmação proposta. Concretamente, 45,8% do professorado consultado situam-se na zona de concordância, enquanto a tendência contrária está em 48,6%. Esta divisão dos docentes parece indicar que ou tais normas não têm peso ou não regulam situações cotidianas e, conseqüentemente, não afetam a convivência do dia-a-dia; ou, podendo incidir, não se aplicam.

Também pode refletir um distanciamento epistemológico em relação ao papel das normas internas na regulação da convivência, independente do maior ou menor grau de êxito que se lhes atribua. Igualmente, tampouco podemos separar este desencanto, ou as baixas expectativas que a metade do professorado deposita à normativa interna, da própria situação de desconhecimento dos alunos e o mais que comprobatório escasso processo participativo nesta temática, possivelmente também do coletivo docente, o que acarreta êxitos mínimos a esta variável na convivência.

8. ALUNOS E PROFESSORES TÊM ALTA PERCEPÇÃO DE QUE O PROFESSORADO FOMENTA VALORES E ATITUDES PRÓPRIOS DE UMA CONVIVÊNCIA DEMOCRÁTICA E RECONHECEM A POUCA UTILIZAÇÃO DE ESPAÇOS E ESTRATÉGIAS DIDÁTICAS PARA DESENVOLVÊ-LOS (O QUE SE LIGA À FORMAÇÃO DEFICIENTE DOS DOCENTES)

Os resultados obtidos provam que a maioria do alunado e do professorado coincide em avaliar positivamente a difusão, por parte dos professores, de valores próprios a uma convivência democrática, exceto o fomento à cooperação entre docentes e discentes que, no caso do alunado apresenta a maior tendência negativa, e no professorado é onde se obtém a pontuação mais baixa entre os valores sobre os quais perguntamos. É um dado, ao mesmo tempo, revelador e preocupante. Contudo, além desta coincidência de tendências, aparecem claros matizes diferenciais na maioria dos valores. Prova de que neste território uma coisa é o que cremos que fazemos e outra muito diferente o que realmente fazemos, entre o que ensinamos e o que realmente se aprende. Em suma, entre o currículo explícito e o oculto. Assim, dos doze valores pelos quais perguntamos, há diferenças significativas em oito deles, tendo o alunado, em geral, uma opinião menos positiva que o professorado.[26]

---

26. Neste desencontro, é especialmente chamativa a diferença de 25,1 pontos percentuais entre a tendência negativa do alunado e do professorado, maior no alunado, quanto ao valor de fomentar o respeito entre os alunos. É igualmente significativa a percentagem de 41,3% do alunado que considera que os professores fazem pouco ou nada para fomentar a auto-estima positiva nos alunos – e nada menos que 30,7% do professorado pensa da mesma forma.

PERCEPÇÃO DOS VALORES FOMENTADOS PELO PROFESSORADO

VALORES FOMENTADOS	TENDÊNCIA POSITIVA		TENDÊNCIA NEGATIVA	
	Professorado (%)	Alunado (%)	Professorado (%)	Alunado (%)
1. Diálogo entre os alunos	67,4	74,2	26,4	24,7
2. Diálogo entre alunos e professores	72,8	62,9	22,1	36,0
3. Respeito entre alunos	77,8	55,9	17,2	42,3
4. Respeito de alunos a professores	79,1	60,6	15,7	37,6
5. Respeito de professores a alunos	78,2	61,3	16,5	36,6
6. Participação dos alunos	61,4	65,9	32,8	32,3
7. Cooperação entre alunos	61,3	63,7	33,1	34,2
8. Cooperação entre alunos e professores	57,7	39,5	36,3	48,3
9. Auto-estima positiva dos alunos	62,7	56,4	30,7	41,3
10. Valorizar positivamente a diversidade étnica	69,3	55,8	22,5	39,4
11. Democracia (liberdade de opinião, de associação; direito ao voto etc.)	76,7	61,5	15,8	36,1
12. Rejeição à violência	81,6	58,6	11,8	36,9

Não obstante a majoritária e positiva avaliação dos valores que o professorado fomenta, este dado choca-se com o escasso uso dos espaços e estratégias didáticas para fomentar a convivência que igualmente professores e alunos reconhecem na prática docente. Não podemos esquecer que atitudes e valores são transmitidos não tanto pelo que se diz mas pelo que se pratica. Neste sentido, espaços, estratégias didáticas e níveis de participação dos estudantes não coincidem com as respostas dadas ao fomento de atitudes e valores pelos quais perguntamos. Em relação às quinze atividades para favorecer uma convivência positiva que questionamos, professorado e alunado têm uma visão bem pouco otimista sobre sua freqüência. Ambos os setores coincidem em assinalar uma única atividade na qual é ligeiramente maior a tendência positiva, as assembléias e as monitorias. Em outras palavras, à exceção das conversas e assembléias na coordenadoria pedagógica, para a maioria do alunado e do professorado as atividades examinadas não são postas em prática ou são utilizadas apenas algumas vezes nas escolas. O que, em nossa opinião, supõe um novo descompasso entre a percepção de alta conflituosidade e a escassa prática de atividades que favoreçam a convivência.

Este baixo reconhecimento da bagagem metodológica do professorado contrasta com a avaliação positiva que os docentes fazem da formação em dinâmica de análise e resolução de conflitos – nada menos que 90,3% consideram que este tipo de formação é muito ou bastante importante para a formação dos profissionais da educação – e é coerente com os resultados obtidos sobre a grande deficiência de formação nesta temática reconhecida pelos professores, tanto na etapa inicial da formação quanto durante a formação continuada, que expomos na conclusão a seguir.

9. DESENCONTROS ENTRE PROFESSORES E ALUNOS

Alguns resultados obtidos na pesquisa mostram desencontros entre a perspectiva do professorado e a do alunado que nos parecem especialmente preocupantes, tanto pela contundência dos resultados quanto por sua dimensão educacional. Desencontros que apresentam o risco de cristalizar uma fratura entre ambos os coletivos e que, de certa forma, vimos observando nos últimos anos. Igualmente, no momento de passar os questionários e de falar com uns e outros, e também com umas e outras, comprovamos este desencontro entre ambos os setores que, em muitos casos, nos pareceu uma fratura em todos os princípios. Neste contexto, é óbvio que as relações de convivência se quebraram consideravelmente e, além disso, em situações de conflito, as possibilidades de intervenção positiva ficam sensivelmente reduzidas. Eis alguns dos dados em que nos baseamos para chegar a esta conclusão:

a) Diferente avaliação do clima de convivência entre alunado e professorado
Este dado já foi exposto na segunda conclusão.

b) Diferente avaliação da incidência de distintas variáveis que podem interferir no nível de conflituosidade na sala de aula
Concretamente, nas duas relações[27] pelas quais perguntamos:

> Alunos repetentes aumentam o número de conflitos nas salas.
> Alunos que tiram baixas notas costumam instigar mais indisciplina nas salas.

Com relação à primeira afirmação, encontramos nada menos que uma significativa diferença de 27 pontos percentuais, a maior no professorado que no alunado. Assim, mais de três em cada quatro professores se situam na tendência de acordo, e o alunado aparece praticamente dividido ao meio. Portanto, os docentes atribuem mais valor à característica repetente dos alunos e sua incidência positiva no maior surgimento de conflitos. É óbvio que devemos supor que a percentagem do alunado repetente ou potencialmente repetente não aceita esta afirmação ao responder ao questionário, já que fazer o contrário significaria aceitar a equação repetente igual a mais "conflituoso" ou ter maior nível de indisciplina.

Em relação à segunda afirmação, tornam-se mais agudas ainda as diferenças entre alunos e professores. Mais de 50 pontos percentuais (53,2%) separam a tendência de acordo, onde se situa praticamente a totalidade do professorado. Logo, uma maioria quase esmagadora dos docentes está de acordo com a afirmação (92,6%), enquanto somente 39,4%

---

27. Não podemos comparar uma terceira relação que estava prevista – cometimento de atos de indisciplina reiterados com a possibilidade de não assistência por parte do centro educacional –, já que o questionário do professorado refere-se aos alunos que não querem estudar, enquanto no do alunado é perguntado sobre estudantes que cometem reiterados atos de indisciplina. Aspectos que, ainda que relacionados, são claramente distintos.

dos estudantes estão totalmente ou bastante de acordo com ela. Radical diferença, pois, entre ambos, o que comprova uma profunda percepção diferente sobre a relação entre notas ruins e indisciplina.

c) Radical diferença na percepção de direitos e deveres
Aqui, encontramos uma clara fratura entre a percepção do professorado e do alunado em um tema que ainda é central para analisar as relações entre ambos. Os resultados desta diferença foram obtidos através da enorme disparidade na avaliação que professores e alunos fazem sobre a afirmação "na atualidade, o alunado tem todos os direitos e nenhum dever". Os resultados refletem um contundente desencontro.[28] A orientação das tendências surge invertida: a maioria do alunado está em desacordo com a afirmação, enquanto a maioria do professorado está de acordo. São nada menos que 48 pontos percentuais de diferença tanto na tendência positiva quanto na negativa, a tendência em desacordo pende ao alunado e a oposta favorece o professorado (68,2% da tendência de acordo entre o professorado, e 20,3% entre o alunado). Esta profunda diferença de percepção sobre os supostos direitos dos alunos sem a contrapartida dos deveres, leva-nos a pensar que seria razoável abrir um debate sobre direitos e deveres do alunado para clarificar os pressupostos educacionais e, talvez, aproximar posições entre ambos.

d) Discrepâncias em relação a certos valores e atitudes que o professorado fomenta
Os estudantes têm uma visão menos otimista que os professores em relação às atitudes e aos valores para uma convivência democrática fomentados pelo professorado. Concretamente, dos doze itens que comparamos, encontramos diferenças significativas em oito deles para a tendência positiva, e em todos com percentagem maior entre professores que alunos. Entretanto, destacamos aqui aquelas que são especialmente maiores: rejeição à violência – com nada menos que 23 pontos percentuais de diferença;[29] respeito entre alunos, respeito entre alunos e professores e cooperação entre alunos e professores.

---

28. Nesta temática, também observamos desencontro em boa parte de nossas visitas aos centros educacionais e em entrevistas informais com alunos e professores.
29. Sem dúvida, uma diferença que deveria nos obrigar a reavaliar o que está acontecendo nas escolas no que diz respeito a este valor.

10. IMPORTÂNCIA DO ACOMPANHAMENTO NOS RECREIOS E AVALIAÇÃO SOBRE A FORMA COMO SE REALIZAM

Com esta categoria queremos introduzir um aspecto relevante no processo de melhoria da convivência – o da prevenção de determinado tipo de conflituosidade, à qual chamo de desnecessária, e que, em boa medida, está relacionada a ocasiões que resultam em diferentes formas de agressão. A ação preventiva deve afetar todos os âmbitos educacionais, em boa parte apoiada pelo repertório de atividades que expusemos no item "d" da quarta conclusão. Nesta categoria, enfocamos um espaço citado como potencialmente conflituoso, tanto no trabalho cotidiano quanto na maioria das pesquisas sobre violência no ambiente escolar. Referimo-nos ao período dos recreios. Além de considerar que boa parte do professorado da ESO, que esteve em atividade em etapas educacionais não obrigatórias, encontra-se com tarefas de vigilância nesta fase escolar que não realizava anteriormente.

Por ambos os motivos, parece-nos pertinente indagar sobre dois extremos intimamente relacionados: avaliação da importância do acompanhamento dos recreios por parte dos professores e, em segundo lugar, avaliação da forma como este é exercido nas escolas. Aspectos que constituem os objetivos das perguntas 30 e 31 do questionário dirigido aos professores.

Uma clara maioria dos docentes, mais exatamente 71,6%, considera que a vigilância nos recreios é uma tarefa bastante ou muito importante como mecanismo de prevenção de determinado tipo de conflituosidade e de possível uso da violência. Contudo, para 26,2%, esta tarefa tem pouca ou nenhuma importância. Ou seja, um em cada quatro professores/as pensa que o acompanhamento dos recreios é uma tarefa pouco ou nada importante. O que, sem dúvida, além de nos surpreender, não deixa de ocultar um potencial foco de conflituosidade na organização interna do professorado, situação já vivida por nós justamente por conta disso.

Em relação à avaliação sobre a forma como a tarefa vem sendo realizada, os resultados anteriores praticamente se repetem: 68,9% do professorado consideram que esta atividade está se realizando de forma bastante ou muito satisfatória, enquanto 25,6% pensam que se realiza de forma pouco ou nada satisfatória.

A coincidência dos resultados destas duas perguntas leva-nos a pensar que, provavelmente, a percentagem dos docentes que não confere importância a esta tarefa é a mesma que pensa e/ou não a realiza convenientemente justamente por não dar-lhe importância. Por isso, sincera e coerentemente, respondem que não está sendo realizada de forma satisfatória. É evidente que nesta avaliação pode haver percentagens tanto dos que fizeram uma avaliação positiva na pergunta número 30, porém consideram que a prática não está a contento, quanto dos que não avaliaram positivamente esta tarefa. Entretanto, como foi dito, pensamos que a maior parte da percentagem que respondeu que não está conduzindo bem corresponde, na grande maioria, aos que fizeram uma avaliação negativa em relação à sua importância.

Se considerarmos a variável "tipo de escola", ocorrem sensíveis diferenças entre as respostas do professorado da rede pública e das escolas privadas conveniadas. Concretamente, aparece uma diferença de vinte pontos percentuais na alternativa muito importante, maior no professorado da rede privada conveniada; e, ao contrário, na alternativa pouco importante, dobra a percentagem do professorado da rede pública em relação ao da particular conveniada. Da mesma forma, merece destaque que entre o professorado da rede privada a alternativa que fica em primeiro lugar é muito importante, enquanto na rede pública é bastante importante.

Por tendências, 85,1% do professorado da rede privada conveniada considera a vigilância dos recreios como uma tarefa dos docentes muito ou bastante importante, enquanto a mesma tendência baixa a 68,4% entre os educadores da rede pública. Ou seja, a maioria dos professores de ambas as redes coincide em avaliar positivamente esta atividade, mas o da rede privada conveniada o faz em medida bastante maior. Diferenças que podem ser explicadas pela própria estrutura das escolas, pelas diversas relações contratuais do professorado e pela diferente cultura escolar que costuma haver em ambos os tipos de centros educacionais.

Em relação à avaliação desta atividade, da mesma forma que na pergunta anterior, são mantidas as distâncias entre o professorado da rede privada conveniada e da rede pública, ainda que esta aumente tal diferença. Com efeito, 89,1% do professorado da rede privada conveniada considera que a tarefa de vigilância dos recreios está se realizando de forma bastante ou muito satisfatória, ao passo que esta avaliação baixa a 64% entre os docentes da rede pública. A explicação para esta diferença pode dever-se às mesmas razões que expusemos para esta variável na pergunta anterior.

11. PERCEPÇÃO DE MEDO DE IR À ESCOLA DO ALUNADO E O SENTIMENTO DE APREÇO E REJEIÇÃO EM RELAÇÃO AOS SEUS PRÓPRIOS COLEGAS E AO PROFESSORADO

Com esta categoria pretendemos analisar dois aspectos importantes tanto para o desenvolvimento social e intelectual do alunado, quanto para verificar o grau de integração à vida escolar. Compreende duas perguntas. A de número 21 objetiva analisar a percepção que os estudantes têm acerca dos sentimentos de apreço e de rejeição em relação aos seus próprios colegas e aos professores. A pergunta 20 tem por objetivo analisar seu grau de integração no centro educacional, através da avaliação sobre o fato de haver sentido medo em alguma ocasião de ir à escola, tanto de professores quanto de seus próprios companheiros/as. São, pois, duas perguntas estreitamente relacionadas e que nos permitem obter uma informação essencial sobre duas dimensões muito importantes para realizar uma análise indireta da qualidade da convivência e integração do alunado nas escolas.

A formulação concreta da pergunta de número 20 é: "Alguma vez sentiu algum tipo de medo (que o questionem; que o ridicularizem; que o agridam etc.) de ir à escola?" As opções foram as seguintes: 1. Em muitas ocasiões; 2. Em bastantes ocasiões; 3. Algumas vezes; 4. Nunca.

Nesta pergunta, para interpretar os resultados de forma mais qualitativa, decidimos não sintetizá-los em dois tipos de tendência mas, como ocorreu em outras, o fizemos em três. De um lado estaria a resposta nunca, de outro, a resposta algumas vezes e, em terceiro lugar, a tendência bastante ou muitas vezes. Nesta última tendência há uma unidade clara, já que marca uma orientação comum e, inclusive, anula o possível viés de saber o que se entende por bastantes ou muitas vezes. Contudo, neste tipo de pergunta, juntar nunca e algumas vezes acaba por ser mais problemático, já que ainda que assinalem uma tendência claramente contrária à anterior, há um matiz diferencial entre ambas as alternativas: uma é muito clara, nunca sentiu medo, por exemplo, o que é diferente no caso de tê-lo sentido em algumas ocasiões. Desta forma, considero que observamos maior riqueza e precisão em um campo que, por si só, é difícil de avaliar, especialmente com o tipo de instrumento de obtenção de dados que utilizamos. Entretanto, tampouco relegamos a análise das duas tendências, a exemplo do que fizemos no conjunto da pesquisa.

a) Medo do professorado. Resultados globais
Os dados refletem que a maioria dos estudantes, mais precisamente 53,9%, nunca sentiu nenhum tipo de medo do professorado. No entanto, 29,8% disseram que o sentiram alguma vez e, em terceiro lugar, 14,5% dos estudantes respondem que o sentiram bastantes ou muitas vezes. É evidente que os 44,3% que responderam ter sentido medo em alguma ocasião ou em bastantes ou muitas vezes, podem ter diferentes razões, justificativas e até ser absolutamente infundado. Aliás, indagar sobre essas causas não foi o objetivo da pergunta, e sim investigar sobre a subjetividade de sentir medo. Os resultados obtidos não nos podem deixar indiferentes, tanto por sua percentagem quanto por seu significado, especialmente para os 14,5% dos sujeitos que o sentiram bastantes ou muitas vezes. Entendemos que o professorado deve fazer-se respeitar, mas não temer, ainda que algumas medidas necessárias de serem adotadas em determinados momentos possam gerar algum tipo de medo em certos setores do alunado. Também ressaltamos que não encontramos diferenças significativas nos resultados em nenhuma das variáveis analisadas: "tipo de escola", "localização", "sexo" e "ano em curso".

b) Medo do alunado. Resultados globais
A maior parte dos estudantes nunca sentiu medo de ir à escola por causa de seus próprios colegas (47,9%), mas 33,4% disseram ter sentido em alguma ocasião, e 17,1% o sentiram bastantes ou muitas vezes. Ao compararmos os resultados deste item com o anterior vemos como se produz uma ligeira tendência de sentir mais medo dos colegas que dos professores: diminui em seis pontos percentuais a alternativa nunca; aumenta em quase quatro pontos a percentagem da alternativa sentir medo algumas vezes, e cresce quase três pontos percentuais a opção sentir medo bastantes ou muitas vezes.

No caso do professorado, é realmente preocupante e implicaria, em minha opinião, em tomar medidas a respeito destes 17,1% de estudantes que dizem ter sentido medo de ir ao colégio bastantes ou muitas vezes por acreditar que podem ser ridicularizados e/ou agredidos. Situação e percentagem que, em boa medida, podem refletir uma situação de assédio escolar.

Em relação à variável "sexo-gênero", os resultados são muito parecidos, ainda que as meninas reconheçam ter sentido um pouco mais de medo de seus colegas que os meninos, sem chegar a diferenças significativas. Tampouco há disparidades em outras variáveis analisadas – "tipo de escola", "localização" e "ano em curso" –, ainda que nesta última haja uma ligeira diferença no sentido de que no primeiro e no segundo ano sentem um pouco mais de medo que os alunos dos terceiros e quartos anos da ESO. Entendemos que a diversidade de idade, e a conseqüente dessemelhança na constituição física e psicológica, podem explicar estas pequenas diferenças.

c) Avaliação dos sentimentos de apreço e rejeição, tanto do alunado quanto do professorado

Com relação ao grau de integração do alunado à escola através de sua avaliação sobre os sentimentos de apreço e rejeição, tanto em relação aos seus próprios colegas quanto ao professorado, a pergunta 21 foi redigida da seguinte forma: "Em geral, como você se sente avaliado em sua escola?". As quatro alternativas, tanto de apreço quanto de rejeição, tentam contrastar sua percepção em relação à maioria – do alunado ou do professorado –: pela metade, mais ou menos, por uma minoria e não sentir-se apreciado ou rejeitado por ninguém.

Como na pergunta anterior, estabelecemos três tendências para possibilitar uma melhor interpretação, ao invés de duas. A tendência negativa: em relação ao apreço, não sentir-se valorizado por nenhum professor ou apenas por uma minoria. No sentido de rejeição, sentir-se excluído pela maioria. A tendência positiva: em relação ao apreço, sentir-se apreciado pela maioria. No sentido de rejeição, não sentir-se rejeitado ou apenas por uma minoria. A tendência central. Tanto em relação ao apreço quanto à rejeição, sentir-se um ou outro pela metade, mais ou menos, do professorado e de seus colegas.

Apreço do professorado

13,4% não se sentem apreciados por nenhum professor/a e 19,4% sentem-se apreciados apenas por uma minoria, o que nos dá uma tendência negativa de 32,7%. Sem dúvida, uma percentagem que se apresenta muito alta e preocupante, e que pode estar relacionada com a percentagem semelhante de fracasso escolar que as autoridades educacionais reconhecem. Em todo caso, apenas o dado de que 13,4% do alunado não se sinta apreciado por nenhum professor/a já tem valor e significado em si mesmo e deveria nos obrigar a descobrir o porquê deste estado de coisas e buscar alternativas para solucioná-lo. Na tendência contrária, 37% sentem-se apreciados pela maior parte do professorado – pontuação majoritária –, e 28,1% estariam em uma tendência intermediária, sentindo-se apreciados pela metade, mais ou menos, do professorado.[30]

Na variável "tipo de escola", há uma tendência dos estudantes da rede privada conveniada a sentirem-se mais valorizados por seus professores que os da rede pública, com uma diferença de onze pontos percentuais. Na variável "sexo-gênero", os meninos se sentem menos apreciados que as meninas e, no sentido inverso, as meninas se sentem mais apreciadas pelo professorado que os meninos. Concretamente, na tendência negativa – não sentir-se apreciado por nenhum professor ou apenas por uma minoria – estão 37,9% dos meninos, frente a 27,3% das meninas. Na tendência positiva, 42,5% das meninas sentem-se apreciadas pela maioria do professorado, frente a 31,5% dos meninos. Assim, também neste item constata-se uma visão um pouco mais otimista nas meninas que nos meninos.

Em relação à variável "ano em curso", há diferenças significativas entre os estudantes do primeiro ano, de um lado, e dos outros três anos, de outro, no sentido de que os do primeiro sentem-se mais apreciados. Precisamente, 43,2% dos que estão no primeiro sentem-se apreciados pela maioria dos professores, o que baixa a 34,9% entre os alunos do terceiro e a 33,6% entre os do quarto ano. Vemos, curiosamente, uma tendência de baixa à medida que avançamos de ano. Os estudantes do terceiro, com 36,7% das respostas, são os que menos se sentem apreciados pelo professorado.

Apreço dos colegas
A maioria dos estudantes sente-se apreciada pela maior parte de seus colegas. Concretamente assim o crêem 51,7% dos entrevistados. 30,3% sentem-se apreciados pela metade, mais ou menos, dos colegas, e 16,1% sentem-

---

30. Os resultados constituem três grupos bastante homogêneos no que diz respeito à percentagem. Grupos que podem ser extrapolados em três zonas de integração social para o conjunto da população: de um lado, está o grupo dos plenamente apreciados ou integrados; de outro, os que estariam em uma zona de vulnerabilidade, integrados, mas com dificuldades e em uma zona pantanosa quanto à sua integração; e o terceiro grupo seria composto por aqueles que estariam na zona de exclusão, os que não se sentem integrados ou apreciados.

se apreciados por uma minoria ou por ninguém. Sem ser significativo, chama-nos a atenção os 3,9% que não se sentem apreciados por nenhum companheiro/a. Contudo, o dado preocupante é configurado por esses 16,1% que se sentem apreciados somente por uma minoria ou por ninguém, ainda que, como era previsível, seja uma percentagem metade mais baixa do que a mesma tendência em relação ao professorado.

Rejeição do professorado
A percentagem majoritária, 51,5% dos entrevistados, não se sente rejeitada pelo professorado. 20,6% sentem-se rejeitados por uma minoria, o que nos dá uma tendência de 72,1% que não se sentem rejeitados ou só por uma minoria. Na tendência central, 14% sentem-se rejeitados, mais ou menos pela metade, e na tendência negativa somente 10,4% se sentem rejeitados pela maioria do professorado. Vemos que as percepções de rejeição são mais baixas que as correspondentes de não sentirem-se apreciados. O que nos leva a pensar que os estudantes também diferenciam entre apreço e rejeição, e no sentido de que uma parte deles/as não se sente rejeitado/a nem tampouco apreciado/a, mas se sentem, em maior medida, menos apreciados que rejeitados.

Em relação à variável "sexo-gênero", há uma percentagem menor de meninas que de meninos a sentirem-se rejeitados pelo professorado (em torno de dez pontos percentuais de diferença). Resultados totalmente coerentes aos obtidos na pergunta equivalente relacionada ao apreço, o que corrobora a validade das respostas. No restante das variáveis – "tipo de escola", "localização da escola" e "ano em curso" –, não há diferenças significativas em nenhuma delas.

Rejeição dos colegas
A metade dos entrevistados não se sente rejeitada por nenhum colega, 50,1%, e 28,4% sentem-se rejeitados apenas por uma minoria, o que nos aponta uma tendência de 78,5% que não se sentem rejeitados ou só por uma minoria. Na tendência central situam-se 11,4% que se sentem rejeitados pela metade, mais ou menos, e apenas 7,2% sentem-se rejeitados pela maioria. Resultados muito similares em relação ao professorado (ainda que em relação a este aumente ligeiramente a percepção de sentir-se rejeitado).

Em relação à variável "ano em curso", constatamos diferenças significativas na tendência não sentir-se rejeitado pelos colegas ou só por uma minoria, entre os estudantes do primeiro e do segundo ano da ESO. Precisamente 74,4% dos estudantes do primeiro não se sentem rejeitados por seus colegas ou apenas por uma minoria, 72,8% entre os do segundo, 80% entre os do terceiro e 85,1%, dos alunos do quarto ano. Portanto, os mais velhos sentem-se menos rejeitados por seus colegas que os mais novos – em boa medida, esta diferença pode ser explicada pela distinta constituição física e a suposta maturidade que a idade confere, especialmente na faixa etária que a ESO implica. Por outro lado, são resultados coerentes com a percepção de maior violência do alunado que os estudantes do primeiro ano têm. No restante das variáveis, não há diferenças significativas.

3 ÂMBITOS DE INTERVENÇÃO

Neste capítulo queremos apresentar a necessidade de planejar a pedagogia da convivência, e realizá-la de forma global e continuada. Não podemos reduzir o tema da convivência ao momento em que ocorre um conflito de disciplina e, em muitos casos, a partir de uma ótica exclusivamente punitiva. Tampouco pode ser uma questão que diga respeito somente à chefia de estudos[1] ou à direção. Precisamos definir em cada escola um plano de convivência que integre todos os setores da comunidade educativa, contemple todas as dimensões da escola, implemente-se de forma continuada e seja um objetivo prioritário, tanto da perspectiva da prevenção quanto da resolução de conflitos.

Neste sentido, devemos romper com a contradição que expusemos no capítulo 2: alta percepção de conflituosidade e até violência do alunado do Ensino Médio, mas, ao mesmo tempo, reconhecimento majoritário, de professores e alunos, de escassos espaços e atividades para favorecer a convivência. Os dados das pesquisas que dirigimos na Galícia e nas Canárias são contundentes: alunado e professorado coincidem em ter uma alta percepção negativa sobre a situação de indisciplina e inclusive de

---

1. O chefe de estudos exerce, por delegação do diretor e sob sua autoridade, a chefia dos docentes no que se refere ao regime acadêmico, de acordo com o Regulamento Orgânico das Escolas de Ensino Médio da Espanha. [N. da T.]

violência dos alunos em suas escolas mas, em contrapartida, ambos os setores da comunidade educativa reconhecem que são oferecidos poucos espaços e que muito raramente são utilizadas estratégias didáticas recomendáveis para favorecer a convivência.

O MARCO LEGISLATIVO

Neste momento, vou ater-me às duas leis que mais incidem no marco da convivência, deixando para uma posterior publicação a análise dos decretos que algumas comunidades autônomas aprovaram ou que estão em tramitação, como é o caso da Galícia. Estes tipos de medidas versam sobre planos de convivência e criação de observatórios de conflitos em todas as esferas da organização do Estado espanhol, bem como nas escolas. Em todo caso, não quero deixar de apontar que muitas das medidas que regulam este marco jurídico restringem-se ao âmbito da participação dos diferentes agentes na análise e propostas de medidas para a melhoria da convivência. Como está registrado em várias partes deste livro, a participação é um tema chave mas as administrações educacionais têm de impulsionar seus próprios planos de convivência que impliquem na criação de infra-estrutura humana, dotação de serviços e o correspondente investimento econômico. A primeira comunidade que o criou foi a Secretaria de Educação da Junta de Andaluzia.

É importante também a articulação no âmbito estatal de uma necessária coordenação entre todas as comunidades autônomas sobre esta temática, incluindo planos de avaliação, tal como se verifica no "Plano de atuação para a promoção e a melhoria da convivência escolar" firmado pelo MEPSYD[2] e diversos sindicatos em março de 2006, com a criação do Observatório Estatal da Convivência Escolar e Prevenção de Conflitos Escolares.

A LEI 27/2005, DE FOMENTO À EDUCAÇÃO E À CULTURA DE PAZ
No dia 1º de dezembro de 2005, o Boletim Oficial do Estado[3] (BOE) publicou a lei 27/2005, de 30 de novembro, de Fomento à Educação e à Cul-

---

2. Ministério da Educação, Política Social e Esportes. [N. da T.]
3. Este tema foi abordado em artigo publicado na revista *Escuela*, n° 3.692, com o título "Uma lei para o fomento da cultura de paz", p. 26. Também foi publicado em galego na revista *Tempos novos*, n° 105, pp. 48–50.

tura de Paz. Mais que um marco histórico de indubitável valor, constitui notícia de grande relevância para toda a sociedade, para o governo da Espanha e, evidentemente, para as pessoas que trabalham, pesquisam e educam para a paz. A idéia fundamental da lei baseia-se no compromisso do governo de promover a paz e a cultura de paz através da educação e da pesquisa. Desde a exposição de motivos, é reconhecido e enfatizado "o papel absolutamente decisivo que a educação tem como motor de evolução de uma sociedade", concretizado na articulação com a promoção dos valores de paz em todas as disciplinas e a criação de matérias específicas sobre educação para a paz e os valores democráticos (artigo 2.1). Não serei eu a questionar o papel da educação nos processos de mudança, mas está suficientemente provado na pesquisa pedagógica que, sem o apoio de outras medidas, a educação por si só não pode transformar a sociedade. O seu papel, desde já, é absolutamente prioritário e imprescindível, mas não é determinante nem exclusivo. Em outras palavras, a educação é condição necessária, mas não suficiente. E esta circunstância é, sem dúvida, a deficiência inicial que, junto a determinadas faltas de concretude que assinalaremos mais adiante, ofuscam de certa forma as virtudes que tem a nova lei. Cabe destacar também sua conveniência nos difíceis tempos que vivemos, de neoliberalismo implacável, terrorismos e guerras preventivas.

Podemos fazer considerações semelhantes em relação ao papel conferido à pesquisa para a paz. Esta, como a educação, é uma atividade que nem quer, nem pode estar à margem dos processos econômicos, sociais, políticos e culturais que influenciam, criam e transformam uma determinada sociedade. Por isto, falar de pesquisa para a paz, e de certos procedimentos como o diálogo para construir uma cultura de paz, sem outro tipo de considerações ou referências, não apenas é um erro científico como também conduz a uma espécie de beco sem saída. Surpreende, pois, que não haja nenhuma referência nem à política nem à economia como âmbitos igualmente imprescindíveis para construir sociedades de paz, como tampouco ao papel destacado que têm os meios de comunicação e os processos sociais de convivência, em boa medida condicionados pelos fatores que acabamos de observar. Um problema tão complexo e com ramificações de tão diferentes naturezas, como é a construção de sociedades pacíficas, justas e não-violentas, não pode ficar restrito a duas variáveis – a pesquisa e a educação –, por mais importantes que sejam.

Neste sentido, não podemos ocultar as diferenças conceituais da lei que comentamos com a Lei 21/2003, de 4 de julho, de fomento à paz, aprovada pelo parlamento catalão em 25 de junho de 2003, que situa a promoção da paz em cinco âmbitos complementares: os direitos humanos e as liberdades individuais e coletivas; a convivência cidadã, a promoção do diálogo e a solução pacífica de conflitos; o ensino e a educação para a paz; os meios de comunicação social e, em quinto lugar, o estímulo ao desarmamento global. Curiosamente, esta não enfatiza o papel da pesquisa para a paz, ainda que sejam feitas referências a ela no artigo 4º, no qual é assinalado que a administração do governo autônomo promoverá convênios com pesquisadores e especialistas do mundo para trabalhar na estrutura e linhas de atuação para o fomento da paz, e na disposição 2ª, que estabelece o compromisso de criar o Instituto Internacional da Paz.

Além disso, a nova lei apresenta duas deficiências notáveis, e algumas imprecisões. Em relação às primeiras, a ausência de referências sobre criar infra-estrutura de pesquisa, de um lado, e a inexistência de vias de participação social, de outro. Aspectos que a lei catalã contempla no primeiro caso, com o citado Instituto Internacional de Paz, ainda que pareça razoável pensar que não esgotará todos os âmbitos de investigação; e, no segundo, com a criação do Conselho Catalão de Fomento da Paz. Com relação às segundas, ao não precisar determinados aspectos que a própria lei reúne, torna-se imprescindível desenvolver um processo normativo, no qual se materializem aspectos como: formas de colaboração com as comunidades autônomas, organismos internacionais e entidades significativas no âmbito da paz, artigo 1.3; "mecanismos de consulta periódica à sociedade civil, e a vinculada e associada aos movimentos pela paz", artigo 2.9; promoção de institutos universitários especializados, artigo 2.5; estrutura e avaliação do currículo de todo o sistema educacional em relação à sua coerência com os valores próprios de uma cultura de paz, artigo 2.1; adesão à Agenda de Haia, disposição transitória única etc. Igualmente, é necessário definir aspectos básicos como "as ajudas para a realização de estudos e pesquisas em matéria de paz", artigo 3º, ou a periodicidade com que o "governo informará às Cortes Gerais[4] sobre as ações realizadas em matéria de cultura de paz", disposição adicional 1ª.

---

4. As Cortes Gerais da Espanha são compostas por duas Câmaras: o Congresso dos Deputados e o Senado. [N. da T.]

Por último, mesmo que a lei 27/2005 que comentamos circunscreva-se ao fomento da cultura de paz a partir da pesquisa e da educação na Espanha, o artigo 1.1 se enquadra no campo nitidamente político das relações internacionais: "A Espanha resolverá suas controvérsias internacionais em conformidade com a Carta das Nações Unidas e demais instrumentos internacionais dos quais é signatária, colaborando para o fortalecimento da Paz e da Segurança Internacional, da Cooperação e dos Direitos Humanos". Sem dúvida, um artigo de importante fundamento político que legisla a Espanha e que já nos afetava, uma vez que o país é membro das Nações Unidas – rejeição à guerra, à ameaça e ao uso da força como formas de resolver controvérsias internacionais, que deverão ser realizadas por meios pacíficos e sem pôr em perigo a paz, a segurança internacional e a justiça, conforme o artigo 2º da Carta das Nações Unidas –, mas que veio preencher um vazio jurídico. Efetivamente, há apenas uma referência no preâmbulo da Constituição que assinala que a nação espanhola colaborará "no fortalecimento de relações pacíficas e de eficaz cooperação entre todos os povos da Terra".

Em suma, uma lei importante e oportuna que devemos celebrar, mas que como já destacamos, requer o desenvolvimento normativo para corrigir a excessiva ambigüidade com a qual foi concebida.

A LEI ORGÂNICA DE EDUCAÇÃO DA ESPANHA
Do ponto de vista da análise da nova Lei Orgânica de Educação (LOE, publicada no BOE de 04/05/2006), no que concerne ao tema da convivência, podemos dividi-la em duas partes. De um lado, indagar sobre os âmbitos que mencionam esta temática e, de outro, destacar os aspectos críticos que não gostamos.

A convivência na LOE
Temos de destacar que a nova LOE reúne múltiplas referências à convivência, à cidadania democrática e à resolução e prevenção de conflitos. São temas que aparecem nos diferentes conteúdos da lei, o que demonstra uma grande preocupação com esta temática e que, logicamente, deverá ter sua concretude no desenvolvimento legislativo da mesma. Vejamos, a seguir, tais referências em seu escopo.

Preâmbulo
No preâmbulo, há um resumo dos princípios diretivos e fins do sistema educacional contemplados na nova lei, no qual é ressaltado o pleno desenvolvimento da personalidade e das capacidades afetivas do alunado, o respeito aos direitos humanos e às liberdades fundamentais, a igualdade efetiva de homens e mulheres e o reconhecimento explícito à "diversidade afetivo-sexual", assim como a avaliação crítica das desigualdades. Também faz referência ao "exercício da tolerância e da liberdade, dentro dos princípios democráticos de convivência, à prevenção de conflitos e à sua resolução pacífica".

Vale ressaltar também a incorporação ao currículo da nova disciplina: educação para a cidadania e os direitos humanos. No parágrafo dedicado a ela, destacam-se três idéias fundamentais:

> Os conteúdos da nova disciplina, em nenhum caso, devem ser considerados como alternativos ou substitutivos do ensino religioso.
> Há uma referência curiosa, que supomos ser conseqüência da contestação à crítica de posturas políticas de direita ao suposto doutrinamento exercido a partir dessa matéria, quando aponta: "Não entra em contradição com a prática democrática que o conjunto da vida escolar deve inspirar e que há de ser desenvolvida como parte da educação em valores com caráter transversal em todas as atividades escolares". Parece que os legisladores diferenciam entre a educação e a educação para a cidadania, de um lado, e de outro, a educação em valores de caráter transversal. É evidente que a educação em valores está em tudo e em todas as disciplinas, e não apenas nos conteúdos transversais.
> Considera-se que "a nova matéria permitirá o aprofundamento em alguns aspectos relativos a nossa vida em comum, contribuindo para a formação de novos cidadãos".

Capítulo 1. Princípios e fins da educação
> Artigo 1º. Princípios, parágrafos c, j e k. O primeiro aborda "a transmissão e prática de valores que favoreçam a liberdade pessoal, a responsabilidade, a cidadania democrática, a solidariedade, a tolerância, a igualdade, o respeito e a justiça, bem como ajudem a superar qualquer tipo de discriminação". O segundo, parágrafo j,

refere-se à participação da comunidade educativa; e o parágrafo k especifica "a educação para a prevenção de conflitos e para a sua resolução pacífica, assim como a não-violência em todos os âmbitos da vida pessoal, familiar e social". Sem dúvida, um princípio que deveria ter ampla trajetória nos conteúdos de diversas disciplinas, evitando a contradição que, às vezes, ocorre entre os grandes princípios e fins educacionais e sua correlação com os conteúdos que devem ser desenvolvidos.

> *Artigo 2º. Fins.* São vários os fins que se referem a uma pedagogia da convivência. Concretamente, os que aparecem nas letras b, c, d, e, g e k. Isto é, metade dos enunciados. Vejamos cada um deles em seu conceito essencial:
> – Respeito aos direitos e liberdades fundamentais (b).
> – Tolerância e liberdade como parte dos princípios democráticos de convivência (c).
> – Responsabilidade individual e fomento ao esforço pessoal (d).
> – Educação para a paz, os direitos humanos e a vida em comunidade (e).
> – Respeito e conhecimento à pluralidade lingüística e cultural da Espanha (g).
> – Preparação para o exercício da cidadania democrática (k).

Educação Infantil

No artigo 13, concernente aos objetivos desta etapa educacional, além do desenvolvimento da autonomia (parágrafo c), há três pontos diretamente ligados à pedagogia da convivência:

> Desenvolver suas capacidades afetivas (d).
> Relacionar-se com os demais e adquirir, progressivamente, modelos elementares de convivência e relação social, assim como exercitar-se em resolução pacífica de conflitos (e).
> Desenvolver habilidades comunicacionais (f).

Também na parte 3 do artigo 14, organização e princípios pedagógicos, está explicitado que "ambos os ciclos da Educação Infantil atenderão, progressivamente, ao desenvolvimento afetivo, [...] das manifestações da comunicação e da linguagem, dos modelos elementares de convivência e relação social".

Ensino Fundamental
Objetivos. Nesta etapa educacional surgem quatro parágrafos do artigo 17, objetivos da educação básica, diretamente relacionados à pedagogia da convivência:

> Conhecer e apreciar os valores e as normas de convivência, aprender a trabalhar de acordo com elas, preparar-se para o exercício ativo da cidadania e respeitar os direitos humanos, assim como o pluralismo próprio de uma sociedade democrática (a).
> Adquirir competências para a prevenção e resolução pacífica de conflito (c).
> Conhecer, compreender e respeitar as diferenças entre as pessoas, a igualdade de direitos e oportunidades de homens e mulheres, e a não discriminação de pessoas portadoras de necessidades especiais (d).
> Desenvolver suas capacidades afetivas em todos os âmbitos da personalidade e em suas relações com os demais, assim como uma atitude contrária à violência, aos preconceitos de qualquer tipo e aos estereótipos sexistas (m).

Organização. No artigo 18, parágrafo 3º, há referência à disciplina de educação para a cidadania e os direitos humanos, que será ministrada em um dos anos desta etapa.

Ensino Médio
Objetivos. Nesta etapa educacional aparecem três partes do artigo 23, objetivos do Ensino Médio obrigatório, diretamente relacionadas à pedagogia da convivência:

> Assumir de forma responsável seus deveres, conhecer e exercer seus direitos na relação com o outro, praticar a tolerância, a cooperação e a solidariedade entre pessoas e grupos, exercitar-se no diálogo consolidando os direitos humanos como valores comuns a uma sociedade plural e preparar-se para o exercício da cidadania democrática (a).
> Valorizar e respeitar a diferença entre os sexos e a igualdade de direitos (c).
> Fortalecer suas capacidades afetivas em todos os aspectos da personalidade e em suas relações com o outro, assim como rejeitar a violência,

os preconceitos de qualquer tipo, os comportamentos sexistas e resolver os conflitos de maneira pacífica (d).

Organização. Em um dos três primeiros anos letivos "todos os alunos cursarão a matéria Educação para a cidadania e os direitos humanos" (artigo 24.3). No quarto ano, todos os alunos cursarão a matéria Educação ético-cívica (artigo 25.1).

Bachillerato

Objetivos. Nesta etapa educacional aparecem quatro pontos do artigo 33, objetivos do *Bachillerato*, diretamente relacionados à pedagogia da convivência:

> Exercer a cidadania democrática (a).
> Consolidar a maturidade pessoal e social que lhes permita atuar de forma responsável e autônoma, e desenvolver o espírito crítico. Prever e resolver pacificamente os conflitos pessoais, familiares e sociais (b).
> Fomentar a igualdade efetiva de direitos e oportunidades entre homens e mulheres (c).
> Participar de forma solidária no desenvolvimento e melhoria de seu entorno social (h).

Organização. Aparece como matéria comum em todos os *Bachilleratos* a disciplina "filosofia e cidadania" (artigo 34.6). O governo, mediante consulta prévia às comunidades autônomas, estabelecerá as matérias específicas (artigo 34.3), enquanto as disciplinas optativas (artigo 34.7) corresponderão às administrações educacionais autônomas.

Formação profissional

Objetivos. Nesta etapa educacional há somente um parágrafo no artigo 40, objetivos da formação profissional, diretamente relacionado à pedagogia da convivência:

> "Formar-se na prevenção de conflitos e em sua resolução pacífica em todos os âmbitos da vida pessoal, familiar e social. Fomentar a igualdade efetiva de oportunidades entre homens e mulheres" (c).

Educação de pessoas adultas
Objetivos. Nesta etapa educacional, há quatro parágrafos do artigo 66.3, objetivos, diretamente relacionados à pedagogia da convivência:

> Desenvolver suas competências pessoais nos âmbitos [...] de relação inter-pessoal (c).
> Desenvolver sua capacidade de participação na vida social, cultural, política e econômica, e tornar efetivo seu direito à cidadania democrática (d).
> Desenvolver programas que corrijam os riscos de exclusão social, especialmente nos setores mais desfavorecidos (e).
> Prever e resolver pacificamente os conflitos pessoais, familiares e sociais. Fomentar a igualdade efetiva de direitos e oportunidades entre homens e mulheres, assim como analisar e avaliar de maneira crítica as desigualdades entre eles (g).

Admissão de alunos
Tal como assinala o artigo 84.4, "em nenhum caso haverá discriminação por razão de nascimento, raça, sexo, religião, opinião ou qualquer outra condição ou circunstância pessoal ou social". Dado que o tipo de escola não é especificado, pode-se entender que este princípio rege todos os centros educacionais, sejam de titularidade pública, privada conveniada ou totalmente privada.

Funções do professorado
No artigo 91, funções do professorado, aparecem dois parágrafos ligados à pedagogia da convivência:

> Atenção ao desenvolvimento intelectual, afetivo, psicomotor, social e moral do alunado (e).
> Contribuir para que as atividades da escola se desenvolvam em ambiente de respeito, de tolerância, de participação e de liberdade para fomentar nos alunos os valores da cidadania democrática (g).

Projeto educacional
O artigo 121, projeto educacional, faz referência, no parágrafo 2º, à necessidade de que tal projeto reúna a ação de monitoria e o plano de convi-

vência, além de respeitar o princípio de não discriminação e de inclusão educativa como valores fundamentais. Artigo, pois, que obriga todos os centros educacionais a estruturar um plano de convivência específico integrado ao projeto educacional da escola e com claras ramificações no plano de ação da coordenadoria pedagógica.

Normas de organização e funcionamento

No artigo 124, normas de organização e funcionamento, o parágrafo 1º assinala que "as escolas elaborarão normas de organização e funcionamento que deverão incluir aquelas que garantam o cumprimento do plano de convivência". Por conseguinte, as normas da escola, tradicionalmente conhecidas como regulamento de regime interno (RRI), devem estar integradas ao plano global de convivência.

Competências do Conselho Escolar

No artigo 127, competências do Conselho Escolar, o parágrafo "g" assinala: "Propor medidas e iniciativas que favoreçam a convivência na escola, a igualdade entre homens e mulheres e a resolução pacífica de conflitos em todos os âmbitos da vida pessoal, familiar e social".

Competências do Conselho de Professores[5]

No artigo 129, competências do Conselho de Professores, o parágrafo "j" assinala: "Propor medidas e iniciativas que favoreçam a convivência na escola". Neste caso, e curiosamente à diferença das competências do Conselho Escolar, não foi acrescentada "a igualdade entre homens e mulheres e a resolução pacífica de conflitos em todos os âmbitos da vida pessoal, familiar e social".

Competências do diretor

No artigo 132, competências do diretor, o parágrafo "f" diz: "Favorecer a convivência na escola, garantir a mediação na resolução dos conflitos e impor as medidas disciplinares que correspondam aos alunos". É curiosa

---

5. O Conselho é órgão próprio de participação dos professores na escola e tem a responsabilidade de planejar, coordenar, decidir e informar sobre todos os aspectos educacionais. É integrado pela totalidade dos professores que prestam serviço na escola (Regulamento Orgânico das Escolas de Ensino Médio). [N. da T.]

a especificação da figura do diretor como garantia da mediação na resolução de conflitos, ainda que não tenha sido especificado quem fará as vezes de mediador nem, tampouco, entre quais setores se poderá aplicá-la. Queremos crer que não se esteja pensando que unicamente o diretor é quem utiliza tal estratégia de resolução de conflitos.

Alguns aspectos críticos em relação à convivência

1 Chama-nos fortemente a atenção que no Ensino Médio – etapa apontada, como atestam os estudos, como a mais conflituosa – não haja um objetivo específico de prevenção e resolução de conflitos, mencionado nas duas etapas precedentes. Aparece somente uma referência, ao final do artigo 23.d, com a frase "e resolver pacificamente os conflitos". Sem dúvida, a importância desta temática nesta etapa educacional bem mereceria um objetivo específico.
2 Também sentimos falta de mais objetivos ligados à convivência e ao desenvolvimento afetivo na etapa de Formação profissional.
3 A lei insiste em vários pontos de seu conjunto de artigos sobre a necessidade de tornar efetiva a igualdade de direitos e oportunidades entre homens e mulheres, e de desenvolver o senso crítico frente ao sexismo. É evidente que estamos totalmente de acordo com isso, mas sentimos a falta de um tratamento similar em relação a outros tipos de discriminações como, fundamentalmente, o racismo, a xenofobia e o preconceito de classe. É muito significativa a ausência de referências na lei ao alunado imigrante, assim como a possíveis casos de racismo. Um exemplo do que dizemos é o parágrafo "d" do artigo 150 sobre as competências da Alta Inspeção de Educação,[6] no qual se escreve: "Velar pelo cumprimento das condições básicas que garantam a igualdade de todos os espanhóis no exercício de seus direitos e deveres em matéria

---

6. A Alta Inspeção de Educação nasceu a partir da organização política da Espanha em Comunidades Autônomas. A Constituição espanhola de 1978 e os Estatutos de Autonomia preveêm que os elementos comuns da política educacional sejam dirigidos pelo Ministério da Educação, Política Social e Esportes e geridos cooperativamente por este departamento e as respectivas Secretarias de Educação das Comunidades Autônomas. São 17 Altas Inspeções, um dos meios que o Ministério utiliza para dirigir e administrar a política e o sistema educacional da Espanha. [N. da T.]

de educação". Queremos pensar que, além dos espanhóis, este conjunto de artigos inclui ou deveria incluir todos os cidadãos, tenham ou não nacionalidade espanhola, mas que vivem e trabalhem na Espanha. Além do mais, é precisamente com este setor da população, os filhos dos imigrantes, que se há de tomar especial cuidado sobre as condições e supervisão de sua escolarização, tendo em vista que os maiores índices de fracasso e de abandono escolar são registrados entre estes estudantes. Podemos falar também nos mesmos termos em relação aos filhos e filhas da população cigana que ingressam no Ensino Médio, especialmente entre as meninas no segundo ano desta etapa.

4 Destaca-se também, especialmente nos últimos anos da Educação Primária, ESO e *Bachillerato*, a falta de objetivos ligados ao desenvolvimento de um pensamento crítico em relação ao consumismo e ao consumo de drogas, tendo em vista, sobretudo, que a Espanha encabeça o consumo de drogas na Europa na população entre 14 e 18 anos. Consumo que, segundo dados de 2006, confirmam que, longe de decrescer, segue aumentando.

5 Parece-nos um erro e uma contradição com os princípios democráticos de convivência a perda de competência na resolução de conflitos disciplinares dos Conselhos Escolar e de Professores, os dois órgãos colegiados das escolas. Perda de poder que beneficia a figura do diretor ou diretora, nem ao menos a equipe diretiva.[7] Efetivamente, tanto o Conselho Escolar quanto o de Professores têm somente a competência de "conhecer a resolução de conflitos disciplinares". Não obstante, o Conselho Escolar tem maior protagonismo, uma vez que tem a possibilidade de intervir, pois "quando as medidas disciplinares adotadas pelo diretor correspondam a condutas dos alunos que prejudiquem gravemente a convivência na escola, o Conselho Escolar, a instância de pais ou professores [curiosamente, é excluída a possibilidade de que sejam os estudantes!], poderá revisar a decisão adotada e propor, se for o caso, medidas oportunas". Ou seja, fica aberta a possibilidade

---

7. Neste sentido, a nova lei segue o mau exemplo da anterior Lei Orgânica de Qualidade Educativa (LOCE), do Partido Popular, dado que também nesta se atribuíam todas as competências para a resolução de conflitos ao diretor (art. 79.h), enquanto o Conselho Escolar (art. 82.e) e o de Professores/as (art. 84 h e j) ficavam relegados ao mero plano de serem informados sobre as medidas disciplinares impostas pelo diretor.

de discrepância ou de conflito no Conselho Escolar entre a direção e os pais, mas somente quando os procedimentos aplicados prejudiquem gravemente a convivência na escola. Creio que, com este tipo de medida, pretenda-se responder à persistente demanda de um setor do coletivo de diretores que exigem "mais autoridade" para poder punir, mas acarreta dois grandes erros. De um lado, confunde-se convivência na escola com sanção a determinados comportamentos. É evidente que não apenas a direção como também o conjunto do professorado deve ter a possibilidade de reprimir condutas inapropriadas à convivência democrática, ao respeito entre as pessoas etc. Porém, a convivência é muito mais que poder punir. De outro lado, continua-se a reproduzir um modelo de disciplina assentado exclusivamente na autoridade, já não do professorado, mas da direção da escola. A disciplina, absolutamente necessária à vida de qualquer organização, deve ser assumida pelo conjunto da comunidade educativa, e muito particularmente por professores e alunos. A democracia e a liberdade, que se baseiam em nossa estrutura jurídica, devem estar sempre ligadas à sua contrapartida, que é a responsabilidade. E a responsabilidade deve ser aprendida e exercitada a partir da família e desde o início do sistema educacional, na Educação Infantil.

6 Parece-nos também bastante surpreendente a total ausência de referências ao possível papel da Inspeção na resolução de conflitos nos centros educacionais, seja como assessora ou mediadora e, inclusive, na possibilidade de atuar como árbitro. Efetivamente, tanto no artigo 150, Competências da Alta Inspeção, quanto no 151, funções da Inspeção Educacional, não aparece qualquer função ligada a este importante papel que a Inspeção pode ter e que, ao contrário, era regulado anteriormente. Necessitamos uma Inspeção que deixe de ser menos burocrática e menos "alçada" a um pedestal de poder, para ser um instrumento que cumpra sua necessária função de assessoramento e de controle dos processos educacionais.

7 A manutenção da religião. Sem dúvida, tal como estabelecido em lei, de oferta obrigatória para as escolas e livre escolha dos estudantes, representa um avanço em comparação à autoritária Lei de Qualidade, mas continua sendo insuficiente da perspectiva laica, tal como expusemos no capítulo 1. O sistema educacional público, e os centros conveniados financiados com dinheiro público, não podem doutrinar

nem entrar no âmbito privado das possíveis crenças religiosas. Para isto, quem opte por algum tipo de religião, deve dirigir-se às respectivas igrejas, que é onde deve estar. É evidente que, neste tema, o governo cedeu às enormes pressões da Igreja Católica, o que obriga o conjunto da cidadania democrática, sejamos crentes ou não, a seguir lutando para que o Estado deixe de custear a Igreja, e a religião não mais seja um conteúdo doutrinário do currículo. É evidente que é impossível entender matérias como história, arte, filosofia etc. sem conhecer as referências da religião.

8 A lei insiste, em muitos parágrafos, na promoção da igualdade entre homens e mulheres, e na crítica aos comportamentos sexistas, entretanto todo o texto está escrito em masculino. Sempre cita alunos, professores, diretores e pais, por exemplo.

9 Escassa ênfase à transversalidade, citada um tanto "de passagem". Talvez por querer realçar a nova disciplina, o fato é que sentimos falta de uma presença maior da transversalidade, complementar à nova matéria. Sobre esta questão, já nos manifestamos no ponto quatro do capítulo 1.

No fim das contas, é uma lei que coloca o tema da convivência em posição preferencial e de clara visibilidade nos diferentes aspectos dos artigos, como até agora não havia ocorrido – o que, sem dúvida, é um avanço muito positivo. Não obstante, também assinalamos algumas sombras que nos obrigam a estar em posição de apoio crítico, até porque o mais notável é o que relega sem tornar concreto. Isto é, todos os decretos que terão de desenvolvê-la e, como sempre, o imprescindível apoio econômico para levá-la adiante.

PREMISSAS BÁSICAS PARA UM PLANO DE CONVIVÊNCIA

Como já assinalamos, a aprendizagem da convivência não pode ser uma tarefa improvisada nem sujeita a mera intervenção verbal em algum momento. Ao contrário, necessita de planejamento, tanto para o espaço da classe quanto da escola, levando em conta os três protagonistas principais da comunidade educativa – professores, alunos e mães/pais. Entre os aspectos a serem contemplados, destacamos os seguintes:

GLOBAL E INTEGRADO

O plano de convivência deve considerar e integrar de forma globalizada todos os âmbitos do currículo, apresentando um currículo integrado a partir da visão conflituosa da realidade e no qual se questione a violência como meio de resolução de conflitos. Portanto, não se trata de negar as diferenças e os conflitos, mas de enfrentá-los de maneira positiva, ou seja, de forma não-violenta. Enfrentar os desacordos não implica gerar dinâmicas de destruição nem, no extremo oposto, acomodação e submissão às reivindicações da outra parte.

A idéia de globalidade também se refere ao necessário compromisso e responsabilidade de todos os setores educacionais com a melhoria da convivência nas escolas. Por isto, as dinâmicas de aula e as estratégias didáticas devem promover a responsabilidade e a participação dos estudantes nas tomadas de decisão. A disciplina não pode ser uma tarefa exclusiva do professorado; devemos trocar este esquema unidirecional por um bidirecional, no qual o professorado conduz e também compartilha e envolve o alunado nas tarefas de convivência da classe. Para isto, é imprescindível a organização democrática da sala de aula e da escola, fomentando a aprendizagem cooperativa e o trabalho em grupo que, por sua vez, facilitarão a coesão grupal.

TEMPO

Um plano de convivência necessita tempo, tanto para sua elaboração quanto para sua posta em prática. Não se pode buscar fórmulas mágicas nem respostas imediatas. Necessitamos de tempo para analisar as causas dos conflitos e compreender suas dinâmicas, para preparar e exercitar as habilidades e técnicas de resolução, para explorar as diversas possibilidades, para avaliar a estrutura do plano de convivência e os graus de cumprimento dos possíveis acordos etc. Habitualmente, a resolução de conflitos não é um processo rápido e linear. Às vezes, nos falta este tempo para abordar a situação conflituosa ou potencialmente conflituosa. Nesta conjectura é mais prudente, sempre que possível, protelar o enfrentamento desta situação.

ESPAÇOS ADEQUADOS

Muitas vezes, geramos um conflito ou o agravamos ao abordá-lo em espaços inapropriados. Neste sentido, são interessantes as experiências da

Educação Infantil e Ensino Fundamental que dedicam um espaço físico na classe para que as crianças abordem seus conflitos, o "cantinho dos conflitos". Os espaços onde os abordamos podem ser na mesma sala, na mudança de aulas, nas assembléias de classe, nas monitorias, na comissão de convivência etc. Mas é importante que a aprendizagem considere que não serve qualquer lugar para tratar os conflitos.

OPORTUNIDADES, APOIO E ESTÍMULO CONSTANTES

Não podemos ficar só na repreensão, ainda que seja necessário aplicá-la. Criar uma boa convivência em geral e capacidade para abordar os conflitos, em particular, requer uma atitude constante de apoio para preparar e exercitar habilidades e técnicas de resolução. Temos de insistir, insistir e insistir, e oferecer espaços e possibilidades para o aprendizado de formas alternativas de resolução, e sermos perseverantes neste esforço. Como destacam Johnson e Johnson, "este trabalho exige treinamento, perseverança e apoio" (1999: 11). Para isto, um momento preferencial deve ser a hora semanal da monitoria com os estudantes.

MÍNIMA ARTICULAÇÃO DO PROFESSORADO EM UM PROJETO COMUM

Como já assinalamos, a pedagogia da convivência exige uma mínima articulação do professorado no projeto da escola. "Sem projeto comum, o cumprimento da norma fica relegado ao arbítrio e interesse de cada docente, construindo-se um espaço institucional cotidiano em que coexiste a relação normativa com o abuso e a arbitrariedade do poder" (Cerda e Assaél, 1998). É muito importante, ou melhor dizendo, é imprescindível desenvolver uma cultura de colaboração que comece por comentar e analisar os conflitos que todos temos nas classes. Necessitamos de um professorado que não pense somente do ponto de vista individual e no âmbito de suas aulas, mas também no plano coletivo, que esteja atento ao conjunto da escola, que seus problemas não sejam apenas considerados como seus problemas particulares e que os problemas dos demais também sejam seus problemas. Neste sentido, o professorado deve romper com a ditadura do silêncio que costuma impregnar tudo que se relaciona a conflitos, e aplicarmos entre nós as premissas e estratégias para sua resolução positiva.

PROMOVER A PARTICIPAÇÃO DE TODOS OS SETORES EDUCACIONAIS

Todas as atividades que propusemos para o âmbito da escola e da classe envolvem a recuperação do valor da participação como objetivo educativo e estratégia didática para fomentar a boa saúde do centro de ensino, e a criação de infra-estrutura de convivência democrática. Se não há participação, não há democracia nem a possibilidade de gerar escolas organizadas a partir de e em direção à convivência democrática. A participação se torna, pois, um requisito da cidadania, do exercício e da convivência democrática. Como assinala Santos Guerra (1994: 5), "a participação é o princípio básico da democracia. Participação que não pode ser reduzida ao instante do voto, mas que exige o diálogo permanente, o debate aberto, o controle das decisões e a capacidade crítica efetiva".

Logo, consideramos a participação como um direito e uma necessidade do processo educativo institucional escolar. Bernstein se expressa nesta mesma linha (1990) quando fala da participação como um dos três direitos que, segundo ele, a escola deve garantir – além do direito ao crescimento individual e o direito de ser incluído. Este

> é o direito a participar dos procedimentos mediante os quais se constrói, mantém e transforma a ordem. É o direito a participar na construção, manutenção e transformação da ordem. A participação é a condição do discurso cívico, e opera no âmbito político. (Bernstein, 1990: 125)

Em relação à convivência e ao enfrentamento não-violento dos conflitos, a participação é ao mesmo tempo um mecanismo de prevenção de determinada conflituosidade não positiva e requisito para resolver os conflitos. Por isto, está na base da convivência. Além disso, estamos firmemente convictos de que não há forma de melhorar a convivência se não reanimamos e cultivamos a participação de todos os setores da comunidade educativa. Por outro lado, tampouco podemos deixar de dizer que a própria participação produz conflitos, argumento e fato que, às vezes, se aponta precisamente para cerceá-la ou impedi-la. Exemplos disto encontramos, entre outros, no conflito que acontece em muitas escolas entre o maior nível de participação e autonomia, de um lado, e a maior responsabilidade e trabalho que isso exige para o pessoal docente em particular, de outro; entre burocracia e participação, e repressão e tensões a que isso pode conduzir nas escolas (England, 1989: 106).

Os resultados das pesquisas sobre a situação da participação nos centros educacionais, assim como alguns resultados das investigações que dirigimos sobre conflito e convivência, não refletem um panorama exatamente tranqüilizador. Mas, ao contrário, o reconhecimento da maioria do professorado sobre o uso infreqüente de atividades favorecedoras da convivência que exigem participação, assim como a escassa participação dos órgãos colegiados da escola, registram uma contundente e preocupante radiografia. Incentivar a participação é, pois, um requisito imprescindível para enfrentar os conflitos e favorecer a convivência.

EVITAR MEDIDAS DE EXCLUSÃO

Evidentemente, em alguns casos, é inevitável a expulsão da aula do estudante com comportamento disruptivo,[8] mas deve ser uma medida excepcional e, acima de tudo, depois de ter tentado outras medidas educativas. Boa parte dos estudantes que apresentam problemas de convivência nas escolas procede de ambientes desestruturados. O sistema educacional não pode reforçar ainda mais esta situação. Muitos deles/as estão pedindo que alguém lhes estenda a mão. Creio que é fundamental não desculpar certos comportamentos mas, sim, indagar sobre suas causas e compreender a origem delas para poder atuar de maneira educativa. Decididamente, o critério geral deve ser "que as escolas não excluam os alunos com comportamentos violentos ou destrutivos, nem os tirem da aula [...] a posição básica é que não devemos renunciar a estes alunos, em nenhuma circunstância" (Johnson e Johnson, 1999: 17).

DEMONSTRAR COMPROMISSO

Não se trata de ficarmos acanhados diante de conflitos ou problemas de convivência que possam ocorrer nas classes ou na escola. Seria pior que agir de forma equivocada. Mas no processo de advertir, de corrigir ou castigar, devemos mostrar-lhes que apostamos neles, inclusive nos que mais possam interromper o ritmo da aula. Observei em alguns centros educacionais uma atitude que, ainda que minoritária, incide muito diretamente no âmbito da conflituosidade da classe. Refiro-me à atitude de "com esses é impossível",

---

8. Comportamentos disruptivos estão associados a disfunções pessoais, familiares, sociais e no âmbito acadêmico. Também conhecido por TDO – Transtorno Desafiador de Oposição. [N. da T.]

"que façam o que quiserem", e de mantê-los entretidos assistindo a um vídeo ou expulsando mais da metade da classe quase diariamente.

APOSTAR EM UM MODELO DE DIREÇÃO COLEGIADA E DEMOCRÁTICA

Como já assinalamos (Jares, 2001b: 60-61), o principal argumento brandido com maior freqüência pelo professorado para rechaçar os cargos diretivos, e particularmente a direção, é constituído precisamente pelo pressuposto de que aumenta a freqüência de conflitos pelo exercício do cargo. Fato que verificamos tanto em diferentes pesquisas quanto nos cursos de formação de diretores que ministramos nos últimos anos em diferentes cidades da Galícia. Assim, a realidade do conflito influi na função diretiva até mesmo antes de exercê-la, no sentido de que, em muitos casos, atua como o fator dissuasivo mais importante para temer a decisão de apresentar-se para esse cargo.

É evidente que, quanto maior a responsabilidade, maior a probabilidade de conflituosidade. Mas, no caso do professorado, esta relação fundamenta-se especialmente no maior temor que a potencial conflituosidade suscita em relação aos próprios colegas. Suspeita que, em meu caso, confirmou-se depois da experiência que tive como diretor de uma escola durante três anos. O receio de conflitos com os próprios companheiros, que também ocorre em outros âmbitos profissionais, está muito acima da possível conflituosidade com as administrações, que ocupa um segundo lugar, e a relação com os pais, em terceiro. Cabe destacar que, nesta classificação de possíveis focos de conflituosidade, aparece em último lugar a que se refere à relação com o alunado.

Pois bem, é evidente que da mesma forma já assinalada para a profissão de educador, o desempenho da função diretiva traz consigo inevitavelmente o surgimento do conflito, devido precisamente à institucionalização do cargo. Ou seja, a própria natureza do posto e o exercício do poder acarretam a inevitabilidade do conflito. Neste sentido, falamos não apenas da natureza conflituosa da escola, mas também da inevitável natureza conflituosa da direção. Conclusão que, entre outras conseqüências, recomenda a devida preparação psicológica e pedagógica para enfrentar os conflitos com melhores garantias de êxito no exercício deste posto.

Por outro lado, é importante refletir sobre a possível incidência dos estilos ou modelos de direção na maior ou menor possibilidade de surgimento de situações de conflituosidade. Em outras palavras, se em uma classe a conflituosidade está sujeita a diferentes variáveis, sendo uma delas a atitude metodológica do docente, igualmente na escola uma das variáveis que irão incidir nos níveis de conflituosidade é o estilo ou modelo de direção. Assim, temos de resolver um conflito prévio em relação à decisão sobre o modelo de direção a ser adotado, já que este tem estreita relação com o contexto de convivência e as formas de enfrentar os conflitos. Seria contraditório afirmar que uma organização é democrática se tem estilo de direção personalista, resistente à participação, tal como vimos em algumas ocasiões.

Desta forma, o modelo de direção deve ser compatível com os critérios de convivência democrática, diante da evidente influência, nos últimos anos, das teorias neoliberais de gestão empresarial que se pretende transportar de forma mimética ao campo da gestão dos centros de ensino. Estratégia que supõe converter e aplicar ao sistema educacional as leis de mercado, fomentando a competitividade entre as escolas, a livre escolha de uma instituição por "consumidores" e a gestão das mesmas a partir de parâmetros empresariais. Em suma, tentar converter a educação em um bem de consumo mais que em um direito é, sem dúvida, o principal flanco de ataque da ideologia neoliberal no âmbito educacional (Jares, 2005b). Esta ideologia implica novas relações no coletivo docente, uma maior hierarquização, outorgando um grande poder aos diretores/as como "chefes de empresa". E, como assinalou há anos Stephen J. Ball (1989: 270),

> o controle das organizações escolares, centrado principalmente na posição e no papel do diretor, se relaciona de modo significativo com dominação (a eliminação ou prevenção do conflito). Assim, o domínio tem como finalidade conseguir e manter proposições particulares da escola contra propostas alternativas e profissionalizadas.

Como afirma Christian Laval em relação à formação dos diretores na França, a obsessão era capacitá-los como gestores:

> o importante reside na transformação dos novos diretores de estabelecimento educacional, que devem compreender sobretudo que já não são docentes. Desde o início da década de 1970, a orientação voltada à empresa torna-se explícita nos programas de formação dos dirigentes da educação. (Laval, 2004: 352)

Algo semelhante também ocorreu na Espanha, ainda que não se tenha chegado ao extremo de propor institucionalmente a ruptura entre diretores e professorado, embora haja vozes que a apregoem, há ênfase na necessidade de converter os diretores em gestores ao estilo dos executivos de empresas. De fato, em alguns cursos de formação de diretores foram introduzidas temáticas de gestão empresarial, e alguns instrutores procedem do segundo setor.[9] Entretanto, pela natureza de suas funções, os centros educacionais nunca podem ser igualados ou equiparados a uma empresa. Esta natureza faz com que sua própria dinâmica organizacional interna seja distinta, os tipos de interações que se estabelecem sejam diferentes, a concepção do espaço e do tempo etc. seja radicalmente diversa.

No que diz respeito ao papel dos diretores nos conflitos relacionados à disciplina, a Lei Orgânica de Educação (LOE), provavelmente em função das pressões de diversas associações e federações de diretorias de escolas, continua a trilha marcada pela anterior Lei Orgânica de Qualidade Educacional (LOCE), que outorgava ao diretor todos os poderes para aplicar sanções nos conflitos disciplinares dos alunos. A LOE, como dissemos, mantém esta situação (artigo 132.f), com a única novidade que o Conselho Escolar, "a instância de pais ou professores, poderá revisar a decisão adotada e propor, se for o caso, as medidas oportunas" (artigo 127.f), mas apenas para as medidas disciplinares adotadas pelo diretor em caso de "condutas do alunado que prejudiquem gravemente a convivência na escola". Também é notável – e, em nossa opinião, igualmente criticável – que esta opção de revisão somente seja outorgada aos representantes dos pais; os representantes dos diretamente afetados, os alunos, curiosamente não têm esta opção – o que seria uma boa forma de praticar a não discriminação e fomentar a atividade dos órgãos colegiados.

O Conselho de Professores tampouco está bem posicionado neste aspecto. Tem apenas a competência de "conhecer a resolução de conflitos discipli-

---

9. Isto não quer dizer que algumas temáticas sejam muito próximas. Publicações voltadas a dirigentes de empresas abordam conceitos que temos defendido, tais como a acepção positiva do conflito, importância da comunicação nas relações interpessoais, enfrentamento positivo dos conflitos etc. Isto pode ser encontrado no livro de Ricomá, C. e Ponti, F. (2004): *Não somos recursos, somos humanos*. Barcelona, Granica. No extremo oposto, aparecem livros que vêm sendo utilizados na formação de dirigentes empresariais que propugnam e justificam abertamente a utilização da mentira, da manipulação e, inclusive, "a arte da guerra", entre outros recursos, para abordar os conflitos. Exemplo disto é o livro de Bou Bauzá, G (2004): *A arte da guerra para diretorias, diretores e dirigentes*. Madri, Pirámide.

nares e a imposição de sanções, e zelar para que estas se atenham à norma vigente" (artigo 128.i). Uma forma, em minha opinião, de desqualificar mais sua função, o que se completa com a tendência de realizar o menor número de reuniões, em muitos casos descumprindo o mínimo definido pela lei – e quanto menos se fale nelas é ainda melhor. Tampouco creio que seja bom para a figura do diretor este papel de sancionador e de quase único responsável pela disciplina nas escolas. Mas, pelo que se vê, muitos deles não só assumem satisfeitos este papel como também já há quem esteja reivindicando a figura do diretor como autoridade pública. Creio que os diretores, como o conjunto do professorado, além de respeito e consideração, merecem todo o apoio, a começar por sua formação e o suprimento às escolas do pessoal necessário para que funcionem de forma eficaz, para citar dois exemplos. Mas como já assinalamos neste capítulo, a convivência é um assunto complexo e global, que deve ser assumido por toda a comunidade educativa, cada qual em sua função. A direção deve liderar um projeto compartilhado e cooperativo, e não permanecer na solidão do líder sobre o qual recaem todas as responsabilidades e ao qual também poderemos acusar mais facilmente.

CONSTRUIR INFRA-ESTRUTURA DE CONVIVÊNCIA

Com a expressão "infra-estrutura de convivência" refiro-me ao contexto organizacional e cultural da escola como âmbitos fundamentais para o exercício e desenvolvimento da convivência. Trata-se de criar em cada escola espaços nos quais, tanto o conteúdo quanto o ambiente estejam ativamente implicados no desenvolvimento de boas práticas de convivência. Igualmente, partimos do fato de que o contexto organizacional no qual se dão as práticas educativas é, ao mesmo tempo, meio e objetivo da reflexão educacional. Como conseqüência, criar infra-estrutura de convivência significa estruturar alguns aspectos.

NO ÂMBITO DA ESCOLA: PLANO DE CONVIVÊNCIA
Como já assinalamos, a aprendizagem da convivência não pode ser uma tarefa improvisada nem sujeita a mera intervenção verbal em determinado momento. Ao contrário, necessita planejamento, tanto no espaço da classe quanto da escola, que leve em conta os três principais protagonistas da comunidade educativa – professores, alunos e mães/pais.

Dentre os órgãos com que deve contar a instituição para implementar este plano de convivência estão as seguintes:

> *Comissão de convivência*, da qual participem representantes dos diferentes setores educacionais, a equipe diretiva, representantes da monitoria (ao menos um de cada nível) e os membros do departamento de orientação. Deve funcionar como órgão colegiado de coordenação e planejamento de todas as atividades da escola no que diz respeito a este tema, sendo, desta forma, o coração da convivência que planeja, atua e avalia sua situação ao longo do ano. De modo algum, pode atuar unicamente nos casos excepcionais de indisciplina quando já estejam instalados, com orientação exclusivamente punitiva. Como destaca Casamayor,

> > infelizmente, é uma perversão denominar "de convivência" a maior parte das comissões disciplinares que se formaram em nossos centros educacionais. Normalmente, dependem do Conselho Escolar, mas reúnem-se apenas quando o conflito já se produziu, normalmente de forma grave, e seu único objetivo é sancioná-lo, às vezes, com medidas extremas como a expulsão (1998: 18).

> A Comissão de convivência deve ser um modelo de dinamismo, de convivência, de compromisso com a vida da escola, de apoio aos que mais necessitam etc. Efetivamente, uma espécie de espelho no qual outros segmentos da escola possam se ver refletidos. Para isto, é imprescindível que a equipe diretiva dedique tempo e energia para tratar esta comissão com especial cuidado e delicadeza, dada a importância que tem na criação de um clima harmônico na escola.

> *Junta de delegados*,[10] no caso do alunado do Ensino Médio, na qual os estudantes abordem os problemas e necessidades que considerem opor-

---

10. Nas escolas de Ensino Médio da Espanha existe uma Junta de Delegados integrada por representantes dos alunos dos distintos grupos e dos alunos no Conselho Escolar. Entre suas funções estão levar propostas para elaboração do projeto educacional da escola e para a programação geral à direção; informar aos representantes dos alunos no Conselho Escolar sobre os problemas de cada grupo ou ano em curso; formular propostas de critérios para a elaboração dos horários de atividades docentes e extra-curriculares etc. [N. da T.]

tunos. Não podemos reduzir o papel do delegado, como habitualmente se faz, a um auxiliar do professorado que serve apenas para controlar as ocorrências, abrir ou encerrar sua aula nos períodos de recreio e dirigir-se à direção com algum estudante que se comporta mal. Em muitas escolas, a Junta de delegados nem sequer se reúne, ou o faz somente quando há um problema grave de disciplina. Ao contrário, consideramos este âmbito de participação fundamental para dinamizar a vida da escola em geral, como em relação à convivência em particular. Em muitos casos, os delegados podem atuar como mediadores/as, conversar com algum companheiro que necessite e, inclusive, atuar também como orientadores de algum colega por algum tempo. Mas sua voz tem de ser ouvida e as propostas razoáveis, consideradas e implantadas.

› *Equipe de mediação*, que atue como um serviço que a escola oferece para melhorar a convivência e ajudar na resolução de conflitos. O ideal é que seja composta por representantes de todos os setores da comunidade educativa e possa atuar em e entre eles. As experiências que conhecemos demonstram todas as possibilidades. Ou seja, há equipes de mediação formadas exclusivamente por estudantes para agir em conflitos entre eles; há equipes de mediação mistas de alunos e professores, para intervir, em alguns casos, apenas em conflitos entre estudantes e, em outros, também em conflitos entre alunos e professores; há equipes de mediação com membros dos três setores da comunidade educativa que podem atuar em qualquer tipo de conflito. No capítulo seguinte, apresentamos nossa experiência neste aspecto.

› *Comissões variadas*, não estritamente criadas para o desenvolvimento da convivência, mas que têm importância fundamental para gerar convivência e criar cultura de escola. Refiro-me às comissões para celebrar distintas atividades programadas na vida do centro educacional, como podem ser a comissão da semana da paz, a comissão do Carnaval, a comissão das letras galegas (e seu correspondente em outras comunidades), a comissão da semana da multiculturalidade – com manifestações gastronômicas, artísticas, musicais etc. dos diferentes países dos quais procedem os estudantes –, a comissão de excursão de formatura, a comissão do órgão de comunicação da escola – o conselho editorial etc. Todas estas comissões estão integradas por representantes dos três setores da comunidade educativa, estimulando que o maior número de pessoas participe.

Dentre as ações necessárias para implementar o plano de convivência cabe citar as seguintes:

> *Monitorias semanais com o alunado*, nas quais se trabalhe sobre os valores básicos da convivência: respeito, não discriminação, dignidade das pessoas, cooperação, solidariedade, não-violência etc. Para isto, do ponto de vista metodológico, as dinâmicas de grupo devem ocupar lugar central, como também os estudos de caso e os jogos de trocas de papel. A função de orientador é cada vez mais importante para a educação e ocupa um lugar preferencial na aprendizagem da convivência. Por isto, é necessário dotá-la de meios e formação, assim como do correspondente complemento econômico para o professorado que desempenha esta função.

> *As normas da escola definidas no Regulamento Interno* devem abranger os diferentes âmbitos de atuação para favorecer a convivência. Além disso, anualmente, mais especialmente no caso do alunado novo, devem ser dadas a conhecer tanto aos alunos[11] nas monitorias, quanto às famílias nas necessárias jornadas de convivência.

> *Ciclos de formação para mães e pais, escolas de pais etc.* Tenho encontrado muitas escolas que expõem as queixas do professorado sobre a falta de colaboração das famílias com a escola e, em muitos casos, com denúncia de falta de critérios educacionais nas próprias famílias. Fatos considerados de incidência bastante negativa no comportamento e rendimento acadêmico do alunado. No entanto, nestas mesmas escolas, detectei uma ausência majoritária de iniciativas voltadas às famílias, com exceção ao atendimento individual dado por cada monitor/a a solicitações de pais/mães de reuniões para tratar do caso particular de seu filho ou filha. Esta mesma situação é constatada de forma clara nos resultados das pesquisas que dirigimos, tal como exposto no capítulo 2.

Com este conjunto de órgãos e atividades, pretendemos conseguir escolas que sejam comunidades de apoio em si mesmas, onde o alunado e o professorado as percebam como suas – vão mal as coisas quando esta

---

11. Já comentamos no ponto anterior que os resultados das pesquisas citadas deixam claro o desconhecimento majoritário do alunado do Ensino Médio sobre as normas ou Regulamento Interno de sua escola.

condição não é cumprida –, construindo um sistema de relações de apoio mútuo, respeito e afeto. Centros educacionais que sejam referências de convivência e de respeito na comunidade na qual estão inseridos. Para isto, é imprescindível que as escolas se abram não apenas às famílias, mas também às pessoas, instituições e associações da comunidade que possam colaborar com a complexa tarefa de educar. Conseguir uma rede de apoios, que em muitos casos podem oferecer recursos didáticos, é uma boa estratégia para assentar a escola na comunidade.

NO ÂMBITO DA CLASSE

O âmbito da classe é o espaço mais básico e operativo no qual atuam os diferentes elementos do currículo: a organização da classe, as metodologias didáticas, a seleção dos conteúdos, os materiais a serem utilizados e os critérios de avaliação. Em relação à organização da classe, âmbito central da pedagogia da convivência, continuam em plena vigência as técnicas "freinetianas" de organização da aula. A partir da centralidade da cooperação,[12] os princípios organizacionais da pedagogia de Freinet estão baseados na participação, autonomia, autogestão, no controle democrático e planejamento. Princípios que têm sua concretização através de propostas organizacionais como o plano de trabalho (Freinet, 1974a), a assembléia de classe (Freinet, 1974b e 1978), as fichas de auto-avaliação, a biblioteca de trabalho, a cooperativa (Freinet, 1974b e 1978) etc. De todas elas, há duas que recordamos como de grande eficácia em nossa prática profissional e sobre as quais escrevemos anteriormente (Jares, 1999a): o plano de trabalho e a assembléia de classe.

O "plano de trabalho" facilita a co-responsabilidade e o autocontrole no processo de aprendizagem de cada estudante. O objetivo concreto proposto é a participação do aluno/a no planejamento e avaliação de seu próprio ritmo de trabalho escolar, sabendo em cada momento em que ponto se encontra, o que foi feito e o que há por fazer. Além disso, o plano de trabalho, tal como o aplicávamos, tinha outra função muito importante: a cada quinze dias, as famílias sabiam o que seus filhos estavam fazendo, como o haviam feito e conheciam a própria auto-avaliação do estudante, tanto do ponto de vista acadêmico quanto em relação ao seu comportamento nas aulas.

---

12. Do ponto de vista da pedagogia da convivência é muito importante questionar o culto à competitividade que impregna todo o tecido social, como também as relações entre os membros da comunidade educativa.

Na assembléia é avaliado o conjunto de aspectos que incidem no andamento da classe em um período de tempo determinado (em minha experiência, a realizávamos a cada duas semanas). Um dos aspectos a serem avaliados pela assembléia é o "mural de propostas, críticas e felicitações", no qual alunos e professores podem escrever suas propostas, críticas e/ou felicitações sobre qualquer aspecto da vida em sala de aula. Na avaliação deste mural, era freqüente comparar o que lá estava exposto com o aprovado nas "normas de classe", aspecto essencial na construção da convivência democrática: há normas a cumprir, limites que não podem ser ultrapassados e normas definidas pelo coletivo, que podem vir a ser completadas, ampliadas, melhoradas etc.

Em relação às estratégias didáticas, propomos o uso de metodologias participativas que insistam na utilização de métodos dialógicos, experienciais e de pesquisa. Entre eles, há dois que utilizamos com grande êxito durante mais de duas décadas com alunos do Fundamental e do Médio, universitários e professorado: os estudos de caso e o jogo de troca de papéis. Técnicas que também já explicamos e exemplificamos anteriormente (Jares, 1999b e 2001b).

Os estudos de caso apresentam determinadas realidades, habitualmente conflituosas, para serem analisadas pelos estudantes. A estrutura é muito simples: consiste em descrever uma situação problemática de forma a possibilitar a análise e o intercâmbio de idéias. Com isto, pretendemos suscitar uma tomada de consciência frente a determinados valores em conflito e, ao mesmo tempo, exercitar-nos na análise da estrutura dos conflitos (Jares, 2001b: 46-57). Os casos que abordamos têm dois tipos de procedência: os que redigimos a partir de nossas próprias vivências e os que compilamos nos meios de comunicação, mais freqüentemente de jornais.

Os jogos de troca de papéis facilitam viver experimentalmente uma situação conflituosa através da representação livre e espontânea de um dado acontecimento. Cada jogador tem um papel a representar mas, diferentemente da dramatização, o roteiro não está escrito. Os participantes devem seguir os modelos do papel que lhe foi destinado a desempenhar, tentando imiscuir-se totalmente nele, porém, a partir de sua interpretação peculiar e capacidade de improvisação. Em uma vivência deste tipo entram em jogo o intelecto e os sentimentos, assim como a capacidade de saber se colocar no lugar do outro. Desta forma, dá-se a oportunidade à própria vivência e dinâmica do conflito e são facilitadas as possíveis opções de resolução.

A FORMAÇÃO DO PROFESSORADO

Sem dúvida, este é um tema central que deve exigir o máximo de esforço por parte das administrações educacionais, universidades e coletivos profissionais. Ao nos restringirmos ao nosso âmbito de trabalho, a pergunta chave é: como vem sendo realizada a formação do professorado em relação ao domínio de estratégias cooperativas, de resolução de conflitos, de intervenção nos casos de assédio escolar, de fomento da convivência? A resposta não é exatamente tranqüilizadora. Em relação aos contextos e aos processos de ensino, está evidenciada uma fragmentação na segmentação do saber e da experiência, o que leva ao ensimesmamento da "disciplinarização" do conhecimento, que provoca enfoques simplificadores da realidade e do analfabetismo multidisciplinar. Ademais, a aprendizagem sofre um forte processo de desnaturalização ao alijar-se dos contextos nos quais adquire sentido e compreensão. Ante professoras e professores fundamentalmente transmissores, temos estudantes receptores que desenvolvem sua inteligência-receptáculo, preocupados muito mais com a obtenção de um título ou com a informação que devem memorizar, do que com o desenvolvimento da capacidade crítica, reflexiva e a criação de sólidos sistemas conceituais, que seriam a base de um ensino para a compreensão.

Da mesma forma, vimos denunciando há anos a progressiva tentação de burocratização e desqualificação da função docente. Além do mais, continuamos a sustentar que transformar a função docente em um ato burocrático não é mais que outra forma de violência. Por isso, suscitamos continuamente este conflito em nossas atividades de formação do professorado, o conflito entre "educadores/as" e "professores/as", que não deixa de ser a atualização do velho conflito entre educar e instruir. Neste sentido, concordamos com Gimeno Sacristán quando assinala que

> deve ser recuperada a ética profissional dos enfoques, nas políticas e nos programas de formação do professorado, para ultrapassar a rotinização de uma prática burocratizada, superar os enfoques profissionalizantes unilateralmente intelectualistas e limitar as reivindicações puramente corporativistas. (1998: 55)

Em relação à formação do professorado em temas de conflito e convivência, mais que deficitária, continua sendo praticamente inexistente, tal como examinamos na pesquisa Conflito e convivência em centros educacionais do Ensino Médio, que dirigimos na Galícia (anos 1998-2001) e nas ilhas Canárias (anos 2002-03), e da qual falamos no capítulo 2. Efetivamente, os resultados sobre a avaliação que o professorado faz de sua formação inicial nas faculdades ou escolas de magistério no que diz respeito a conteúdos sobre conflitos, estratégias de resolução, melhoria da convivência etc., ainda que esperados, não deixam de ser impactantes: a maioria do professorado, exatamente 67,6%, responde que não recebeu nenhum tipo de formação sobre estas temáticas em sua etapa inicial de formação, e 20,8% dizem que receberam algum tipo de formação, mas que esta foi pouco satisfatória. Desta forma, conclui-se que 88,4% do professorado não receberam nenhum tipo de formação ou foi pouco satisfatória em seu período de formação inicial, em relação a temas de educação e conflito.

No que diz respeito à formação em exercício, observamos mudanças substanciais em relação à inicial. Um setor significativo do professorado distingue claramente a formação recebida na etapa inicial daquela em exercício profissional, no sentido de que, nesta, um maior número de professores/as a recebeu, como também a avalia mais positivamente. Ainda assim, 71,30% respondem que não receberam nenhum tipo de formação ou que foi pouco satisfatória.

Estes resultados explicam, como já assinalamos, a escassa bagagem metodológica que o professorado tem à mão para melhorar a convivência e enfrentar os conflitos de forma positiva. Relação que também é reforçada pelos resultados da variável "matéria". Efetivamente, os orientadores são os que assinalam ter recebido mais formação inicial do que em exercício,[13] sendo também os que respondem realizar o maior número de atividades pelas quais perguntamos. Também são os que concedem mais importância a este tipo de formação e os que mostram maior disposição para participar de programas de melhoria da convivência. Finalmente,

---

13. Neste âmbito ocorre uma inversão radical. De fato, os orientadores são o único coletivo dentro do professorado no qual são maioria os que respondem ter recebido maior formação inicial. Em segundo, o coletivo de professores de artes e expressão corporal, que mantém diferenças significativas dos outros dois grupos de docentes: ciências e humanidades. Em todo caso, somente 28,4% dos orientadores assinalam que tenha sido bastante ou muito satisfatória. Na formação em exercício, volta a ser o coletivo de orientadores o que recebe mais formação, ainda que descontente com sua qualidade.

esta maior formação recebida explica, em nossa opinião, sua percepção menos negativa do conflito, tal como assinalamos.[14]

A título de recomendação, os dados expostos mostram com clareza a necessidade de que tanto as universidades, em seus planos de formação inicial do professorado, quanto as administrações educacionais, em relação à formação em exercício, empreendam com urgência planos de formação que modifiquem esta situação. O que é especialmente necessário quando se reconhece o aumento da conflituosidade nas escolas. Em todo caso, como assinalamos, é insustentável que os centros competentes para a formação de profissionais não realizem nenhum tipo de capacitação neste sentido, ou que seja minoritário o número dos que a promovem. Estamos falando de profissionais que têm entre seus objetivos principais o ensino dos valores da convivência e a aprendizagem da resolução positiva dos conflitos, que terão incidência quase diária em seu fazer profissional e que o êxito de tal exercício profissional, em boa medida, estará condicionado pelas destrezas e habilidades nesta área.

A necessidade de empreender esta formação fica, ademais, provada através dos resultados da pesquisa, na qual a maioria do professorado confere enorme importância a este tipo de formação para o desempenho de sua função profissional. Concretamente, nada menos que 89% do professorado consideram este tipo de formação como muito ou bastante importante para a formação dos profissionais da educação. Portanto, advertimos para a falta de correspondência entre a transcendência que se outorga à formação em tais temas e a situação real dos docentes quanto aos conhecimentos que possuem a respeito.

Finalmente, em relação à disposição para participar de programas de melhoria da convivência e aprender a resolver conflitos de forma positiva, os resultados mostram a coincidência de alunos e professores quanto a ter uma atitude favorável. Expressaram-se desta forma 62,7% do professorado[15] e 70,3% do alunado, ou seja, coincidência de ambos os setores em mostrarem-se partidários de aprender a resolver conflitos, ainda que com uma ligeira diferença mais favorável ao alunado. Resultados praticamente idênticos foram obtidos nas Canárias. Portanto, são dados esperançosos para o conjunto da educação em geral e para a melhoria da convivência nas escolas, em particular.

---

14. Se bem que a grande maioria também tem uma percepção negativa, como o restante do professorado.
15. 25,6% respondem que não sabe e 8,2% dizem categoricamente que não.

Da mesma forma, fazemos referência à situação da formação em direitos humanos. Concretamente, a seção espanhola da Anistia Internacional editou um relatório sobre a formação nas escolas de magistério e faculdades de pedagogia ou ciências da educação em matéria de direitos humanos (Anistia Internacional, 2003), no qual conclui, de maneira taxativa, sobre a escassa presença e formação realizada nesta temática. O trabalho foi realizado com base em questionário aplicado a professores e alunos de faculdades de pedagogia ou ciências da educação e escolas universitárias de magistério, assim como sobre análise de planos de estudo. As conclusões mais destacadas são as seguintes:

› Escasso interesse do governo espanhol e das comunidades autônomas em promover a educação em direitos humanos, não instituindo nenhum dos objetivos da Década das Nações Unidas para a educação em direitos humanos. "Ou seja, não foi posto em prática nenhum comitê nacional ou autônomo, nenhum plano de ação nem qualquer estratégia" (p. 7). Comprovação e denúncia que avalizam o Informe recebido pelo Alto Comissariado para os Direitos Humanos das Nações Unidas, em novembro de 2001, ratificando que a Espanha não cumpriu as recomendações da ONU (p. 39).
› Os estudantes de magistério e de pedagogia desconhecem, majoritariamente, os principais textos relacionados aos direitos humanos. Conclusão semelhante à que chegamos nos últimos anos, através do questionário de conhecimentos prévios que passei aos meus estudantes da disciplina optativa Modelos de educação para a paz e o desenvolvimento. Igualmente, entre 72% e 78% não se sentem preparados para ensinar direitos humanos.
› Mais da metade do professorado não conhece o conteúdo das normas e orientações para a ação em direitos humanos. Ao mesmo tempo, o professorado reconhece a escassa preparação do alunado ao final de seus estudos sobre esta temática.
› Nas quarenta universidades analisadas, não foi encontrada nenhuma disciplina específica sobre direitos humanos.[16]

---

16. Aqui, devemos considerar os diferentes rótulos dos componentes da educação para a paz (Jares, 1999a). Ou seja, educar para a paz é educar para os direitos humanos, e vice-versa. Questão que parece não ter sido levada em conta.

Em suma, a pesquisa avaliza os trabalhos que temos realizado em relação à rara presença deste tipo de temática nos planos de estudo das titulações em educação (magistério, psicopedagogia, pedagogia e educação social). Situação que, sem dúvida, consideramos extensível ao conjunto da universidade. Entretanto, como assinalamos no capítulo anterior, a educação para a convivência deve realizar-se desde e para os direitos humanos. Todos e cada um dos direitos para todas e cada uma das pessoas (Jares, 1999b).

Devemos continuar insistindo também no maior compromisso social das universidades. A suas funções básicas – preparação para o exercício qualificado de uma profissão e estímulo à pesquisa –, propomos dois novos objetivos: a necessidade de tornar visível uma socialização dos/as universitários/as a partir de valores coerentes com uma cultura de paz e, em segundo lugar, a imersão da universidade nas realidades sociais mais desfavorecidas para tomar partido por seu progressivo desaparecimento. Como destacou o insigne filósofo Emilio Lledó, pretende-se que as universidades "sejam também escolas de moral, como disse Humboldt" (2002: 16). A partir desta análise, a projeção da universidade deve estar cada vez mais inserida no social, apostando em uma cultura de paz e na defesa e aprofundamento da democracia, a começar por suas próprias estruturas.

Além dos conteúdos da pedagogia da convivência que expusemos no segundo ponto do capítulo 1, apresentamos a seguir outros seis conteúdos-chave que, em nossa opinião, devem ser parte de todo processo de formação do professorado – processo que, necessariamente, deve ser teórico-prático e impulsionado a partir dos princípios que inspiram o enfrentamento não-violento dos conflitos.[17] Com esta proposta de conteúdo queremos abrir o debate tanto na universidade quanto no âmbito da formação em exercício sobre esta dimensão formativa do professorado. O ensino é uma atividade que exige pôr em prática destrezas e conhecimentos tão numerosos e variados que dificilmente podem tornar-se explícitos em sua maioria. Por isto e por acreditar no papel da crítica, a assumimos não apenas como ponto de partida, mas também como instrumento permanente da própria melhoria da proposta. Além da dificuldade e complexidade da proposta, seja pela temática em si seja pela quantidade e

---

17. Uma versão mais ampliada poder ser encontrada em Jares, 2004.

variedade de decisões a serem tomadas, devemos assumir uma inevitável percentagem de risco, como uma aposta pessoal. Mas, a educação leva consigo sempre uma margem de risco e, como já se disse, "é necessário aprender a navegar em um oceano de incertezas, em meio a arquipélagos de certezas" (Morin, 2003: 16).

A COMPREENSÃO POSITIVA E PROCESSUAL DO CONFLITO

Ainda que possa parecer paradoxal, o ponto de partida dos programas de formação para a convivência deve ser a realidade do conflito. O próprio currículo acadêmico deve ser implementado a partir desta noção. A perspectiva criativa do conflito nos leva a um aspecto geral da convivência, a forma de nos relacionarmos com o conflito; em outras palavras, não é possível separar a convivência do conflito, por isto, a estrutura deste tipo de programa educativo deve realizar-se desde e para a resolução dos conflitos, frente aos modelos que pretendem negá-los ou silenciá-los. Como já foi dito,

> quem ignora a complexidade e os conflitos da vida, e imagina-se em uma realidade totalmente idílica e de estilo descomprometido, expõe a si mesmo e aos demais a atropelos e ao engano, e termina por ser vítima ou cúmplice incauto dos que abusam de seu poder de forma imoral, porque não tem consciência de que estão abusando. (Magris, 2001: 120)

Neste sentido, não podemos deixar de discrepar de determinadas declarações de autoridades políticas, decretos de algumas comunidades autônomas, projetos de convivência etc. que, em sua declaração de intenções, falam de estimular este tipo de programa para "eliminar os conflitos das escolas".

Em segundo lugar, não apenas consideramos o conflito como natural e inevitável à existência humana, mas lhe conferimos uma característica realmente antagônica à concepção tradicional: sua necessidade. Com efeito, o conflito não só é uma realidade e um fato mais ou menos cotidiano na educação, como também necessário de ser enfrentado como um valor, "pois o conflito e as posições discrepantes podem e devem gerar debate e servir como base para a crítica pedagógica e, evidentemente, como uma esfera de luta ideológica e articulação de práticas sociais e educativas libertadoras" (Escudero, 1992: 27).

Do ponto de vista da teoria da não-violência, é enfatizada a idéia de que o conflito não tem de ser necessariamente negativo, nem comportar destruição ou ódio. Ao contrário, o elemento central na abordagem gandhiana do conflito reside no fato de ser considerado como "uma dádiva, uma grande oportunidade, potencialmente, um benefício para todos" (Galtung, 1987: 89). Logo, seja qual for o tipo de conflito, podemos dizer que, em geral, "é um fenômeno necessário para o crescimento e desenvolvimento tanto dos indivíduos quanto das sociedades globalmente reconhecidas" (Smith, 1979: 180).

Em relação ao caráter processual do conflito, queremos dizer que – como processo social que é – segue um determinado roteiro, com seus altos e baixos em intensidade, seus momentos de inflexão. Descrevendo-o graficamente, o conflito se parece mais a um eletrocardiograma em que um ponto ou uma linha chama a atenção, e a partir desta perspectiva processual há que ser estudado. Por isto, vimos utilizando a expressão conflitograma (Jares, 2001a, 2001b) para nos referirmos a esta concepção processual do conflito. Idéia que também é ressaltada por diversos autores, como Galtung, Lederach ou Ross. Este último o denomina "fenômeno evolutivo": "Não se pode dizer que o conflito seja um acontecimento de um único instante, mas sim deve ser considerado como um fenômeno evolutivo" (Ross, 1995: 101).

A ESPECIFICIDADE DE CADA SITUAÇÃO CONFLITUOSA

Em primeiro lugar, não é demais relembrar a complexidade do fenômeno educativo em geral e do fato conflituoso, em particular, o que nos impede de dar uma resposta contundente e taxativa a ser generalizada a todo tipo de situação. Neste sentido, contrariando diversas publicações enquadradas em esquemas tecnocráticos, consideramos necessário ter a suficiente cautela para não nos aferrarmos a estruturas pré-fixadas e inalteráveis, e reconhecer que as possibilidades de intervenção têm de estar enquadradas pela necessária combinação dos saberes e princípios genéricos com que contribuem as diversas disciplinas que se ocupam de estudar os conflitos e a especificidade de cada um.

Em segundo lugar, tal como assinalamos (Jares, 2001b: 125–26), a crescente demanda por formação em resolução de conflitos que vem ocorrendo nos últimos anos tem um aspecto positivo, mas também pode ocultar um duplo desvio que alguns estão fomentando. De um lado, crer que a resolução de conflitos seja apenas uma técnica que se pode aprender e aplicar em qualquer contexto ou situação; de outro, acreditar que é uma receita mágica que nos salvará de todo conflito ou, ao não evitá-lo, nos dará todas as chaves para poder resolvê-lo satisfatoriamente. Nestas situações, a demanda se apresenta mais em função de uma visão negativa – "o que fazer para que não haja conflitos" – ou por desinformação do tipo "aprenda a resolver conflitos em dez dias e para toda a vida", alimentada em parte por certa bibliografia. Pois bem, mesmo correndo o risco de decepcionar, é preciso dizer com clareza e terminantemente que a resolução de conflitos não é um processo que possa ser aplicado mimeticamente a cada situação conflituosa, tampouco nos garante êxito em todas as ocasiões. Não podemos nos esquivar do fato de que cada situação conflituosa tem suas peculiaridades e que a resolução positiva de conflitos não depende unicamente do conhecimento de determinadas técnicas ou processos. Entretanto, o que também está provado é que um maior conhecimento e treinamento nas técnicas alternativas de resolução de conflitos nos dá maiores probabilidades de compreendê-los e, a cada caso, resolvê-los.

DISTINÇÃO ENTRE AGRESSIVIDADE E VIOLÊNCIA

Devemos ressaltar a identificação que habitualmente ocorre entre conflito e violência, relacionada com a confusão entre agressividade e violência. Em muitas ocasiões, encontramos pessoas que defendiam a violência como um instinto ou pulsão humana quando, na realidade, o que estavam afirmando é a agressividade. Esta polêmica está relacionada à suposta natureza violenta do ser humano, crença que tem longa tradição mas que não resiste a uma análise científica. Em seu enunciado, inclusive, já se encontram mescladas duas questões claramente diferentes: de um lado, decidir se somos seres agressivos e/ou violentos, e, em segundo lugar, se efetivamente o somos, ao que se deve. Para abordar esta questão, considero que o primeiro ponto a ser esclarecido é a confusão que assinalamos entre o que é violência e o que é agressividade, conceitos que para nós têm significados muito diferentes.

Esta confusão implica outra, entre violência e conflito. Entretanto, nos últimos anos podemos dizer que, em geral, existe consenso nesta distinção: uma coisa é a agressão ou diferentes formas de violência e outra diversa, é a agressividade ou combatividade. A agressividade é parte da conduta humana, não negativa em si mesma, porém positiva e necessária como força para a auto-afirmação física e psíquica do indivíduo, e especialmente determinada pelos processos culturais de socialização. Associamos agressividade à combatividade, à capacidade de afirmação e, portanto, como algo necessário e positivo à sobrevivência e ao desenvolvimento do indivíduo. Como destaca Silvia Bonino, a agressividade

> desempenha fundamentalmente duas funções complementares: de um lado constitui uma força ativa para o próprio desenvolvimento e para a afirmação de si mesmo, por outro é um instrumento para defender a própria identidade de tudo aquilo que a ameaça. (1987: 7)

A ACEITAÇÃO DA DIVERSIDADE

A diversidade é parte da vida e pode ser um fator de conflituosidade: "Conviver em um ecossistema humano implica disposição sensível para reconhecer a diferença, assumindo com ternura as ocasiões que o conflito nos brinda para alimentar o mútuo crescimento" (Restrepo, 1999: 142). É evidente que um dos grandes conflitos que se apresenta na atualidade é precisamente a relação igualdade-diferença. A partir dos pressupostos de uma educação democrática e comprometida com os valores da justiça, da paz e dos direitos humanos, temos de enfrentar esta diversidade reclamando os apoios que sejam necessários, mas de modo algum favorecendo políticas de segregação no interior das próprias escolas.

Da mesma forma, um programa de formação do professorado desde e para a convivência democrática não pode relegar a análise dos valores dominantes na sociedade e sua incidência na convivência. Neste sentido, os programas de formação do professorado não podem esquecer o momento histórico que vivemos, no qual o neoliberalismo é a ideologia dominante. Ideologia que, como já enfatizamos (Jares, 2005), apóia-se na excelência do mercado, no culto ao dinheiro e ao lucro monetário como valor supremo, na competitividade, na "eficácia", na produtividade, no triunfo a qualquer preço, no consumismo, no individualismo etc. Valores que são contraditórios aos da convivência democrática, pacífica e solidária.

Igualmente, a ideologia neoliberal situa os comportamentos e aprendizagens sociais mais no plano individual que no sociológico, tal como tradicionalmente se fez e continua fazendo. A proposta neoliberal opta precisamente pela explicação através do psicologismo, porque desta forma localiza no indivíduo as responsabilidades por sua situação. Assim, se uma pessoa não tem trabalho é porque não quer trabalhar ou não se preparou o suficiente; se fracassa na escola é porque não estudou o suficiente, porque não quer estudar ou nasceu com uma capacidade intelectual insuficiente; se apresenta "condutas" indisciplinadas ou violentas é porque tem algum tipo de disfunção ou responde assim a determinadas situações pessoais ou familiares etc. Frente a esta visão, sem esquecer o componente pessoal, propomos analisar estas possíveis situações considerando os contextos familiar, social e cultural nos quais são geradas. Não pretendemos nos esquivar das responsabilidades e escolhas pessoais na vida; o que propomos é analisá-las a partir do contexto no qual se produzem para ter uma explicação mais completa de suas causas e, com isto, termos maiores possibilidades de acertar nas soluções. Analisar os comportamentos individuais alijando-os de suas circunstâncias familiares e sociais, além de nos induzir a uma alta probabilidade de erro em seu diagnóstico, também supõe muitas vezes uma forma de violência. O professor ou professora que afirma, por exemplo em um conselho de avaliação, não se interessar ou não ter tempo de ouvir sobre a situação familiar e pessoal de um estudante que pretende justificar um colega, porque a ele/ela compete apenas examinar os resultados acadêmicos, está simplificando a situação com grandes doses de erro, distorcendo o problema, além de não estar exercendo seu papel como orientador ou educador/a. É uma das situações que revelam como o sistema educacional reforça ocasionalmente as injustiças com as quais chega à escola um setor nada desprezível de estudantes.

CAPACITAÇÃO EM ESTRATÉGIAS DE CRIAÇÃO DE GRUPO

Nos últimos anos vimos insistindo na necessidade da criação de grupo. Na formação do professorado, seja qual for seu nível educacional ou matéria que vá ministrar, é imprescindível estruturar uma estratégia voltada a gerar na classe e na escola um clima de segurança, de confiança, de apoio mútuo etc. Para isto, o professorado deve ser capacitado nas estratégias e recursos que facilitam a criação de grupo (Jares, 1999a, 1999b, 2001a, 2001b). E isto não apenas por motivos éticos ou morais, que são e em si mesmos constituem razões mais que suficientes, mas também porque o trabalho didático nestas situações é mais agradável para todos/as e, finalmente, costumam produzir melhores resultados acadêmicos.

A DEFESA DA EDUCAÇÃO COMO UM DIREITO

Não podemos perder de vista o projeto de globalização neoliberal que questiona a educação como um direito. Para esta ideologia, a educação passa a ser uma mercadoria a mais no mercado e deve estar sujeita às suas leis. A tentativa de transformar a educação como direito e passar a considerá-la como mercadoria tem duas âncoras fundamentais: de um lado, os fortes interesses econômicos de empresas, instituições religiosas etc. ligadas ao campo educacional e, de outro, os interesses ideológicos, sob o amparo da liberdade de escolha de escola e de educação mais idônea para as famílias. Pois bem, os direitos – neste caso, o direito à educação – não podem ser submetidos aos vaivéns do mercado, nem podem ser convertidos em um bem de consumo que esteja à disposição daqueles que queiram consumi-lo e tenham possibilidades econômicas de fazê-lo. Assim, a natureza dos direitos é incompatível com a natureza do mercado. Os direitos fundamentais devem ser garantidos a todas as pessoas, independente de seu extrato social. Como já se afirmou em múltiplas ocasiões, direitos não se compram nem se vendem.

4 A MEDIAÇÃO NAS ESCOLAS

Como assinalamos,

> a mediação é um procedimento de resolução de conflitos que consiste na intervenção de uma terceira parte, alheia ao conflito e imparcial, aceita pelos litigantes e sem poder de decisão sobre eles, com o objetivo de facilitar que as partes cheguem por si mesmas a um acordo por meio do diálogo. É importante ressaltar que no processo de mediação a relação passa de binária, entre as duas partes, a ternária, com a presença do mediador/a. Diferentemente da arbitragem, o mediador/a não tem poder para impor uma solução, pois são os litigantes que preservam o controle tanto do processo quanto do resultado. Esta característica é a que confere precisamente o caráter educativo, já que as partes mantêm sua capacidade de atuação e aprendizagem para chegar a um acordo. Por isto, também dizemos que é um processo ativo, não só para o mediador/a, mas também para os protagonistas do conflito. (Jares, 2001b: 159-60)

Logo, a pessoa ou as pessoas que desempenham o papel de mediador/a são, fundamentalmente, facilitadoras do diálogo e da negociação entre as partes em conflito. O que recomenda, ao menos inicialmente, que não sugiram alternativas antes que as partes tenham refletido sobre as causas do conflito e suas possíveis formas de resolução. Porém, em determinados momentos e conflitos podem surgir propostas tanto no que diz respeito ao procedimento quanto ao conteúdo, assim como sobre as possíveis conseqüências de um acordo. Ou, no viés contrário, as possíveis conseqüências da falta de um acordo. Por isto, dado que nem as situações, contextos, disputas e seus significados, processos, protagonistas do conflito etc. são idênticos, *é difícil sustentar um único perfil de mediação válido para sempre e para todo conflito.*

Tampouco podemos deixar de falar sobre o uso e a freqüência da mediação como instrumento de avaliação do papel do conflito nas organizações e seu desenvolvimento democrático. Efetivamente, um indicador de sociedades e organizações mais abertas, cooperativas e democráticas é a maior ou menor capacidade e disponibilidade de terceiras partes para intervir na resolução dos conflitos. Na medida em que uma comunidade educativa tenha diferentes pessoas capacitadas para mediar em e entre os diversos setores educacionais, não cabe dúvida de que se configura como uma comunidade mais articulada e com maiores recursos para resolver possíveis conflitos.

Entretanto, não iremos desenvolver neste capítulo o conceito e o processo da mediação como já o fizemos em outras oportunidades (Jares, 2001a e 2001b), centrando-nos em apresentar a experiência, os materiais e resultados de quatro anos de aplicação da mediação em uma escola de Ensino Médio. Assim, apresentamos em primeiro lugar os resultados da pesquisa Conflito e convivência nos centros educacionais de Ensino Médio, que analisamos no capítulo 2, compilando a opinião do professorado e do alunado do Ensino Médio sobre a prática da mediação em suas escolas. Em outras palavras, queremos transmitir dados e experiências em torno da mediação, pretendendo facilitar a divulgação deste processo de resolução de conflitos nas escolas.

A mediação pode ser aplicada, e de fato já está sendo, nos diferentes âmbitos sociais e educativos. Assim, no âmbito social é de se destacar a forte ascensão de diferentes tipos de mediadores que observamos nos últimos anos: matrimoniais, multiculturais, familiares, laborais. Em nosso caso, como frisamos, iremos nos referir à aplicação da mediação no âmbito da educação formal, tanto no que concerne à resolução de conflitos entre alunos quanto na gestão da escola. Em ambos os casos, a experiência nos mostra que a mediação chega a ser efetiva nos centros educacionais à medida que as seguintes condições sejam cumpridas:

- Apoio e envolvimento da equipe diretiva que, entre outras tarefas, dissemina a informação sobre o andamento do serviço de mediação à toda a comunidade educativa.
- Apoio e envolvimento de um setor significativo do professorado.
- Formação prévia para as pessoas que irão atuar como mediadores ou mediadoras.
- Espaços e previsão de períodos para a realização da mediação.
- Continuidade e coordenação da equipe de mediação.
- Informação sobre a mediação e divulgação da equipe em toda a escola. Para isso, devem ser utilizados os diversos meios de comunicação e mantê-los atualizados. Por isto, aproveitamos espaços de difusão da informação na escola (como o mural de avisos etc.); folhetos e adesivos; informação permanente nas monitorias para os estudantes; circulares e reuniões com os pais e mães etc.
- Fichas de registro das mediações e outros documentos (fichas de solicitação de mediações, atas das reuniões de coordenação etc.).

OPINIÃO DO PROFESSORADO SOBRE A PRÁTICA DA MEDIAÇÃO NO ÂMBITO EDUCACIONAL

Nas pesquisas abordadas no capítulo 2, analisamos a percepção do professorado e do alunado sobre três aspectos da prática da mediação[1] como estratégia de resolução de conflitos. O primeiro relaciona-se às perguntas que pretendem analisar a percepção do professorado sobre a freqüência da mediação nos diversos setores da escola, tanto da comunidade educativa quanto de agentes educativos externos ao centro educacional. Entre estes últimos podemos citar a Inspeção e outros setores como os centros de formação do professorado, equipes pedagógicas específicas etc. Concretamente, perguntamos sobre:

- A mediação por parte da direção ou de outro membro da equipe diretiva
- A mediação por parte do professorado

1. Cabe destacar que, na formulação da pergunta, indicamos com exatidão a definição de mediação, no sentido de evitar o máximo de equívocos a respeito.

- A mediação por parte do alunado
- A mediação por parte de mães/pais
- A mediação por parte do departamento de orientação[2]
- A mediação por parte da Inspeção
- A mediação por parte de outros serviços externos à escola

Em segundo lugar, perguntamos sobre o uso da mediação por parte do entrevistado entre os seguintes setores:

- Como mediador/a em conflitos entre o alunado
- Como mediador/a em conflitos entre o alunado e o professorado
- Como mediador/a em conflitos entre o professorado
- Como mediador/a em conflitos entre o professorado e mães/pais de alunos

Em terceiro lugar, indagamos sobre a avaliação que fazem acerca de sua incidência para o bom funcionamento da escola.

Em relação à primeira parte – freqüência da mediação que observam em sua escola –, apresentamos no quadro a seguir os resultados por tendência, sabendo que as alternativas "bastantes" ou "muitas vezes", representam a tendência positiva, e as opções "algumas vezes" ou "nunca", denotam a tendência negativa.

2. O Departamento de Orientação é composto por professores do corpo docente da Educação Secundária Obrigatória (ESO, equivalente ao Ensino Médio brasileiro), dentre os quais um de especialidade em psicologia e pedagogia, bem como professores técnicos de formação profissional. Este departamento tem a função de formular propostas à equipe diretiva e ao Conselho de Professores relativas à elaboração ou modificação do projeto educacional da escola e à programação geral anual, além de elaborar, de acordo com as diretrizes estabelecidas pela comissão de coordenação pedagógica e em colaboração com os tutores, as propostas de organização da orientação educacional, psicopedagógica, profissional e do plano de ação tutorial, e levá-las à comissão de coordenação pedagógica para sua discussão e posterior inclusão nos projetos curriculares, entre outras atribuições. [N. da T.]

	TENDÊNCIA POSITIVA (%)	TENDÊNCIA NEGATIVA (%)
1. A mediação por parte da direção ou de outro membro da equipe diretiva	71,9	21,8
2. A mediação por parte do professorado	61,4	30,5
3. A mediação por parte do alunado	18,8	68,0
4. A mediação por parte de mães/pais	18,3	67,3
5. A mediação por parte do departamento de orientação	47,2	39,0
6. A mediação por parte da Inspeção	4,2[3]	76,7
7. A mediação por parte de outros serviços externos à escola	3,0	75,7

Destes resultados, deduzimos o seguinte:
1. Uma considerável maioria do professorado, 71,9%, considera que a mediação é utilizada habitualmente pela direção, agente educacional da escola que mais a emprega.
2. Em segundo lugar, a freqüência habitual no uso da mediação também é conferida à maioria do professorado, e assim pensam 61,4% dos entrevistados/as. No entanto, este dado contrasta com os itens que se referem à atuação da pessoa que responde no papel de mediador ou mediadora. Isto é, quando a pergunta se refere à freqüência do uso da mediação, o índice baixa sensivelmente. De fato, em todos os itens assinalados é maior a tendência negativa que a positiva.
3. Em terceiro lugar, 47,2% dos entrevistados/as consideram que o departamento de orientação atua com bastante freqüência, ainda que já apareçam 39% situados na tendência contrária.

3. Apesar de ser uma de suas funções, a maioria do professorado não percebe os inspetores como mediadores.

4 Em contrapartida, com relação ao alunado, a maioria dos professores não considera que a mediação seja uma estratégia que utilizem habitualmente. Isto é confirmado por 68% dos entrevistados/as, enquanto, ao contrário, 18,8% tenham visto os alunos atuarem em "bastantes" ou "muitas" ocasiões como mediadores/as.

5 No que diz respeito ao uso da mediação por parte de mães/pais de alunos, praticamente repetem-se os mesmos resultados do item anterior. 67,3% na tendência negativa, frente a 18,3% na positiva. Portanto, tampouco é uma estratégia que seja muito utilizada habitualmente por mães e pais, na opinião do professorado. Situação que pode ser motivada pelo desconhecimento da mediação por parte de mães e pais, como pela escassa participação destes na melhoria da convivência, tal como aparece em outra pergunta. Logicamente, como se reflete nesta última, se 72,6% de mães/pais não participam ou participa apenas uma minoria, dificilmente existirão possibilidades para utilizar a mediação.

6 Ainda em menor freqüência aparece o uso da mediação tanto por parte da Inspeção, mesmo que curiosamente seja uma de suas funções, quanto de outros serviços de apoio externo às escolas. Em relação à Inspeção, os resultados obtidos assinalam que o professorado do Ensino Médio não a caracteriza como instância mediadora. Nada menos que 51% respondem "nunca", seguidos de 25,7%, que respondem "alguma vez", o que nos dá uma tendência negativa de 76,7%. Percentagem maior que a obtida na tendência negativa nesta pergunta. Somente 4,2% pensam que a mediação vem sendo levada à prática pela Inspeção em bastantes ou muitas ocasiões. Sem dúvida, são dados que nos apresentam uma perspectiva do papel nulo ou escasso da Inspeção em relação à mediação nas escolas, apesar de esta figurar como uma das funções deste corpo profissional.

Na segunda parte, perguntamos aos entrevistados se atuaram como mediadores/as e entre quem realizaram tal mediação. No quadro, apresentamos os resultados por tendências.

	TENDÊNCIA POSITIVA (%)	TENDÊNCIA NEGATIVA (%)
1. Atuação do entrevistado como mediador/a em conflitos entre o alunado	33,9	60,7
2. Atuação do entrevistado como mediador/a em conflitos entre alunado e professorado	22,3	71,6
3. Atuação do entrevistado como mediador/a em conflitos entre o professorado	6,8	84,4
4. Atuação do entrevistado como mediador/a em conflitos entre professorado e mães/pais de alunos	10,5	81,9

O dado a ressaltar é que em todos os tipos de mediação, segundo os protagonistas dos conflitos que lhes apontamos, é maior a tendência negativa que a positiva, o que sem dúvida choca-se com o dado anterior sobre a percepção do professorado como mediador (que alcançou 61,4%). Ou seja, o professorado tem uma percepção de si mesmo em relação à atuação como mediador muito mais alta que aquela realmente constatada quando lhe é perguntado sobre a prática da mediação. Em todo caso, em relação aos resultados deste quadro, cabe salientar as seguintes diferenças significativas:

> O professorado reconhece atuar mais como mediador em conflitos entre o alunado, que em conflitos entre alunos e professores e, inclusive, entre eles próprios.
> Em medida bastante menor, reconhece atuar em conflitos entre professorado e mães/pais, e especialmente entre os docentes. Este último dado pode encontrar explicação no fato de que são em menor número, e portanto atuam menos como mediadores/as, ou ainda que seja outro dado a refletir a cultura do "celularismo" escolar e articulação débil.

Em relação à terceira parte, avaliação da mediação, a grande maioria do professorado tem uma apreciação positiva da mediação e sua relação com o bom funcionamento da escola.[4] Concretamente, 91,4% do professorado consideram a mediação como algo muito ou bastante importante para o bom funcionamento da escola, enquanto somente 4,3% pensam que seja algo pouco ou nada importante. Ou seja, uma esmagadora avaliação positiva da importância da mediação, mas que, como vimos, não encontra correspondência no uso generalizado nos diferentes âmbitos e setores da comunidade educativa, nem sequer quando se refere ao professorado, que se atribui um uso majoritário como mediador.

Por conseguinte, repete-se aqui o mesmo processo que detectamos em outras categorias: de um lado, tem-se uma percepção alta de seu uso e uma boa avaliação, mas ao contrário, ao questionar sua prática concreta, o próprio professorado reconhece como baixos ou muito baixos os níveis de sua aplicação.

OPINIÃO DO ALUNADO SOBRE A APLICAÇÃO DA MEDIAÇÃO NO ÂMBITO EDUCACIONAL

Examinamos a percepção que os estudantes têm acerca do uso da mediação como estratégia de resolução de conflitos em suas escolas. Para isto, perguntamos sobre seu uso nos diferentes setores da comunidade educativa: a direção, o professorado, o alunado, mãe ou pai e orientador/a.

Os resultados são:
> 70,1% dos estudantes acreditam que nunca ou apenas em algumas ocasiões viram a direção atuar como mediadora. Assim, podemos dizer que, da perspectiva dos alunos, o uso da mediação por parte da direção ou não é percebida ou se o é, ocorreu em poucas ocasiões. Somente 24,7% viveram situações nas quais observaram a direção da escola como mediadora "bastantes" ou "muitas vezes". Isto é, apenas um em cada quatro estudantes reconhece na direção o papel de mediadora.
> Em comparação à direção, as respostas dos estudantes diferem sensivelmente em suas percepções sobre a atuação do professorado como

---

4. As pontuações obtidas são praticamente idênticas entre o professorado da rede pública e o da rede privada conveniada. Tampouco aparecem diferenças entre professores e professoras.

mediador. Aqui, a maior percentagem já não é "nunca", que passa a ocupar o quarto lugar – justamente o contrário da anterior – e as percentagens "bastantes" e "muitas" vezes sobem a 50,2%, o que representa mais que o dobro em relação à direção. Em boa medida, é lógico que assim seja por duas razões essenciais. Em primeiro lugar, os alunos estão mais em contato com os professores que com a direção e, em segundo lugar, estatisticamente, é maior o número de professores/as do que o do professor ou professora que ocupa o cargo da direção. De toda forma, aparece uma percentagem muito alta, nada menos que 45,7%, que nunca ou apenas algumas vezes viu o professorado atuar como mediador. O que significa que para quase metade dos estudantes, esta estratégia nunca é usada, ou apenas esporadicamente, pelos docentes.

- 32% dos estudantes crêem ter visto alguma vez um colega atuar como mediador, e 23,5%, nunca. O que nos aponta uma tendência negativa de 55,5%. A tendência contrária, "bastantes" ou "muitas" vezes, é afirmada por 38,9%. Por conseguinte, baixam significativamente as percentagens de uso dessa estratégia em relação ao professorado, ainda que sejam ligeiramente superiores em relação à direção. De acordo com estes resultados, podemos dizer que é uma prática com relativa freqüência nas relações entre estudantes e entendemos referir-se especialmente a mediações informais entre iguais.
- Pouco mais da metade dos entrevistados responde que nunca viu uma mãe ou um pai atuar como mediadora ou mediador em um conflito na escola. Em segundo lugar, 26,3% viram alguma vez, o que, somado ao anterior, nos aponta uma tendência negativa de 76,1%. Apenas 16,4% respondem que presenciaram esta situação bastante ou muitas vezes. Destaque-se que 6,7% não responderam a esta pergunta.
- Em relação ao papel do orientador ou da orientadora como mediador ou mediadora, observamos percentagens similares à anterior. Mais da metade responde que nunca viu o orientador/a atuar como mediador/a, à qual devem ser agregados os 25,2% que respondem "algumas" vezes, o que nos aponta uma tendência de 75,7%. Apenas 16,5% afirmam que viram o orientador/a atuar como mediador/a bastantes ou muitas vezes. Portanto, seja por não ter acesso a este tipo de situação, seja por não atuar realmente como mediadores/as, os estudantes não vêem os orientadores/as neste papel.

COMPARATIVO PROFESSORADO-ALUNADO NO USO DA MEDIAÇÃO

Esta categoria corresponde à pergunta n° 5 do alunado e aos cinco primeiros itens da pergunta n° 10 do professorado. Os resultados por tendência são os seguintes:

VISÃO DO USO DA MEDIAÇÃO	TENDÊNCIA POSITIVA		TENDÊNCIA NEGATIVA	
	Professorado (%)	Alunado (%)	Professorado (%)	Alunado (%)
1. Mediação por parte da direção ou de outro membro da equipe diretiva	71,9	24,7	21,8	70,1
2. Mediação por parte do professorado	61,4	50,2	30,5	45,7
3. Mediação por parte do alunado	18,8	38,9	68,0	55,5
4. Mediação por parte de mães/pais	18,3	16,4	67,3	76,1
5. Mediação por parte do departamento de orientação	47,2	16,5	39,0	75,7

Observamos que novamente aparece maior número de estudantes com uma visão menos otimista na freqüência desta estratégia de resolução de conflitos, exceto no uso da mediação pelo próprio alunado. Efetivamente, em todas as possibilidades perguntadas obtêm uma pontuação mais baixa que o professorado na tendência positiva, exceto no caso em que eles atuam como mediadores (item 3). Igualmente, destacamos que há coincidência em três tendências, enquanto esta não se apresenta nas outras. Concretamente, há diferenças entre professorado e alunado na mediação por parte da direção e na mediação por parte do departamento de orientação. Em ambos os casos, a maioria do professorado situa-se na tendência positiva, enquanto o alunado está na negativa.

Além destas diferenças, devemos destacar que, exceto na mediação por parte de mães/pais, encontramos diferenças significativas em todas as outras, sendo muito altas no papel da direção como mediadora – nada menos que 47,2 pontos percentuais de diferença – e na mediação por parte do departamento de orientação, 30,7 pontos percentuais. Conseqüentemente, podemos dizer que há visões claramente contraditórias nestes agentes mediadores. O professorado confere alta freqüência ao uso da mediação a si mesmo e a seus próprios colegas em determinados cargos, caso da direção e do departamento de orientação.

Também é importante, mas em sentido contrário, a diferença na percepção da mediação por parte dos alunos: vinte pontos percentuais a maior. Assim, o alunado crê que atua em mais ocasiões como mediador do que pensa o professorado. Provavelmente, esta diferença se explique porque podem atuar em conflitos entre o alunado que o professorado não presencia. Tampouco podemos descartar uma percentagem de casos nos quais o alunado considera que esteja atuando como mediador, quando, na realidade, o professorado considera que não é exatamente isso o que tenham feito.

A EXPERIÊNCIA DA MEDIAÇÃO NO IES[5] DE TEIS DE VIGO

O CONTEXTO DA EXPERIÊNCIA

As primeiras experiências de formação de mediadores entre estudantes do Ensino Médio, assim como as primeiras experiências de mediação nesse nível educacional tiveram lugar na Galícia, na cidade de Vigo, em 2001 (ano letivo 2001–2002).[6] Este processo foi desenvolvido dentro do

---

5. Os Institutos de Educação Secundária, dependentes do Ministério de Educação, Política Social e Esportes, são centros docentes públicos que podem ministrar o ensino de Educação Secundária Obrigatória (ESO), *Bachillerato*, formação profissional e programas específicos de garantia social, segundo o Regulamento Orgânico dos Institutos de Educação Secundária da Espanha. [N. da T.]

6. Aqui convém ressaltar as declarações do ex-secretário de Educação da Junta de Galícia, Celso Currás, que não havendo promovido nenhum plano institucional de convivência durante seu mandato em várias legislaturas, em maio de 2005, tentou fazer uma réplica do Programa de Vigo dizendo que pela primeira vez na Galícia se iriam formar estudantes do Ensino Médio como mediadores – era o final de seu mandato. Informação que foi retrucada imediatamente por várias escolas nas quais foi aplicado o Programa municipal. No diário *A Voz da Galícia*, de 28/05/05, há o seguinte parágrafo: "No começo desta semana, a Secretaria de Educação anunciou o início de um programa piloto em vários centros educacionais da comunidade →

programa educacional Aprender a conviver, que estruturamos e demos início no ano anterior, com o apoio institucional e econômico do Conselho de Educação e Mulher, da Prefeitura de Vigo, dirigido por Ana Gandón Menduiña (ver Jares, 2001a).

Um dos objetivos do programa consistiu na formação de uma rede de mediadores/as para a resolução dos conflitos entre os próprios estudantes do Ensino Médio pertencentes às escolas deste nível educacional e inscritos no programa. Concretamente, foram realizados cursos de formação em quatro escolas, três do Ensino Médio (IES de Beade, IES Politécnico número 1, IES de Teis) e no Centro Hogar e Clínica San Rafael.

O IES de Teis, escola à qual nos referimos nesta experiência, possuía à época novecentos alunos e alunas, dos quais duzentos na ESO (Educação Secundária Obrigatória). O corpo docente era composto por 101 professores. Além da ESO, conta com os *bachilleratos* de ciências, tecnológico e humanidades, Ciclos formativos de grau médio e superior, e outros estudos voltados a pessoas adultas. Está encravado em um bairro operário de Vigo.

A FORMAÇÃO

O processo de formação dos estudantes como mediadores tem três aspectos fundamentais. Em primeiro lugar, o curso de formação de mediadores, em segundo, o trabalho realizado pelos orientadores nas classes sob a coordenação do departamento de orientação e, em terceiro, as sessões de coordenação, ao final do curso inicial de formação.

No dias 1º, 5, 8, 11 e 15 de outubro de 2001 ocorreu neste instituto o primeiro curso de formação de mediadores e mediadoras para estudantes do Ensino Médio da Galícia, ministrado pelo autor deste

→ autônoma, no qual se incluía a figura do aluno mediador como fórmula para reduzir o alarmante aumento da conflituosidade nas classes. O programa chama-se Solucionando juntos. A medida não é nova, ao menos em Vigo, já que a Secretaria de Educação, dirigida durante anos pela nacionalista Ana Gandón, pôs em prática um programa denominado Aprender a conviver no qual, entre muitas outras medidas, foi introduzida a figura do aluno como mediador de conflitos que ocorriam na comunidade educativa. A filosofia daquele programa emanava do livro homônimo do professor universitário Xesús Jares, fundador do coletivo Educadores pela Paz da Nova Escola Galega.

livro. Os primeiros dezoito estudantes formados como mediadores e mediadoras pertencentes aos 2º e 3º anos da ESO foram: Estefanía Alfaya Fernández, Vicente Álvarez Pérez, Yarisleidy Arteaga Martínez, Miguel Lombardía Rocha, Aarón López Ochsner, Sheila López Varela, Carlos Rivas Rocha, Cristián Riveiro Valencia, Noelia Barreira Fernández, José Carlos Castro Fernández, Lara Paredes Álvarez, Hugo Peres Covelo, Yago Rodríguez Lago, María Alonso Álvarez, Daniel Giráldez Antón, Oscar Martínez Giráldez, Laura Rodríguez Docamiño y Antón Martínez Ramos.

A duração deste curso inicial foi de dez horas, em cinco encontros, realizado em horário letivo e com prévia comunicação e autorização das famílias dos estudantes. Alguns dos três outros cursos do programa realizados em outras escolas de Vigo,[7] ocorreram fora do horário escolar e os resultados já não se apresentaram tão positivos, porque a presença dos alunos foi mais irregular.

Os conteúdos dos cursos foram os mesmos em todas as escolas, independente da pessoa que os tenha ministrado. Eis o programa:

1. Criação de grupo. Jogos e dinâmicas.
2. Estrutura do conflito. Análise de casos e textos literários.
3. Distinção entre falso conflito e conflito genuíno ou real.
4. Diferença entre conflito e violência.
5. Percepção e conflito. Reconhecer os problemas de percepção, preconceitos etc. que podem ocorrer na compreensão de um conflito.
6. Causas mais habituais e tipos de conflito.
7. Processo de intervenção na resolução de conflitos.
8. A mediação: conceito e processo de intervenção. Jogos de troca de papéis.
9. Possíveis obstáculos no processo de mediação.
10. Registros dos processos de mediação. Fichas.
11. A ética do mediador/a.
12. A mediação e a melhoria da convivência na escola.

---

[7]. Neste caso, ministrados por Mónica Meana, psicopedagoga, que fez parte da equipe do programa.

Os materiais entregues a cada estudante foram os seguintes:

- Manifesto 2000 por uma Cultura de Paz e Não-violência (UNESCO)
- Ficha com o processo de mediação
- Ficha de solicitação de mediação
- Ficha de registro de mediação
- Ficha de registro de acordo
- Ficha com os principais obstáculos no processo de mediação
- Folhetos e adesivos do programa educativo municipal Aprender a conviver

Tanto pelos comentários quanto pelos resultados do questionário de avaliação do curso, os estudantes avaliaram muito positivamente as temáticas abordadas, a "forma de dar as aulas", "o bem-estar que sentimos"... Além de alguns deles registrarem que estavam melhores no curso que nas aulas, os dois aspectos mais bem avaliados foram os jogos de trocas de papéis e o próprio fato de aprender a resolver os conflitos a partir de outra perspectiva. Um dado muito significativo é que alguns perguntaram se seria necessário estudar para ser mediador profissional. O que menos gostaram foi o término do curso, além de alguns também terem se queixado de ficar sem lanche nos dias de curso, por não haver tempo para o recreio.

A maioria dos estudantes, dez do total de dezoito, comentou alguma vez em casa o que faziam no curso, sete o faziam quase sempre ou sempre, e somente um nunca comentou nada. Em relação a terem recebido algum tipo de comentário por participar do curso, dez responderam que não e oito, que sim. Destes oito, os comentários recebidos podem ser classificados em três categorias:

A) **COMENTÁRIOS DE MÃES/PAIS:**
"Ao comentar, me disseram que estavam orgulhosos."
"Minha mãe me disse: – Muito bom. Fazer coisas assim é bom para você."
"Meu pai disse que os jogos de troca de papéis são muito perigosos, e que já se matou por isso."

B) **COMENTÁRIOS DOS/AS COLEGAS**
"Disseram que iam nos pegar porque éramos dedos-duros."
"Que era uma besteira, e se pensava que alguém iria me acudir, estava frito."
Comentários de pessoas de outros cursos (sem especificação)

C) **COMENTÁRIOS SEM CLASSIFICAÇÃO:**
"Isso é muito interessante."
"Que nada! Ser mediadora é uma estupidez, não sei para quê você vai!"

IDÉIAS PRÉVIAS DOS MEDIADORES E MEDIADORAS
No primeiro dia do curso aplicamos um pequeno questionário de elaboração própria para explorar os conhecimentos e atitudes prévios dos estudantes. Conhecer tais idéias e atitudes preliminares parece-nos fundamental para desenvolver uma intervenção mais eficaz no alinhamento do nível de conhecimentos do grupo. Expomos a seguir uma síntese de alguns resultados das duas primeiras turmas[8] às quais ministrei o curso de formação.

1. Confusão generalizada entre conflito e respostas violentas a um conflito
Associação clara de conflito com violência, tal como acontece habitualmente, confundindo um estado de fato, como é o conflito, com as possíveis respostas a ele. A pergunta lhes pedia que escrevessem três palavras associadas a conflito, e os resultados mais significativos foram os seguintes.

CLASSIFICAÇÃO	PALAVRA[9]	Nº DE FREQÜÊNCIAS
1º	Brigas	28
2º	Discussão/disputa/desacordo[10]	16
3º	Insultos	9
4º	Irritação/aborrecimento	7
5º	Mau comportamento/confusão/interrupção	6
6º	Ameaças	6

2. Qual é o conflito mais importante em sua escola?
As respostas coincidem plenamente com o que foi expressado no ponto anterior. A violência física (brigas), as interrupções nas aulas e a violência verbal (insultos) destacam-se como os conflitos mais importantes observados em suas escolas.

---

8. Apresentamos os resultados de maneira global, porém é necessário fazer constar que a coincidência foi praticamente total nas duas turmas.
9. Expusemos unicamente as palavras com mais de uma ocorrência.
10. Seria realmente a única acepção que teria ligação com o que é um conflito.

CLASSIFICAÇÃO	CONFLITO	Nº DE FREQÜÊNCIAS
1º	Brigas	11
2º	Interrupções nas aulas	8
3º	Insultos	7
4º	Ameaças de um aluno a outro	5
5º	Depredação (escola e bens de professores)	4

3. Em sua escola, você considera a situação de indisciplina do alunado (não cumprir normas, não ouvir as orientações dos professores, interromper as aulas etc.) um problema?

Os resultados da pergunta anterior são ratificados pelas respostas às questões sobre a alta percepção que têm sobre a freqüência da indisciplina e da violência exercida pelo alunado como problemas bastante ou muito importantes em sua escola. Chama a atenção que nenhum estudante se situe na tendência "pouco" ou "nada" importante, tanto em relação à indisciplina quanto à violência. Também é relevante que a alternativa "muito importante" seja a que representa a maioria dos estudantes e, em terceiro lugar, que é ligeiramente maior na percepção da violência que em relação à indisciplina em classe. Provavelmente, porque observam mais violência fora da sala que indisciplina no transcurso das aulas.

ALTERNATIVAS	FREQÜÊNCIA	%
Sim, muito importante	23	65,71
Sim, bastante importante	12	34,28
Pouco importante	0	0
Nada importante	0	0

4. Em sua escola, você considera a violência exercida pelo alunado como um problema?

ALTERNATIVAS	FREQÜÊNCIA	%
Sim, muito importante	25	71,42
Sim, bastante importante	10	28,57
Pouco importante	0	0
Nada importante	0	0

5. Em geral, em sua escola, como você considera que seja a convivência entre o professorado, o alunado e mães/pais de alunos?

Entretanto, como acontece com os resultados obtidos nas pesquisas realizadas na Galícia e nas ilhas Canárias, a preocupante percepção da situação de indisciplina e violência convive com uma percepção muito mais positiva da convivência entre os diferentes setores.

ALTERNATIVAS	BOA	BASTANTE BOA	REGULAR	MÁ	NÃO SEI
A convivência entre alunos é	9	14	12	0	0
A convivência entre alunos e professores é	5	14	11	4	1
A convivência entre a direção da escola e os alunos é	7	8	12	1	7
A convivência entre direção da escola e mães/pais dos alunos é	13	8	3	1	10
A convivência entre professores e mães/pais dos alunos é	13	8	7	0	7
A convivência entre professores é	19	5	4	0	7

O PROCESSO DE FORMAÇÃO: EXCERTO DO DIÁRIO DE MEDIAÇÃO
Expomos a seguir algumas notas extraídas do "Diário de mediação", que redigi à medida que o curso avançava.

1º encontro: 1 de outubro de 2001
Hoje, começamos o primeiro curso de formação de mediadores/as do programa educacional municipal Aprender a conviver. O primeiro encontro foi das 9h50 às 11h50. Os estudantes foram selecionados pela escola utilizando dois critérios referenciais: voluntariedade e sugestão a alguns estudantes por parte da equipe diretiva e do departamento de orientação. Depois de uma rodada de apresentação, falei um pouco sobre a mediação e seu possível papel, a importância do curso, que era a primeira vez que se realizava na Galícia... Em seguida, passei a eles um questionário para explorar suas idéias prévias sobre conflito, conflitos que percebem na escola, mediação, sua visão

sobre a incidência da indisciplina e da violência na escola (ver questionário e resultados apresentados no ponto anterior). Como ponto de transição e para aprofundar nosso mútuo conhecimento, propus a eles o jogo "Se eu fosse…" (Jares, 2005b: 69), realizando-o com um tema musical e um filme. "Se eu fosse uma música seria…", "se eu fosse um filme seria…".

O jogo foi muito bem avaliado – além de ressaltar as informações, destacou-se que somos diferentes em preferências, mas tais diferenças não implicam discriminação.

Posteriormente, trabalhamos a noção de conflito começando pela troca de idéias através de palavras a ele associadas. Depois de estabelecer algumas diferenças entre conflito e violência, as escolhas possíveis ante um conflito, a diferença entre mediação, negociação e arbitragem, continuamos trabalhando o conceito de conflito através do conto "Os dois monstros", de David McKee. Como habitualmente acontece, a história sensibilizou e rendeu muitas atividades para analisar os diferentes elementos que intervêm em um conflito. Os comentários se sucederam e a atitude deles foi de certo assombro e surpresa inicial para, pouco a pouco, irem se integrando ao curso. Alguns se destacaram por falar muito, precisavam fazer-se notar, mas ao mesmo tempo se mostravam muito atentos. Houve intervenções brilhantes de vários deles. Para completar a análise da estrutura do conflito, lhes entreguei um estudo de caso real, "Conflitos no recreio" (Jares, 1999b).

Ao final do encontro, dado que era o primeiro curso que se realizava, recebemos a visita do então prefeito de Vigo, Lois Pérez Castrillo, e da secretária de Educação e Mulher, Ana Gandón Menduiña, que se interessaram por diversos aspectos do curso. O prefeito fez uso da palavra e expôs sua visão sobre a importância do programa e também do curso que acabara de começar. Fez algumas perguntas aos alunos, mas à exceção de Cristian, que não se acanhou, a maioria ficou bastante sem graça com a presença das autoridades, das câmeras de televisão e dos jornalistas que acompanharam a comitiva municipal.

Mais tarde, fomos para o auditório, repleto de estudantes e professores, para apresentar o programa a todos e explicar-lhes algumas idéias sobre a revisão do conceito de conflito, sobre o conteúdo e sobre a mediação. Assim como o prefeito, também destaquei a importância deste dia e da possível generalização da experiência a outras escolas, caso esta funcionasse.

No dia seguinte, 2 de outubro, os periódicos *Faro de Vigo* e *Atlântico Diário*, e a televisão local exibiram reportagens sobre este evento. *Faro de Vigo* publicou uma matéria de página inteira com o título "Mediadores com classe". Desta matéria, pinçamos os seguintes depoimentos dos cinco entrevistados:

> Cristian: "Antes mexia comigo, mas agora prefiro começar a correr se alguém me provoca ou me atinge. Não quero entrar em brigas."
> Antón: "É preciso esquecer as brigas e aprender a conviver, ajudar as pessoas e respeitá-las […] Participo do programa de mediadores para aprender mais coisas; é uma experiência nova e diferente."
> Daniel: "Com o programa, pretendo saber mais coisas. É sempre bom aprender algo novo."
> Estefanía assinala que seus colegas aceitaram bem sua participação. "Eu me inscrevi porque parece interessante, é uma nova experiência." Ela diz que não aprecia a violência em sua escola e "sempre são interessantes estes tipos de programa".
> Yarisleidy: "Pareceu-me interessante, por isso me inscrevi, para aprender mais coisas, como a não discutir tanto."

2º encontro, 5 de outubro de 2001
Neste novo encontro, se incorporaram quatro novos jovens, com os quais fechamos o grupo definitivo de dezoito pessoas. Começamos com uma dinâmica de apresentação, "Iniciais de qualidades" (Jares, 2005b: 90). Consiste em apresentar a pessoa que está ao lado dizendo uma qualidade positiva, real ou imaginária, que comece pela primeira letra de seu nome, e saudamos os novos. Também passei a eles as cópias do que havia sido publicado nos jornais, que vários já tinham, e lhes falei novamente sobre a responsabilidade que assumíamos com a experiência.

Repassamos, a seguir, as idéias do dia anterior e novamente foram feitos comentários sobre "Os dois monstros". Os novos também disseram que já lhes tinham contado sobre o que havíamos feito. Em seguida, atualizamos o caso que iniciamos na aula anterior ressaltando as funções do mediador ou mediadora:

> Tentar acalmar os ânimos
> Escutar ativamente
> Possibilitar que as partes desabafem
> Se não houver acordo, deixar a porta aberta para outro possível encontro
> Partir da mediação como um ponto de acordo entre as partes em conflito

> Saber que, habitualmente a parte que tem mais poder é a que opõe maiores resistências para aceitar a mediação

Posteriormente, realizamos o primeiro jogo de troca de papéis em grupos simultâneos: duas partes em conflito e dois mediadores. Antes do início da atividade fizemos a dinâmica "Cumprimento de aniversário sem falar" (Jares, 2005b: 153), para organizar os grupos de forma aleatória. Em seguida, foi explicado o que é um jogo de troca de papéis e os personagens foram divididos. No desenvolvimento do jogo, colocaram-se muito bem em seus papéis, e como costuma ocorrer sempre no início deste tipo de atividade, logo começaram as risadas. Em um terceiro momento, fizemos um realinhamento tentando corrigir algumas coisas, especialmente a tendência dos mediadores a propor alternativas para a resolução do conflito.

Este segundo encontro permitiu-me conhecer melhor o grupo e comprovar sua forte diversidade no que diz respeito a atitudes. O comportamento nesta segunda sessão foi ainda melhor que na primeira. Assim como na anterior, foram horas seguidas sem descanso. Nesta, creio que todos aprenderam a diferença entre negociação, mediação e arbitragem. Também ficou patente a necessidade de manter a metodologia através da qual abordamos ciclicamente os conteúdos a partir de diferentes pontos de vista. Neste dia, pela primeira vez, também gravamos em vídeo alguns fragmentos do encontro.

3º encontro, 8 de outubro de 2001
Como em todos os encontros, começamos com uma dinâmica para criar o sentimento de grupo. Nesta ocasião, utilizamos uma dinâmica para estimular a confiança, "O guia". A seguir, cinco minutos para repassar as idéias do dia anterior. Depois, passamos a analisar um novo caso, "Conflitos na quadra de futebol de salão". Com novo alinhamento feito, passamos a outro jogo de troca de papéis – que eles tanto gostaram! –, "O trabalho em grupo". Neste caso, mudamos a estrutura: ao invés de realizar a atividade com todos juntos de forma simultânea, o que sempre recomendo no princípio porque há pessoas que ao se sentirem observadas retraem-se, um grupo fez a representação e o restante da classe ficou acompanhando, analisando tudo para, em seguida, comentá-la. Seis estudantes fizeram a representação, dois mediadores, duas pessoas em uma posição e duas em outra. Analisamos o papel dos mediadores no jogo e o contrastamos com as habilidades e princípios de atuação recomendáveis.

Também exploramos a idéia de percepção da origem dos conflitos e da própria resolução deles. Neste sentido, lemos dois textos para aprofundar esta idéia, o que os impactou muito: "A história do martelo" e "Chapeuzinho Vermelho contada pelo lobo" (Jares, 2001a: 86-87).

4º encontro, 11 de outubro de 2001
No início, as dinâmicas. Primeiro, "Corredores imaginários", um jogo que sempre oferece muitas possibilidades para visualizar a necessidade de cooperar para resolver determinados conflitos. Depois, realizamos "O bazar mágico" (Jares, 2005: 80), uma dinâmica que permite a cada participante escolher a qualidade ou objeto que mais gostaria de ter e, ao mesmo tempo, deixar aquele que não gosta, seja de si mesmo ou de sua vida. Vejamos os resultados deste último jogo com os estudantes da segunda turma:

O BAZAR MÁGICO

O QUE GOSTARIA	O QUE DEIXARIA
Alegria (Iria)	A seriedade que tenho às vezes (Iria)
Mais atenção (Iago)	A falta de atenção (Iago)
Uma nova junta dos dedos (Juan Manuel)	A inquietude, sou muito inquieto (Juan Manuel)
A coisa mais cara que houvesse (Yosaris)	A mais fuleira (Yosaris)
Ser mais ousada (Rebeca)	A vergonha (Rebeca)
Paciência (Fátima)	A timidez (Fátima)
Ousadia (Maria Luz)	Orgulho (Maria Luz)
Ajudar mais os amigos (Laura)	Às vezes, sou um pouco mandona (Laura)
Nada (Marila)	Meus problemas (Marila)
Simplicidade (Dani)	Orgulho (Dani)
Ser uma pessoa melhor (Asier)	Mau humor (Asier)
Ser mais extrovertida (Tânia)	A timidez (Tânia)
Vontade para fazer coisas (Nabor)	Ser tão tagarela (Nabor)
Um Play Station (Miguel)	A timidez (Miguel)
Ser mais positiva e disposta para fazer coisas (Isabel)	A timidez (Isabel)
Simplicidade (Sean)	Orgulho e teimosia (Sean)
Ser mais aberto (Alfredo)	Ser tão obcecado (Alfredo)
Vontade para fazer mais coisas (Aaron)	Minha preguiça (Aaron)
Ser rica e resolver os problemas que tenho (Uxía)	Ser tão respondona (Uxía)

O jogo também nos deu embasamento para refletir sobre a importância do respeito. Esta dinâmica não permite fazer avaliações das escolhas feitas, nem ninguém se sentiu enganado ou depreciado pelo que escolheu. Posteriormente, repassamos o processo de mediação através da cópia de um texto que entregamos. Neste momento, chegaram os responsáveis pelo programa "A arca de Noé", da Tele-Vigo, que gravaram boa parte do encontro. A seguir, realizamos alguns exercícios de parafrasear e, mais tarde, um novo jogo de troca de papéis, "Uma brincadeira de mau gosto" (Jares, 1999a), do qual participou a maioria da classe. Na avaliação das atividades, sempre me atenho e ressalto as situações possíveis de acontecer na vida real, quando estejam atuando como mediadores/as. Em relação às conseqüências da não confidencialidade, creio que se deram conta de que isto pode acarretar perda de credibilidade do mediador/a e da própria equipe de mediação. Dado que no jogo de troca de papéis entrou pela primeira vez um professor, perguntei-lhes sobre o que fariam na eventualidade de um docente pedir informações acerca do que falaram. Hugo respondeu imediatamente, "só sob meu cadáver!". Ato contínuo, Yaris levantou a mão pedindo a palavra: "Não professor, eu lhe explicaria que não posso dizer o que foi falado. Explicaria que é uma norma muito importante da mediação". Ante estas intervenções, comentei: os dois, Hugo e Yaris, pensam o mesmo. No entanto, as duas respostas não foram iguais. Qual lhes parece a mais prudente? O que poderia gerar a resposta de Hugo? Foi um exercício muito interessante para tomar consciência da importância da forma e como esta, às vezes, ao invés de ajudar a resolver o conflito, o complica ainda mais.

5º encontro, 15 de outubro de 2001
Começamos o encontro com uma dinâmica para criar o sentimento de grupo, desta vez, "Contos cooperativos" (Jares, 2005: 182), e seu início foi dado por mim: "Era uma vez, um grupo de meninos e meninas que fizeram um curso de mediação". Depois, repassamos as idéias básicas do processo de mediação, utilizando o cartaz que havíamos elaborado para o programa. Também insistimos nos possíveis obstáculos com os quais poderiam se deparar. Mais tarde, entramos no detalhe do plano de intervenção: fichas de solicitação de mediação, de registro do processo, de registro de acordos. Também reiteramos, uma vez mais, a ética do mediador ou mediadora. À continuação, dedicamos tempo para a avaliação do curso através de um questionário que trouxe resultados muito positivos,

tanto em relação aos conteúdos quanto à metodologia. A única crítica era o fim do curso. De fato, dezesseis dos dezoito estudantes gostariam de continuar este tipo de formação – um deles respondeu que não sabe e o outro, que não. Em relação às expectativas depositadas no curso, para cinco deles foram totalmente cumpridas, para doze, "bastante", e somente em um caso, "pouco". A alternativa "nada" não foi eleita por ninguém.

Finalizamos o curso marcando encontros para sessões de coordenação, tirando fotos de recordação e nos abraçando.

AS SESSÕES DE COORDENAÇÃO

Conferimos enorme importância às sessões de coordenação, tanto por seu aspecto de aprofundamento da formação recebida no curso quanto pelo fato de nos exercitarmos na análise de casos reais de mediação. Em segundo lugar, também é importante prosseguir o trabalho de coesão do próprio grupo de mediação formado por estudantes de diferentes anos e turmas.

1ª sessão, 21 de novembro de 2001

Uma vez finalizado o curso de dez horas no mês de outubro, tivemos o primeiro encontro de seguimento com as mediadoras e os mediadores em 21 de novembro, dentro do horário escolar. Esteve presente quase a totalidade dos mediadores/as, menos um. Espontaneamente, e com certo traço de frustração, as moças e os rapazes disseram não ter recebido nenhum pedido para que atuassem como mediadoras/es, exceto em um caso. Disse-lhes que era previsível, e que já havia avisado a equipe diretiva. Aarón comenta que "gozação recebi um montão, mas nada de verdade. Sobretudo, os do 1º ano da ESO". Estes "brincavam" dizendo que tinham um problema e chamavam os mediadores/as "só de sacanagem". Continuamos a sessão expondo os resultados da avaliação do curso, muito positiva no geral.

A seguir, começamos a analisar sua possível atividade como mediadores/as. Neste primeiro mês, houve apenas um caso de mediação que Lara e Noelia ainda estavam desenvolvendo – tiveram um primeiro encontro e, nos dias seguintes, realizariam a segunda sessão. Inicialmente, o caso havia sido solicitado a Hugo, mas como sua prima é uma das partes em conflito declinou do convite, "porque não seria imparcial". Hugo havia aprendido bem a lição e soube aplicá-la na prática. O caso nos serviu para recordar esta característica tão importante da mediação: a imparcialidade do mediador ou mediadora.

Vicente também comentou que tinha feito uma "meia mediação" entre uma menina e um mediador, Miguel, que fez cara feia quando o caso foi mencionado e insistiu não haver entrado em conflito. A "meia mediação" consistiu em Vicente falar com a menina para não criar um bicho-de-sete-cabeças com Miguel. De toda forma, este novo caso serviu-me de exemplo para deixar claro que os mediadores também podem ter conflitos, e de fato os temos, e que evidentemente em algumas ocasiões podemos ser mediados, e não há nada de mais nisso.

O único caso de pedido de mediação ocorreu através do departamento de orientação e da chefia de estudos que animaram as partes em conflito para ir à mediação. São alunos do 1º ano da ESO, meninos e meninas misturados em ambas as partes. Além de Noelia e Lara, também iria Yago, mas acabou não podendo porque tinha prova.

É importante destacar que, ao final do curso, a escola organizou um encontro de apresentação dos mediadores/as no auditório. Compareceram todos os grupos. A maior parte dos mediadores/as se queixou de que houve muito ruído. Também salientaram que os alunos do 4º ano comentavam que eram muito pequenos para solucionar seus problemas – "o que é que vão resolver esses aí!"[11] (esta frase reflete uma grande falta de clareza, até porque o mediador/a não é a pessoa que dá a solução dos conflitos). Além da queixa de que os colegas se portaram mal, em geral de todos os anos, com especial ênfase aos do 2º da ESO (é preciso considerar que são três turmas por ano), alguns também assinalaram que tinham sido ameaçados – "não vamos com a cara de vocês". Alguns meninos perguntaram aos mediadores/as o que aconteceria se brigassem com eles.

Finalmente, tive um pequeno encontro, porque tinham aulas, com Noelia e Lara sobre o caso que estavam mediando. Mostraram-me a ficha com todos os campos preenchidos, e explicaram que era um problema de insultos e empurrões (quatro de um lado e três, de outro, meninos e meninas do 1º ano). A primeira sessão de mediação foi realizada no departamento de orientação. Entre os assuntos que conversamos esteve a maneira como se dispuseram: quatro de um lado, três de outro, uma mediadora ao centro e a outra na lousa, anotando o que diziam. Ambas disseram ter se sentido seguras no processo.

---

11. Esta "acusação" ou crítica surgiu de forma muito clara no segundo caso de mediação que veremos mais adiante.

FORMA DE SENTAREM-SE:

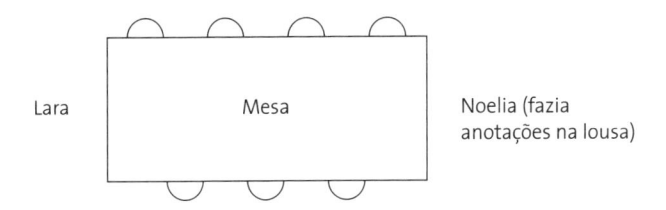

| Lara | Mesa | Noelia (fazia anotações na lousa) |

2ª sessão, 04 de fevereiro de 2002
Cheguei à escola dez minutos antes da hora marcada, às 10h, e encontrei Hugo, um dos estudantes do 3º ano, formado como mediador. Imediatamente depois de nos cumprimentarmos, contou-me com inegável expressão de felicidade que havia realizado uma mediação: "Professor, fiz uma mediação! Foi muito dura, já tinham dito que seria muito difícil, mas deu certo". Depois de demonstrar minha alegria, digo que poderá contar a todos durante a reunião que estava para começar. Ficou surpreso porque não estavam avisados e, ao contrário, tinham dito que seria na quinta-feira anterior. Percebi que havia acontecido um engano. Mas Ramón, chefe de estudos da escola, demonstrou novamente sua magnífica disposição, agilidade e eficiência, e resolveu o problema em cinco minutos.

Todos os estudantes compareceram à reunião. Iniciei recordando a mediação abordada no encontro anterior e perguntei se apareceram novos fatos. Foi quando Hugo e Noelia relataram o caso do qual me havia falado Hugo quando cheguei. Esta mediação, como no caso anterior, foi sugerida pela equipe docente – orientação/chefia de estudos. Tratava-se de alunas do 4º ESO, porém mais velhas, até por que eram repetentes. Uma delas vem das Canárias e outra, expulsa de uma escola de Vigo. O detonador foi uma briga feia ocorrida no banheiro das meninas por causa de fofocas entre elas e colegas/namorados das respectivas tribos às quais pertencem cada uma delas. Mais adiante, transcrevo parte da entrevista particular realizada com os mediadores e também uma segunda entrevista com as mediadas.

Como no caso anterior, insisto que os nomes não sejam ditos, não haja identificação das pessoas nem aspectos que possam determinar quem são, e que a exposição do caso seja motivo de aprendizado para todas e todos sobre o ocorrido. Como na sessão anterior, há vários momentos em que tenho de chamar a atenção deles, recordar normas elementares etc.

É de se destacar, segundo a opinião dos mediadores, que nenhuma das duas meninas que participaram da mediação colocaram obstáculos por serem os mediadores mais novos, questão que incidiu negativamente quando foram feitas as apresentações em classe. Tanto Hugo quanto Noelia comentaram que se sentiam muito seguros. Não obstante, como veremos na entrevista com as mediadas, a opinião delas difere substancialmente da dos mediadores.

Um conflito não previsto entre os mediadores/as: queremos intervir
Foram várias as perguntas e os comentários sobre este caso. Uma das perguntas que mais me impactou foi a de Vicente – "como se decide quem serão os mediadores?" –, tendo em vista que, além disso, lembra que nos dois casos ocorridos, Noelia interveio em ambos. Respondi que quando as partes em conflito solicitam nominalmente duas pessoas, e se estas não têm problemas, deve-se proceder desta forma. Todavia, como nos casos anteriores, se não são solicitadas pessoas específicas, deveríamos falar com Fernando, o orientador, para que estabeleça um critério de rodízio. Imediatamente, quis certificar-me se as dúvidas ou perguntas de Vicente eram apenas dele ou os demais mediadores compartilhavam delas, e perguntei aos que não atuaram se tinham vontade de intervir e, ato contínuo, vários deles – Vicente, Cristian, María, Paula e outros – levantaram a mão para expressar sua resposta afirmativa. Posição que logo foi referendada por Hugo e Noelia quando tive uma reunião de trabalho com eles para falar do caso de mediação que tinham tratado. Em suma, observei uma grande ansiedade para intervirem como mediadores em conflitos reais e, inclusive, um pequeno conflito no sentido de que tinham desejo de atuar e não viam com bons olhos a repetição de pessoas que já haviam mediado. Em relação a este aspecto, como disse Noelia, "é lógico que, uma vez que foram formados para algo, queiram aplicá-lo".[12]

Expus a situação a Fernando, orientador da escola, que ainda manifestava seu ceticismo sobre a aceitação da cultura de mediação por parte dos estudantes. Apoiava-se no fato de que eles não solicitavam direta-

---

12. Esta mesma necessidade de intervir também foi detectada nas turmas seguintes de mediadores, igualmente observada em outras escolas nas quais trabalhamos esta temática. Em alguns casos, parecia mesmo que os mediadores desejavam que houvesse muitos conflitos para poder intervir.

mente o serviço, e a prova era que os dois casos ocorridos tinham sido sugeridos pelos professores. Apontou ainda que continuam sem ter esta iniciativa, apesar de persistirem os conflitos, como também afirmaram os alunos. Combinamos tentar dar um novo estímulo, mesmo que já tivesse circulado nas monitorias a colocação de cartazes em diversos espaços da escola.

Depois da análise deste caso, tivemos mais vinte minutos, aproveitados para repassar com dois dos alunos do grupo, que me pareciam mais "verdes", os passos da mediação. A pergunta concreta que lhes fiz: "Se agora, ao sair para o recreio, pedirem a vocês que atuem como mediadores, que fazem?". As respostas dadas:

> Pedir que se acalmem
> Falar com eles
> Pedir-lhes que expliquem qual o problema
> Solução que haveria para o problema
> Desabafar

Em seguida, outros estudantes falaram:

> Apresentar-nos e informar as regras da mediação
> Buscar um lugar onde realizar a mediação
> Ouvir as partes
> Deixar para outro dia se não for possível chegar a um acordo
> As idéias básicas estavam aprendidas.

Comentei com eles sobre a cerimônia de final de curso e entrega de diplomas no auditório da Prefeitura de Vigo para todos os mediadores/as formados, com convite para as famílias e pessoas que quisessem assistir, e as diversas possibilidades que havia.[13] Hugo também quis propor a celebração do "dia dos São mediadores", em dia letivo para não haver aulas!

---

13. Finalmente, a cerimônia realizou-se no mês de junho com apresentações teatrais e as palavras do prefeito, da secretária e do coordenador do programa. Foram chamados um a um para a entrega do diploma. Foi muito bonito ver a satisfação demonstrada por mães e pais dos mediadores e mediadoras.

ENTREVISTA COM OS MEDIADORES

Foi realizada na sala do departamento de orientação, em 4 de fevereiro de 2002, para conversar em maiores detalhes sobre as incidências da mediação que Hugo e Noelia haviam realizado, tendo em vista situações mais particulares que não poderiam ser informadas em classe durante a sessão de coordenação. Havia outra razão também: o caso teve impacto bastante positivo na escola pela boa realização, e não podia deixar de conhecer os pormenores. Como assinalamos, as duas protagonistas principais do conflito eram duas meninas do 4º ano, mais velhas por serem repetentes. A mediação foi realizada no escritório da chefia de estudos.

X. Jares: Quando se encontraram, elas estavam exaltadas, alteradas?
Hugo: Pareceu-me que não.
Noelia: Aparentemente, não.
Hugo: Só não sabia o que teria de dizer, nem nada, eu estava... (risos). É que nesse momento tinha esquecido tudo de mediação, tudo, tudo, tudo... Depois, fui me lembrando.
X. Jares: Mas, vocês marcaram com elas com antecedência, não?
Hugo: Não sei, eu estava... íamos entrar em aula e Fernando, o orientador, chegou e disse: "Olhe, agora não vai assistir à aula, porque você tem uma mediação".
X. Jares: Então, Fernando foi avisá-los na classe que teriam uma mediação?
Hugo: Sim.
X. Jares: Na hora?
Hugo: Sim, me perguntou se queria, era um caso difícil... pensem, mas, venham! E dissemos que sim.
X. Jares: E, então, vocês desceram e elas já estavam lá.
Hugo: Eu vi que havia um grupinho de meninas, mas não sabia se eram elas, depois... entrei ali... entramos... e depois elas vieram.
X. Jares: Depois, foram com elas para a sala da chefia de estudos, e como se sentaram?
Neolia: Da forma como explicamos antes:

```
         Hugo
┌─────────────┐
│             │  Sofia
│    Mesa     │  Vanessa
│             │
└─────────────┘
         Noelia
```

X. Jares: E aí, o que vocês fizeram?

Hugo: Primeiro perguntei: qual é o problema? Lançamos a pergunta e já começaram a falar... mas, assim, sabe, ao mesmo tempo. Bom, primeiro falaram juntas, depois disseram uma para outra: "Comece você, não comece você". Aí falou uma, e depois a outra. (Silêncio). Bom... é que... primeiro, uma disse que "você falou não sei o quê do meu namorado... e que eu fazia não sei o que com meu namorado" (e começa a rir), ou algo assim. Havia coisas que eu pegava no ar, assim, por cima... é que não diziam tudo, sabe...

Noelia: E no meio disso, ainda diziam outras coisas...

Hugo: Sim, logo também enfiaram uma moça a mais... e dissemos: há terceiras pessoas? "Não, não, estas não devem entrar no meio", e concordaram que não queriam colocá-las no meio da história, não sei por quê. (Silêncio).

Noelia: No início da briga, sim, o motivo envolveu outras pessoas.

Hugo: Estavam em uma aula e começaram a atirar papeizinhos uma na outra, sabe? Bom, e uma delas estava no banheiro, apareceu a outra e, assim que entrou, já partiu para cima dela. (Silêncio). Foi o que disseram.

X. Jares. Elas se pegaram?

Hugo: Sim.

Noelia: E o mais curioso foi que disseram não saber como havia acontecido. Que foi muito rápido e não sabiam como tinha acontecido.

Hugo: Sim, que não sabem nem quem as apartou nem nada, que não sabiam nada, como se tivessem perdido a noção ou algo parecido.

X. Jares: Depois da briga e até o momento da mediação, quanto tempo, quantos dias se passaram?

Hugo: Não tenho idéia.

Noelia: Talvez uns quinze dias, não sei, pegue a ficha (refere-se à ficha de registro de mediação).

X. Jares: Não fizeram nenhum comentário sobre a mediação?

Hugo: Perguntaram se nós iríamos decidir sobre a punição delas... dissemos que não, que já estava tomada... Fernando falou que elas viriam à tarde durante alguns dias para organizar uns livros, que lhes perguntaríamos mais ou menos. Claro, é que, é quase... como se não disséssemos nada, quase... como se tivessem sido elas as mediadoras e, ao mesmo tempo, resolveram o problema, elas falaram e elas o solucionaram. O que fizemos foi escutar e, de vez em quando, uma pergunta e... nada mais, não nos intrometemos, deixamos que elas conversassem e, inclusive, disseram:

"Podemos dar um tempo? Estamos com vontade de fumar um cigarro". Fui até Fernando e perguntei se podiam. Fumaram, esperaram... e depois continuaram falando.

X. Jares: Durante quanto tempo estiveram com elas?

Hugo: Uns cinqüenta minutos, o tempo de uma aula de galego.

X. Jares: E chegaram ao acordo que está na ficha de registro de acordos...

Noelia e Hugo: Sim.

X. Jares: Depois da mediação, tiveram algum tipo de contato com elas?

Hugo: Sim, o trivial quando nos cruzamos no corredor... olá, como vai, até logo. Nada mais.

Noelia: Ah, disseram também que pensariam bem antes de voltar a brigar.

Hugo: Por causa do Conselho, não sei... (Risos).

Noelia: Pelo medo que ficaram.

X. Jares: Ficaram satisfeitos com esta mediação?

Hugo: Eu, sim.

Noelia: Eu esperava mais, por elas serem mais adiantadas nos estudos.

Hugo: Que iriam se sentir mais... mais superiores, sabe, com a intenção de arrumar confusão. (Silêncio). Estaria com a mesma disposição (ri), até aqui eu cheguei.

Noelia: Faltava a mediação a elas, não por nós, mas sim porque desabafaram.

Hugo: Claro, era o que precisavam, era... contar, sabe, porque a vantagem contavam aos amigos, os iguais, que diziam "vai, por que não bateu mais". O que necessitavam era contar suas razões... desabafar um pouco.

Noelia: Escutar uma à outra...

Hugo: A ficha, por exemplo, foi escrita por uma das moças, porque eu... não sabia o que escrever... bem, o que coloco... e ela disse... "quer que eu escreva".. e combinaram entre elas quem iria escrever e disseram... "bem, foi isto que aconteceu"... eu disse que sim, elas concordaram... e foi feito.

X. Jares: Na verdade, vocês se saíram muito bem. Agora, o tema que me preocupa é a ansiedade de seus colegas de intervir como mediadores. Vocês viram a vontade deles.

Hugo: É lógico que queiram. Mas, neste caso, nos procuraram, não? E por que não procuraram outros? Entende o que digo?

Noelia: Ou a um terceiro...

Hugo: Pois é, não acho ruim que tenham me procurado, o que digo é sobre a intenção de... outras pessoas também... que tenham vontade de também fazer uma mediação, e veja que falo da intenção deles.

Noelia: Quando fazemos o curso, vem a vontade. É como estudar ou praticar um esporte e querer ir a um campeonato.

X. Jares: Claro.

Noelia: Pois, é o mesmo.

X. Jares: Sim, claro. Simular...

Noelia: Da teoria à prática.

Hugo: Sim.

X. Jares: Prática real, não? Suponho que, a partir de agora, levaremos isso em conta. Depois, falarei com Fernando, o orientador, para que haja um critério de rodízio.

Hugo: Tá.

X. Jares: Também me parece interessante que vá um menino e uma menina como mediadores. Desde já, sempre duas pessoas, mas, se for possível, creio ser bom que participem os dois sexos. Não há dúvida que vocês têm uma responsabilidade, mas gostei muitíssimo de ouvir Hugo dizer que se sentiu útil pela primeira vez. A satisfação de ter ajudado alguém sem nada em troca.

Hugo: Sim.

X. Jares: Pois isso é algo, Hugo e Noelia, que gostaria que vocês não esquecessem nunca na vida.

Noelia: Espero que não.

Hugo: O que é realmente incrível é que chegaram como inimigas e saíram como amigas.

Satisfação e felicidade

Um aspecto muito importante foi a resposta que os dois deram quando perguntei como se sentiram por haver realizado uma mediação. A resposta foi contundente: ver duas pessoas que se haviam atracado e que, mesmo não tendo voltado a ficar amigas, depois da mediação ao menos se respeitavam. Tanto Hugo quanto Noelia manifestaram que se sentiam muito bem. Hugo insistiu na grande satisfação por ter feito algo positivo, a primeira vez que se sentia útil na vida. Disse a eles que estes sentimentos são muito importantes que, tomara que nunca os esqueçam. Ajudar aos demais é muito importante, além de motivo de grande satisfação.

ENTREVISTA COM AS MEDIADAS

O caso que ora expomos teve tanto impacto na escola e foi tão bem avaliado pelo departamento de orientação e pela equipe diretiva que entrei em contato com eles para que verificassem a possibilidade de poder falar com as duas protagonistas do conflito, e ter uma reunião com elas. Com seu consentimento, combinamos dia e hora, 22 de fevereiro de 2002. Antes de começar a entrevista, pedi-lhes, logicamente, permissão para ligar o gravador. Os nomes que figuram aqui não são os reais. A conversa foi muito rica e longa. No início, estavam em atitude um tanto defensiva, mas logo se tranqüilizaram. Mostraram-se muito críticas ao fato de que os mediadores fossem mais novos em idade que elas. A seguir, os pontos fundamentais da entrevista.

X. Jares: De modo resumido, a visão do conflito entre vocês na sala de aula é que havia sido um problema ligado a insultos, e tinha se amplificado.
Vanessa: Sim, o problema foi de comportamento. Ninguém pode colocar em sua boca palavras que não tenha dito. As pessoas fazem isso, metem o bedelho, e é aí que começam os problemas.
Sofía: O assunto é que amigas dela chegavam em mim e diziam que Vanessa tinha falado isso e aquilo. Um dia, na aula de artes, nós começamos a jogar papeizinhos (risos) e mandaram umas bolinhas nela.
Vanessa: Se fossem só umas bolinhas, não teria dito nada.
Sofía: Aí pegou fogo, e eu já estava farta de todo mundo me dizer isso e aquilo, me insultar, disseram algumas palavras fortes e ela virou para trás e disse que eu era retardada.
Vanessa: Eu já estava saturada!
Sofía: O que você disse? E começou a gritar que eu era imbecil e outros insultos. E era mudança de aula. Saímos e foi uma coincidência elas irem ao banheiro e nós também, e ao vê-la, o sangue subiu, e disse: "O que foi que você falou?". E começamos a gritar e acabamos nos pegando. E aí nos apartaram. Mas o pessoal que estava comigo não teve nada com isso.
X. Jares: E vocês logo procuraram a mediação?
Vanessa: Mandaram-nos para a chefia de estudos e nos puseram de castigo.
X. Jares: Antes ou depois da mediação?
Vanessa: Antes. Vou lhe dizer uma coisa: os mediadores não servem para nada, porque se você não quer resolver, não resolve, por mais que digam que tem de resolver, se você não quer não serve para nada.

Sofía: Claro! E outra coisa, eu ao invés de..., não tenho nada contra os mediadores que atuaram, mas, se são mais novos, não nos entendem. Coloque gente mais velha, do primeiro ano do *Bachillerato*.

Vanessa: Sofía, acho melhor os da ESO que os do *Bachillerato*.

Sofía: Tá bom! Só que um menino da ESO não me dá bronca, isso é que não pode ser!

Vanessa: Não, porque não têm experiência nenhuma.

X. Jares: Lembro a vocês que o mediador ou mediadora simplesmente – porém, muito importante – põe as partes em contato para que tentem resolver suas diferenças.

Vanessa: Sim, mas tão pequenos não inspiram confiança.

X. Jares: Como vocês viram os mediadores?

Vanessa: Nem sabiam o que faziam!

Sofía: Acho que estariam melhores na aula.

Vanessa: E não podem opinar sobre nada porque não têm nenhuma experiência.

Sofía: Pois é.

Vanessa: São muito pequenos para ter suficiente experiência em tudo.

Sofía: Mas para ter experiência é preciso ir aprendendo, mas que não nos coloquem com crianças pequenas porque não tem nada a ver uma criança pequena dar exemplo, ajudar você, não.

X. Jares: Como está o conflito neste momento?

Vanessa: Está resolvido desde o segundo dia.

Sofía: Sim.

X. Jares: Para vocês, a mediação foi um tanto desnecessária?

Vanessa: Sim.

Sofía: Não tanto, porque falando com eles melhorou um pouco a coisa. Para mim, não foi mal.

[...]

X. Jares: Realmente, vocês acham que o item idade seja um problema, um obstáculo?

Vanessa: Imagine se no momento da mediação nos dá a louca e voltamos a brigar, eles não poderão se meter porque são pequenos, e se se meterem quem leva são eles. Não saberiam como atuar.

X. Jares: A mediação seria interrompida se houvesse violência, e a solução do conflito não compete inicialmente ao mediador.

Vanessa: Não há pessoas problemáticas nesta escola. Porque, agora, as escolas estão expulsando os problemáticos! O que eles estão fazendo é expulsar os alunos problemáticos e, assim, evitam problemas.

X. Jares: Quer dizer que, ao invés de ajudar os jovens problemáticos, os estão condenando ainda mais?

Vanessa: Sim.

Sofía: Sim, sim.

Vanessa: Agora, a forma de se fazer respeitar é essa, e quem nos ensinou isso são vocês.

Sofía: Os professores.

X. Jares: Todos os professores?

Sofía: Bem, a maioria...

Vanessa: Vou lhe dizer uma coisa: agora mesmo, vocês estão criando pessoas que sabem mover-se intelectualmente, mas na rua não sabem como se comportar, não sabem como se relacionar. Acontece um problema, e não sabem como sair dele. Não sabem o que fazer...

RESULTADOS E AVALIAÇÕES

ALUNADO

Em relação ao processo de mediação, a maior dificuldade é manter a imparcialidade, sem tomar partido por um dos envolvidos no conflito. "Conseguir não dar opinião e que as partes entrem em acordo" (Fátima); "manter a objetividade, porque às vezes são pessoas que conhecemos a vida toda, e é muito difícil não estar a favor de um ou de outro" (Vicente).

Além das avaliações positivas do curso de formação e encontros de coordenação, praticamente a totalidade das quatro turmas formadas mostra uma avaliação muito positiva da mediação e do programa.

CASO DE EX-ALUNO MEDIADOR

No final de outubro de 2005, estive com Ramón Caramés, que havia sido chefe de estudos e era o novo diretor do IES de Teis de Vigo. Ele comentava que um ex-aluno que fora membro da equipe de mediação havia estado na escola, perguntou se a equipe continuava funcionando. Ao responder afirmativamente, o ex-aluno revelou que tinha sido sua melhor experiência na escola. Com esta informação, Ramón queria não só me informar e transmitir seu reconhecimento, mas também dizer que estava constatando a importância da experiência e os bons resultados obtidos. Eram mais estímulos para continuar, e assim nos despedimos.

Tipos de conflitos mais freqüentes
Os casos mais freqüentes de conflito estão relacionados às seguintes causas:
- Ameaças entre colegas
- Insultos
- Pequenas brigas
- Brincadeiras de mau gosto
- Rivalidades entre grupos, classes
- Confrontos entre grupos de amigos e amigas
- Alunos com dificuldades de integração ou rejeitados

PROFESSORADO

Tanto Fernando Carrasco, orientador da escola, quanto Ramón Caramés, chefe de estudos quando do início do programa e atual diretor da escola, concordam em ressaltar que a conflituosidade diminuiu desde a implantação do programa. "O programa não elimina os conflitos, mas reduziu o nível de conflituosidade. Em nosso centro educacional tivemos um decréscimo da conflituosidade", afirma Fernando Carrasco. Além disso, ressalta Ramón, "as relações na escola se pacificaram, e o programa passou a fazer parte da cultura do colégio e dos alunos". "O projeto baseia-se na participação dos/as adolescentes do centro escolar como atores principais na resolução de conflitos. Neste processo, eles são os protagonistas, não há mediação de adultos", conclui Ramón.

> Ao iniciar o ano letivo, falamos das várias monitorias de conflito e sobre como resolvê-lo, além de oferecermos formação de mediadores a alunos voluntários. Desta forma, quando os estudantes têm um problema acorrem a um mediador, que se reúne com eles para chegar a um acordo sem a presença de adultos. Elabora-se uma ata firmada por ambos e arquiva-se. Se uma solução não é alcançada, a Chefia de Estudos intervém. O conflito deve existir, o que não se pode permitir é seu enraizamento, porque o insulto pode ser o que antecede o assédio. (Fernando Carrasco)

O diretor do Instituto Politécnico número um de Torrecedeira, onde também foi aplicado o programa e realizado o curso de mediação, ainda usufrui de seus efeitos. Em declarações ao jornal *A Voz da Galícia* (28/05/2005), avalia de maneira muito positiva os resultados da mediação em sua escola: "Pretendemos envolver os alunos na resolução dos conflitos, já que eles podem entender muito mais as razões de seus colegas", disse Manuel F. Vieites. Depois de viver a experiência prática durante vários anos, Manuel Vieites considera esta figura fundamental para ajudar a resolver conflitos entre os alunos e na busca de soluções para problemas de motivação entre seus companheiros. "Pode ajudar na valorização do estudo, mas a conflituosidade é um problema complexo, no qual também atuam as famílias", lembra o diretor da escola.

5 EDUCAR PARA A CONVIVÊNCIA DESDE AS FAMÍLIAS

> *E entendo, na verdade, que nada oferece tanta dificuldade e importância na ciência humana quanto o que concerne à educação e infância dos filhos*
> Montaigne, 1947: 134

É lugar comum afirmar que a educação familiar também está em crise – mas não deixa de estar correto. A família, como as instituições, sofreu e sofre as vicissitudes próprias das mudanças sociais que estão a ocorrer em todo o conjunto social. Assim, por exemplo, por mais que a hierarquia católica tente impedir, é fato irrefutável que, em nossa sociedade, foram impostos diferentes visões e modelos do que deve ser uma família. Da família clássica nuclear, pai/mãe e filhos, passou-se a múltiplos modelos familiares, com posições muito distintas sobre o que deve ser a educação. Se nos atemos ao caso da Espanha, provavelmente a família seja uma das instituições que mais mudaram nos últimos 25 anos. Além disso, as transformações sociais, econômicas e culturais afetaram substancialmente os tempos e ritmos do próprio modelo familiar tradicional.

Mas, as mudanças sociais que incidem na nova configuração e papel da família, também estão provocando uma inquietante desorientação em muitas delas, independente do estrato social, especialmente em relação à educação de seus filhos. Parece que mais estímulos, mais consumo, mais apoio, mais consideração em relação aos menores etc. trouxesse consigo um aumento proporcional do grau de insatisfação e desarmonia. Muitos pais se sentem transtornados, não sabem como enfrentar determinadas problemáticas na educação de seus filhos. O estudo da Fundação Santa María, "Valores e modelos de interação familiar na adolescência", assinala que 42,1% dos pais estão desorientados sobre a educação de seus filhos e impotentes ante as mudanças e necessidades que reclamam.

Pessoalmente, parece-me bastante revelador o fato de nos últimos anos ter sido chamado por muitas escolas, públicas e conveniadas, para falar às mães e aos pais sobre a convivência, sobre as normas básicas de educação, sua relação com os estudos, as formas de enfrentar conflitos etc. Ligado a isso também solicitam orientações e pressupostos muito básicos sobre o que significa educar. Demandas que partem da direção da escola ou do departamento de orientação e, em outros casos, da associação de mães e pais. Durante os anos em que funcionou o programa educativo municipal Aprender a conviver, em Vigo (ver Jares, 2001a), a iniciativa de formação partia do próprio programa, que oferecia aos centros educacionais, mais precisamente às associações de mães e pais, a possibilidade de realizar uma formação que compreendia quatro tipos de conteúdo:[1]

1   Como resolver os conflitos de forma não-violenta?
2   Como favorecer a auto-estima nas famílias?
3   Podemos falar de sexualidade com nossos filhos e filhas?
4   Como favorecer as relações familiares e a convivência?

A experiência foi altamente positiva, segundo a avaliação dos participantes das diversas escolas através de questionários. Além disso, foi ressaltada a necessidade de nos formarmos como mães e pais em diferentes aspectos. Em geral, constatamos uma grande preocupação com a educação de seus filhos e filhas, assim como uma enorme insegurança – não saber se estão acertando, se o fazem da melhor forma. Circunstâncias que conduzem facilmente a exigirem uma formação continuada como pais: "Ninguém nos ensinou a ser pais", é a frase que ouvimos muitas vezes.

---

1. Cada uma destas temáticas foi desenvolvida por um expositor, neste caso Xesús R. Jares, Hipólito Puente, Maria Luisa Abad, Mercedes Oliveira e Elixio Domarco.

RELAÇÕES FAMÍLIAS-CENTROS EDUCACIONAIS

Destacamos também que, em alguns casos, antes ou depois da conferência-debate,[2] ao verbalizar com os colegas organizadores do evento que idéias tão básicas sobre as quais havia falado poderiam ser expostas por qualquer um deles, a resposta que ouvia habitualmente era: "A diferença é que a você dão atenção; se somos nós a falar, não, ou simplesmente não comparecem". Neste tipo de raciocínio, é possível constatar três processos implícitos:

1. Reconhecimento de que não somos valorizados como docentes ou, ao menos, de uma diferente consideração com relação à participação de profissionais externos.
2. A situação da convivência democrática – respeito, uso de linguagem apropriada, não-violência, diálogo etc. – apresenta um diagnóstico tão preocupante que carece estruturar atividades básicas para mães e pais, assim como para os alunos, com o objetivo de que compreendam sua complexidade e a necessidade de recuperar os valores básicos de convivência. Dito em sentido contrário, "A dimensão mais autêntica dos valores é aquela na qual não seja necessário declamá-los nem fazer alarde sobre eles, mas que descendam da existência cotidiana, sejam vividos profundamente e se traduzam no modo de ser e atuar" (Magris, 2001: 285).
3. A constatação, consciente ou inconsciente, em um setor do professorado de que as famílias não estão contribuindo com sua parte de responsabilidade na educação de seus filhos.

Entretanto, tampouco podemos ignorar a situação oposta, que também é muito freqüente e na qual, às vezes, me incluo: um setor importante das famílias, sobretudo da classe média, sente a falta de iniciativas da escola para integrá-las; em outros casos, fica evidente a resistência do próprio coletivo docente quanto à sua participação. Não são casos excepcionais e há situações em que, tendo em vista as ocorrências, deve ser oferecida uma resposta institucional. Por exemplo, entre algumas situações surpreendentes que vivi da perspectiva de pai, parece-me inaudito que quando os meninos e as meninas

---

2. É muito importante ressaltar que presenciei grande participação das famílias neste tipo de evento, o que não deixa de ser um dado bastante ilustrativo da necessidade de falar, comentar seus problemas com os demais, ouvir opiniões e, inclusive, conselhos.

entram em um IES, ou seja, na trilha da Educação Básica e Ensino Médio, não haja qualquer convocatória coletiva da escola às famílias. Algumas das razões que, entre outras, explicam a necessidade deste tipo de reunião são:

> Explicar as mudanças que ocorrem nas passagens para outras etapas.
> Apresentar a escola e seu funcionamento.
> Entregar as normas ou regulamento interno.
> Tornar-nos partícipes das necessidades que são detectadas e do papel que mães e pais podem exercer.
> Estimular-nos a participar da vida da escola e criar laços entre os pais de cada monitoria.
> Apresentar a equipe docente.

ESCASSA PARTICIPAÇÃO

Como assinalamos no capítulo 3, consideramos a participação, tanto em sua dimensão de gestão quanto educativa, como um direito e uma necessidade do processo educacional institucional escolar. Em segundo lugar, devemos deixar claro que a participação nos centros educacionais não se esgota – não deve esgotar-se – nos órgãos colegiados, basicamente o Conselho Escolar. Entendemos a democracia não apenas como sistema de governo dos centros escolares, mas também como um modo de viver a escola, em particular, e o social, em geral. Tornar real a democracia participativa nas escolas é uma exigência tanto educativa quanto moral e política. Analisar a participação na escola exige levar em conta os desequilíbrios de poder e os conflitos que nela e através dela são gerados. Por outro lado, a escola, ainda que não seja a única responsável, não pode se furtar à responsabilidade de formar e provocar os chamados hábitos democráticos de comportamento, a partir dos pressupostos de um currículo e organização plenamente democráticos. Isso exige, igualmente, levar em consideração as diferentes variáveis que podem matizar a participação, tais como a classe social, sexo, etnia etc.

Convém recordar os argumentos que eram apresentados quando da Lei Orgânica de Direito à Educação (LODE), a primeira lei orgânica educacional da democracia na Espanha (1985), em relação à necessidade de participação:

> A escola como serviço público.
> A escola deve abrir-se à comunidade na qual está inserida.
> A necessidade de uma gestão descentralizada.

> Zelar pela transparência, pelo controle de gastos e pela qualidade educacional: "No âmbito educacional, esse controle social e essa exigência de transparência foram recomendados, mais diretamente que aos poderes públicos, aos pais, professores e alunos, o que constitui uma preferência pela intervenção social frente à intervenção estatal" (LODE: Exposição de motivos).

Evidentemente, os diferentes informes feitos sobre a situação da participação confirmam uma tendência negativa em todos os setores, mas muito especialmente entre mães e pais, mais particularmente no caso do Ensino Médio. Urge, pois, tomar medidas tanto a partir das administrações educacionais quanto da autonomia dos próprios centros educacionais para incentivar uma maior participação de mães e pais em suas associações e na vida da escola. Assistimos com preocupação à cisão que ocorre entre a Educação Básica e o Ensino Médio; na primeira, há certa visibilidade e participação de mães e pais, entretanto, ao passar para o Médio, é freqüente que estes mesmos pais e mães desapareçam da vida da escola, a não ser para falar com a coordenação ao final de cada trimestre.

A FRATURA FAMÍLIA-ESCOLA

Não podemos omitir o conflito, mais ou menos explícito, mas sem dúvida de grandes e graves conseqüências, que vem se dando nos últimos anos entre o sistema educacional e as famílias.[3] É como se os dois sistemas tradicionais de educação, família e escola, se jogassem mutuamente as culpas sobre as responsabilidades do diagnóstico comum de perda de valores básicos, deterioração da convivência, aumento da violência nas relações sociais etc., ao mesmo tempo em que cresce a desconfiança entre ambos. Com estes fios se foi tecendo uma paulatina ruptura, com acusações mútuas, generalizações inapropriadas, que deram lugar a um autêntico processo de polarização em muitas ocasiões.

A dinâmica de descarregar as responsabilidades sobre o outro é ouvida há anos em ambos os setores da comunidade educacional. No caso do professorado do Ensino Médio constatamos, através da pesquisa já mencionada

---

3. Desencontro que, em minha opinião, começa a ser forjado com o ferrenho rechaço de um setor considerável do professorado, tanto de esquerda quanto de direita, contra a participação dos pais no Conselho Escolar, introduzido pela LODE em 1985. Ainda que tenha havido confusões importantes por parte de alguns pais, sem dúvida a participação destes foi vista como uma ameaça, ao invés de uma oportunidade.

"Conflito e convivência nos centros educacionais do Ensino Médio", que a maior parte considera as famílias como a primeira causa de conflituosidade e violência nas escolas. Nos resultados desta investigação e correlacionando todos os itens que se referem à relação professores-famílias de alunos, verificamos um claro desencontro entre ambos os estamentos a partir da perspectiva do professorado. De forma mais exata, podemos dizer que encontramos uma nova contradição ou disfunção entre as atribuições e responsabilidades que o professorado confere às famílias e as atividades que diz realizar em relação a elas, que por sua vez condicionam, ao menos em parte, sua presença nas escolas. Mais precisamente, assinalamos três âmbitos na relação professores-famílias de alunos, não isentos de paradoxos entre si:

1 O professorado outorga à situação das famílias uma importância principal no surgimento de condutas violentas do alunado em particular e dos conflitos, em geral – causalidade que se concretiza na indiferença ou falta de colaboração das famílias com sua função docente,[4] ao mesmo tempo em que constata seu escasso envolvimento na vida da escola – mas, em contrapartida, reconhece uma parca relação ou utilização de medidas e atividades que sejam voltadas às famílias.
2 O professorado demonstra uma atitude favorável à participação das famílias dos alunos nos conflitos de disciplina, mas de outro lado, tal como assinalamos, é constatado um escasso envolvimento do professorado na participação ou organização de atividades dirigidas às famílias.
3 A maioria do professorado, ou não sabe avaliar o clima de convivência entre as famílias de sua escola, ou considera que seja ruim. Igualmente, uma pequena maioria avalia positivamente o clima de convivência entre eles e as famílias, ainda que a percentagem seja mais baixa que em relação ao alunado. Dados que novamente se chocam com a baixa percentagem de atividades que o professorado realiza em relação às famílias e, muito particularmente, em duas atividades chave, como as entrevistas com as famílias e as reuniões.

De forma sintética, expomos os dados destas três conclusões no quadro a seguir:

4. É a única "forma de violência" que a maioria do professorado constata a partir das famílias em relação a eles mesmos.

CATEGORIAS	RESULTADOS
Causas da violência e dos conflitos	Praticamente a totalidade do professorado coloca como primeira causa do surgimento de comportamentos violentos no alunado o ambiente desestruturado das famílias (97%) e marginalidade das famílias (87,1%). 60,19% atribuem à falta de colaboração das famílias a causa dos conflitos nas escolas.
Clima de convivência entre mães e pais	A tendência positiva alcança apenas 37,6%, enquanto 25% consideram que é ruim ou regular, e 37,6% não sabem avaliar este âmbito da convivência. A tendência positiva tem a percentagem de avaliação positiva mais baixa, com grande diferença entre todos que foram questionados, e é o único âmbito de convivência no qual a tendência positiva não é majoritária.
Clima de convivência entre o professorado e mães/pais	Uma maioria apertada do professorado, 58,8%, tem percepção positiva do clima de convivência entre professores e mães-pais. Ainda assim é a avaliação mais baixa de todos os âmbitos de convivência do professorado.
Tipos de violência exercida por mães/pais em relação ao professorado	Dos diferentes tipos de violência sofrida pelo professorado a partir de mães/pais, todos obtêm percentagens baixíssimas nas respostas afirmativas, exceto na indiferença ou apatia de mães/pais em relação ao trabalho do professorado, o que coincide com outros setores da comunidade educativa. Concretamente, esta forma de violência alcança uma tendência de 47% do professorado, que consideram que se dá com muita ou bastante freqüência. Portanto, este dado confirma o que foi expresso em relação às causas dos conflitos. Em relação às violências sofridas nos últimos três anos, os resultados são contundentes: as percentagens da tendência preocupante, "muito" ou "bastante", são absolutamente desprezíveis (a tendência "bastantes" ou "muitas" vezes vai de 0,4% de ameaças a 0,2% de agressões. Na alternativa "alguma vez", vão de 6,6% de insultos a 0,1% de agressões). Mais de 93% do professorado revela nunca ter sofrido nenhum tipo de violência de mães/pais nos três últimos anos.
Percepção da participação de mães/pais de alunos	Em relação à participação de mães/pais, a grande maioria do professorado tem uma visão pessimista: 76,2% respondem que não participam, ou apenas uma minoria o faz.

Percepção de participação da AMPA (Associação de Mães e Pais de Alunos)	Em relação à AMPA ocorre o mesmo. A maioria do professorado (74%) considera que não participa ou só participa quando é solicitada, ou em conflitos graves. Praticamente a totalidade do professorado restante tende a pensar que não participa nunca.
Disposição do professorado para a participação das famílias dos alunos na resolução de problemas de disciplina	Uma ligeira maioria do professorado, 57,1%, se mostra favorável "sempre" à participação das famílias na resolução dos problemas de disciplina (mas, ainda assim, sensivelmente inferior em relação ao alunado).
Lugares ou momentos nos quais mães/pais de alunos abordam os conflitos na escola	O primeiro ponto a destacar é o alto índice do professorado que não respondeu; excetuando as monitorias de todos os demais âmbitos – Conselho Escolar, direção da AMPA, assembléias de mães/pais, reuniões informais e departamento de orientação –, é a alternativa que tem maior percentagem. Em segundo lugar, o professorado considera que mães/pais de alunos utilizam habitualmente as monitorias[5] como espaços para resolver conflitos.
Mediação por parte de mães/pais de alunos	Somente 18,3% do professorado consideram que a mediação é usada pelas famílias dos alunos em "bastantes" ou "muitas" ocasiões. Portanto, na opinião do professorado, não é uma estratégia que seja muito utilizada habitualmente por mães/pais.[6]
Reuniões com mães/pais sobre conflitos e convivência	Esta atividade não parece ser realizada habitualmente, como mostram os resultados. A tendência positiva – "bastantes" ou "muitas" vezes – não passa de 27,5%. Outros 27% respondem que nunca são realizadas e 35,9%, que algumas vezes.
Reuniões com mães/pais para abordar temas relacionados a conflitos e convivência	A tendência positiva, "bastantes – muitas vezes", é apontada somente por 4,5%, enquanto apenas a alternativa "nunca" é reconhecida por 58,9% do professorado. Logo, tampouco é uma atividade que seja utilizada habitualmente para favorecer a participação das famílias, muito pelo contrário.

5. No caso da pesquisa realizada nas ilhas Canárias, perguntamos também sobre dois outros âmbitos, a Chefia de Estudos e a Direção, sendo que ficaram ambas nos primeiros lugares, junto com as monitorias.
6. Como assinalamos, o professorado avalia muito positivamente a mediação, mas circunscreve a freqüência de uso ao professorado e, muito especialmente, à equipe diretiva.

Definitivamente, os diferentes dados expressos nos mostram um professorado do Ensino Médio que confere quase unicamente ao ambiente familiar a principal razão da violência dos estudantes; que, da mesma forma, a maioria vê na falta de colaboração das famílias uma fonte de conflitos dos estudantes nas escolas; que uma notável maioria também vê pouco compromisso de participação das famílias na escola; que outorga ao clima de convivência com mães/pais a avaliação mais baixa dos diferentes climas de convivência dentre os setores da comunidade educativa; que mostra ainda um grau de desconhecimento ou avaliação negativa do clima de convivência entre mães/pais e que mais da metade do professorado se queixa bastante, ou muito, da indiferença ou passividade de mães/pais em relação ao trabalho dos docentes. Frente a este estado de coisas, paradoxalmente, não constatamos que o professorado fomente atividades, exceto nas monitorias, que envolvam a família, ou ao menos que tentem mitigar essas causas atribuídas à família que incidem tão diretamente em seu trabalho.

Como se tudo isso não bastasse, a maioria do professorado considera que as famílias não participam nem colaboram com a escola. Entretanto, da perspectiva das famílias, a opinião é bem diferente. Segundo o estudo de Marchesi e Pérez (2005) os pais estão muito insatisfeitos com sua participação nos centros educacionais. Quase a metade dos pais está pouco ou nada satisfeita com as possibilidades de participação oferecidas pela escola. Os estudos têm demonstrado que, desde a aprovação da LODE, em 1985, houve fortes resistências de um setor muito importante do professorado à participação de pais e mães. Ainda hoje, não é pouco freqüente encontrar escolas que oferecem raras possibilidades para sua participação, inclusive no plano de ação da monitoria.[7] Em outros casos, a falta de participação das famílias está fundamentada em sua dinâmica, por decisão ou por imposição, o que as leva a delegar suas responsabilidades educacionais às escolas. Sem dúvida, as mudanças sociais e progressiva precarização da economia explicam em boa medida a situação de muitas famílias que se encontram em zonas de exclusão social ou de alta vulnerabilidade. Nestas circunstâncias, é muito difícil dar a atenção adequada

---

7. Por exemplo, marcando horários de monitoria para atender pais e mães às 11h ou, no Ensino Médio, impossibilitando a conversa com algum professor ou professora que não seja o monitor.

a seus filhos, e a opção mais habitual é delegar esta tarefa aos centros educacionais, no horário escolar, e os deixarem à mercê da televisão, da rua, da galera, dos irmãos mais velhos etc., nos tempos livres.

O desencontro entre famílias e sistema educacional também tem sua origem na perda do princípio de autoridade do professorado dentro de um setor das famílias. Como desenvolvemos mais adiante, no terceiro ponto deste capítulo, é um dos erros que deve ser evitado. As discrepâncias ou diferenças que possam surgir com o professorado não devem acarretar o desprezo à figura do docente, mesmo que possa haver poderosas razões para isso. O processo educacional requer uma série de pactos implícitos, e um deles é o reconhecimento do princípio de autoridade – não de autoritarismo – da figura do educador (isto vale tanto para o professorado quanto para mães/pais). Além de ser um procedimento incorreto e rejeitável do ponto de vista moral, quando as famílias desvalorizam o papel do professorado diante de seus filhos estão agindo contra si mesmos, por conta dos efeitos negativos que tal comportamento costuma ter na atitude de seus filhos diante dos professores, além de agravar o problema ao atacar a pessoa ao invés de suas causas.

Outro motivo do desencontro repousa na diferente percepção que professores e famílias têm em relação à valorização do trabalho realizado pelos docentes. Segundo um estudo realizado para o Centro de Inovação Educacional – FUHEM, de Madri (Marchesi e Pérez, 2005), quando perguntado sobre como acredita que a sociedade avalia seu trabalho, as respostas do professorado foram contundentes: 75,2% manifestaram que a sociedade valoriza pouco ou muito pouco o trabalho dos professores. Contudo, em relação às famílias, os resultados são totalmente opostos – 83,7% consideram que as famílias avaliam positivamente o professorado –, não sendo relevantes as diferenças entre as respostas de pais de escolas públicas e conveniadas. Também é de se destacar que 83,3% dos pais estão de acordo ou muito de acordo com a afirmação de que o trabalho do professorado é difícil, enquanto 64,1% estão satisfeitos ou muito satisfeitos com a maneira de ensinar do professorado (se bem que esta posição tenha sido expressada mais pelos pais da Educação Fundamental que pelos do Ensino Médio). Não obstante, em relação à pergunta dirigida às famílias sobre como crêem que a sociedade avalia o trabalho dos docentes, as opiniões já não suscitam a unanimidade anterior, 38,8% estão de acordo ou muito de acordo com a afirmação "A sociedade valoriza suficientemente o trabalho dos professores", mas 41,7% manifestam-se em desacordo ou muito em desacordo.

Uma última razão que explica este processo paulatino de desencontro entre as famílias e as escolas é a falta de controle e de intervenção das administrações educacionais neste território. A supervisão do sistema educacional é uma das grandes deficiências que temos e a participação de mães e pais, assim como dos estudantes, é uma questão que teve e tem muito pouco peso ou interesse no corpo encarregado deste processo: a Inspeção. A realidade mostra que o fato de não haver associação de mães e pais em uma escola, por exemplo, não supõe nenhum tipo de contratempo nem de intervenção por parte da administração. Igualmente, a formação de pais e mães é uma necessidade que as administrações não têm assumido.

O ASSÉDIO ESCOLAR

Aparecem cada vez com mais freqüência casos divulgados pelos meios de comunicação sobre assédio escolar, intimidação, ameaças ou, com a palavra inglesa, *bullying*. Diferentemente da típica briga que pode se dar entre crianças ou adolescentes, o assédio implica uma prática continuada na qual uma ou várias pessoas, os agressores, exercem um poder tirânico sobre outro ou outros, as vítimas. Esta prática costuma gerar graves danos às pessoas que o padecem, além dos conseqüentes problemas de convivência. As famílias devem tomar consciência deste problema, sabedoras que os estudos apontam escasso conhecimento de pais e mães de filhos agressores e agredidos (Olweus, 1998).

Habitualmente, os companheiros da vítima sabem dos abusos, mas tanto aquela quanto seus colegas carecem da força necessária para denunciar a situação. Muitas das vítimas, além do medo, tendem a se autoculpabilizar ou lhes falta autoconfiança para denunciar as intimidações. Daí a necessidade de escolas e famílias serem muito sensíveis e oferecerem segurança para favorecer a denúncia destas práticas. Os abusos não podem ser tolerados e o pedido de ajuda não deve ser considerado como uma perda da auto-estima ou uma forma de expor-se ao ridículo.

Evidentemente, os ameaçadores também necessitam de ajuda. Às vezes, há meninos que caem neste tipo de prática por pressão de seus próprios colegas; em outros casos, consideram que é sua forma de enfrentar a vida – "a vida é assim, se você não mostra os dentes, outros o farão"; ocasionalmente, há os que justificam sua agressão como resposta a uma "provocação", ou porque o "fraco merece". Também costuma ser uma prática que pode conferir poder para sustentar a liderança em sua galera e, inclusive, como uma forma de evitar serem, eles mesmos, vítimas de abuso.

A falta de carinho nas famílias, o uso da violência física nas relações familiares, a ausência de modelos definidos de conduta e de controle das atividades dos filhos, além de determinadas características individuais, são as principais razões apontadas nos estudos sobre a origem do comportamento intimidador (Smith e Sharp, 1994).

Que podem fazer os pais diante do assédio escolar? Em primeiro lugar, evitar os comportamentos e o ambiente familiar que propiciam este tipo de conduta. Ainda assim pode haver casos, e de fato ocorrem, nos quais existam relações de amor nas famílias, boa comunicação, confiança etc. e, contudo, estas não saibam que seu filho está sendo submetido a assédio, ou que seja um assediador. Em muitos casos porque, como assinalamos, a vítima tem vergonha de ser vítima, o que a impede de comunicar-se com seus pais ou professores. Em outros casos, porque a vítima atuou contra seus pais, por exemplo, roubando dinheiro para dar a quem o assedia, o que acrescenta uma dificuldade maior para revelar. Em qualquer caso, quando de repente não queiram ir à escola e até afirmem ter medo, pode ser um indicativo de estarem sofrendo assédio escolar. Não esqueçamos o dado, exposto no capítulo 2, de que 17,1% dos estudantes do Ensino Médio dizem ter sentido medo bastantes ou muitas vezes de ir ao colégio por causa de seus companheiros. Uma parte desta percentagem pode estar relacionada ao assédio escolar. Alguns estudos também encontraram relação entre vítimas de assédio e superproteção das famílias.

TRANSFORMAR O PRESENTE PARA MELHORAR O FUTURO: A COLABORAÇÃO COMO NECESSIDADE

Famílias e escolas estão fadadas a entender-se por quatro razões fundamentais. Primeiro, porque compartilham objetivos comuns: a educação de seus filhos ou alunos. É certo que, em muitos casos, há diversidade e até objetivos contraditórios, mas em todo caso continuam compartindo as finalidades básicas das pessoas a educar. Em segundo lugar, a educação é um processo suficientemente complexo e difícil para ser delegado a apenas um setor, e muito menos para que entre ambos os setores não haja cooperação ou transmitam discursos antagônicos. Em terceiro, dos quatro âmbitos de educação que assinalamos, família e escolas são os que mais necessitam de equilíbrio perante a influência dos meios de comunicação e do grupo de iguais que, em determinadas idades, tendem a ser mais poderosos e eficazes, o que redunda, como dissemos, em maior aliança entre ambos os setores. Em quarto lugar, os resultados do Relatório PISA[8] foram conclusivos neste aspecto: a participação e envolvimento de mães e pais nas escolas é um fator de qualidade.

Por estas razões, necessitamos transformar a cultura de acusação e de desconfiança mútua em cultura de colaboração e confiança. Famílias e escolas devem romper a dinâmica destrutiva das acusações mútuas e fomentar laços de co-responsabilidade na educação dos estudantes. Isto significa transformações em vários aspectos:

> Compromisso das administrações para estruturar medidas que facilitem a cooperação e o trabalho conjunto das famílias e dos centros educacionais. Os próprios artigos da LOE reconhecem a necessidade de fomentar a relação entre as escolas e seu entorno, muito especialmente com as famílias: "A fim de tornar efetiva a co-responsabilidade entre professores e famílias na educação de seus filhos, as administrações educacionais adotarão medidas que promovam e incentivem a colaboração efetiva entre a família e a escola" (art. 114.4). E no parágrafo 4º deste mesmo artigo, há um compromisso explícito por parte das administrações educacionais de adotar "medidas que promovam e incentivem a colaboração efetiva entre a família e a escola". Esperemos, pois, que tais medidas se concretizem o mais rápido possível e com os recursos necessários.

> Na organização das escolas, fomentando a participação como "valor básico para a formação de cidadãos autônomos, livres, responsáveis e comprometidos com os princípios e valores" democráticos. Neste sentido, como já assinalamos, carece de um novo impulso e medidas de apoio e supervisão por parte das administrações educacionais.

---

8. Programme for International Student Assessment, ou Programa Internacional para Avaliação de Estudantes, realizado pela OCDE (Organização para a Cooperação e o Desenvolvimento Econômico) e baseado na análise do rendimento de estudantes de 15 anos a partir de exames mundiais realizados a cada três anos. [N. da T.]

Por exemplo, medidas e avaliações concretas deste aspecto que a LOE regula no artigo 121, com referência ao Projeto educacional de escola, em seu parágrafo 5º diz: "Os centros promoverão compromissos educacionais entre as famílias ou tutores legais e a própria escola, nos quais se consignem as atividades que pais, professores e alunos se comprometem a desenvolver para melhorar o rendimento acadêmico do alunado". Mesmo que, lamentavelmente, os legisladores tenham reduzido esta colaboração em relação ao rendimento acadêmico, devemos exigir tais medidas e compromissos, tanto da perspectiva de pais/mães, quanto daquela do próprio professorado e das administrações educacionais.

› Na cultura profissional de um setor importante dos docentes que continuam a entender a participação de pais e mães como uma intromissão em seu trabalho profissional, freqüentemente ligada a uma má interpretação do conceito de liberdade de ensino.
› Na cultura de um setor das famílias, que considera o professorado não envolvido o suficiente na educação de seus filhos e que, em determinados casos, desvalorizam seu trabalho.

ONDE ERRAMOS? ALGUNS ERROS NA EDUCAÇÃO DE NOSSOS FILHOS E FILHAS

Por si, o título deste ponto leva a equívocos, e quero precisar duas questões básicas, antes de tudo. Em primeiro lugar, pais e mães devem saber que, na educação de nossos filhos, os comportamentos e valores que adotam não dependem exclusivamente do que se faz ou diz na família. Vimos muitos pais e mães se culparem, exclusivamente, quando a situação acadêmica e/ou pessoal de seus filhos não vai bem. "Onde erramos?" é a pergunta, às vezes patologicamente, repetida. A atitude, valores e forma de encarar a vida de nossos filhos são resultado do cruzamento de diferentes variáveis que incidem em maior ou menor medida, segundo as ocorrências e circunstâncias. As cinco que mais influenciam no que realmente somos são família, escola, grupo de iguais – na adolescência tem um peso chave e, portanto, será um elemento a ser controlado pelas famílias –, além do entorno social e político no qual se vive – níveis socioeconômicos, formas culturais predominantes, possíveis usos da violência etc. E todo este amálgama de variáveis, com intensidades e influências diferentes, é interpretado, reelaborado por cada um de nós, por meio de nossas peculiares percepções, sentimentos etc.

Com isso, queremos dizer que a família é um elemento importante, prioritário nos primeiros anos e até a finalização da educação básica, mas não é o único fator que influencia na educação de nossos filhos. Ainda assim, isso não pode nos servir de álibi para delegar ou não exercer responsabilidades, nem podemos amargurar-nos pensando que todo o mal que possa ter nosso filho ou filha seja responsabilidade nossa.

Em segundo lugar, com o ponto "erros na educação de nossos filhos" não queremos culpabilizar ninguém. Muito pelo contrário. Pretendemos tomar consciência de que cometemos erros na vida, inclusive com as pessoas a quem mais queremos bem, e às vezes, precisamente este amor incondicional nos pode cegar. E devemos assumi-los, como também nossos pais cometeram erros conosco, e nem por isso deixamos de amá-los um milímetro, ou de reconhecer sua dedicação. Em todo caso, devemos assinalar que o amor é necessário e imprescindível em toda relação familiar, mas não basta do ponto de vista educativo. Igualmente é conveniente e necessário aprender com a experiência, ver que há uma série de comportamentos negativos para a educação de nossos filhos, e que podemos transformá-los. Entender, em suma, que sermos pais é um "ofício", que devemos aprender e melhorar ao longo da vida, e que a convivência positiva e feliz exige esforço, assim como o amor.

Estas são as razões deste ponto. Vejamos, pois, os erros mais importantes que vimos e ouvimos e que, nesta humilde opinião, devem ser corrigidos por serem negativos à convivência familiar e à educação de nossos filhos e filhas.

LIBERDADE SEM LIMITES

Há anos comento nos cursos e conferências que uma das muitas conseqüências negativas da ditadura em nosso país deu-se no campo educacional. Com efeito, passamos de uma educação ditatorial baseada na submissão e na falta de liberdades e direitos,[9] a uma situação caracterizada em boa medida pela permissividade, pela não imposição de

---

9. De fato, as crianças e jovens não eram sujeitos de direitos, nem na família nem na escola.

limites e pela conversão dos filhos no centro da família. Até o ponto que, em muitos casos, são exatamente as crianças quem marcam e determinam seus ritmos. Posição errática que, na maioria dos casos, conduz à geração de crianças caprichosas e egoístas. E mais, há autores que estabelecem a relação entre pais permissivos e crianças tirânicas. Saber dizer não é parte de todo processo educativo. Concordamos com Paulo Freire quando afirma:

> Sinto pena e me preocupo quando convivo com famílias que experimentam a tirania da liberdade, na qual as crianças podem tudo: gritam, riscam as paredes, ameaçam as visitas à vista da autoridade complacente dos pais, que se crêem campeões da liberdade. (2001: 44)

DESCUMPRIMENTO DE NORMAS

Como assinalamos (Jares, 2001b: 107-108), tanto na escola quanto na família, e em toda organização, é necessário dispor de uma série de normas que facilitem a convivência. A questão, pois, não é debater se é necessária ou não a disciplina, mas sim o modelo de disciplina, tendo em vista que esta é inerente a todo processo educacional.

> De forma sintética, podemos afirmar que a disciplina democrática é aquela que se assenta nos valores de respeito mútuo – chave em toda a convivência –, de direitos e deveres e na capacidade de desprendimento. Do ponto de vista dos procedimentos, este modelo de disciplina está embasado no diálogo, na argumentação, na negociação e na persuasão. (Jares, 2001b: 108)

O relaxamento nas normas – não ensinar desde pequenos a cumprir alguns hábitos e normas, a começar pela utilização de uma linguagem respeitosa – é sem dúvida um dos fatores que mais influencia negativamente as relações familiares e sociais em geral. As famílias devem ensinar a seus filhos que nem tudo é permitido, que nem tudo é tolerável, que todos temos deveres a cumprir. Como destacamos, educar também significa dizer não e saber colocar alguns limites. Não se trata de confundir e apresentar diálogo e disciplina como antitéticos, tal como vimos em algum estudo sobre a educação nas famílias. O grande afeto e paixão que nós, pais, sentimos por nossos filhos não pode cegar-nos no momento de estabelecer fronteiras e exigir responsabilidades. No extremo oposto, ser pais significa ter responsabilidade e deveres para com os filhos, entre os fundamentais a educação, que não permite deixá-los abandonados ou semi-abandonados.[10]

O MITO DO TRAUMA

Às vezes, a permissividade, a não fixação de limites são justificadas mais no plano pessoal, e pela equivocada popularização da psicologia. Em muitas ocasiões ouvi mães e pais dizerem que não queriam seus filhos crescendo com traumas. Afirmavam que eles sofreram com muitos traumas e repressões por culpa da educação autoritária recebida e, em sua lógica, vão ao extremo contrário: não contradizer nada e deixar que cresçam livres, tal como nos propôs Rousseau em seu *Emílio*. Assim foi criado e divulgado com notável êxito o que denomino mito do trauma, que faz com que muitas famílias confundam educar para a liberdade com falta de limites. E, como temos assinalado, é preciso dizê-lo claramente: gostemos ou não, educar também significa dizer não. Educar também é colocar limites, aceitar normas, cumprir compromissos etc. Mau favor fazem estas famílias aos meninos e às meninas que não são corrigidos quando fazem algo nocivo, quando nada acontece se descumprem compromissos, quando comportamentos intoleráveis ficam em absoluta impunidade. Com a tolerância a este tipo de comportamento abrimos possibilidades para que se convertam em autênticos tiranos na adolescência.

DAR TUDO O QUE NÃO TIVE QUANDO CRIANÇA

Em muitos casos, o mito do trauma é acompanhado também pela falta de limites nos hábitos de consumo. Não contradizer e conceder às crianças tudo aquilo que lhes apeteça é considerado como uma forma de ressarcir as penúrias que muitos tivemos quando pequenos. "Coitados!", se diz, "já que não pudemos ter nada, agora que posso, satisfaço todos os seus dese-

---

10. Não esqueçamos que dos mais de 34.000 menores detidos durante 2004, segundo dados do Ministério do Interior da Espanha (*El País*, 04/04/2006), a maioria revela carências familiares graves e ausência de tratamento educacional adequado. Entretanto, um dado que reflete uma mudança sociológica radical é que, de acordo com informação do mesmo periódico e no mesmo dia, "a maioria dos novos delinquentes juvenis pertence a famílias das classes média e alta" (p. 17).

jos e caprichos – que aproveitem!". Em alguns casos também é certo que, conscientemente ou não, este consumismo dos filhos é fomentado por famílias com recursos como forma de ostentação. Em outros, é a maneira de tentar suprir o pouco tempo que ficam com os filhos e filhas. Em todo caso, é curioso como, em geral, constatamos que a maioria das famílias é consciente de que seus filhos têm "coisas demais" e, inclusive, que "têm de tudo e, mesmo assim, dizem que estão entediados". O estudo da Fundação Santa María, "Valores e modelos de interação familiar na adolescência", também constata esta realidade, mais precisamente em 67% das famílias.

Relaxamento ou ausência de normas, e ceder a todos os desejos e impulsos, tende a produzir condutas consumistas, caprichosas, de mínimo esforço e baixa resistência à frustração. Crianças e adolescentes que não sabem apreciar o valor das coisas, nem o necessário esforço, porque para eles foi muito fácil consegui-las. Também temos encontrado crianças e adolescentes que têm de tudo em suas casas e, entretanto, se dizem entediados.

Um dos elementos consumistas que nos parece mais perigoso é instalar um aparelho televisor em seu quarto. Segundo o mesmo estudo da Fundação Santa María, 33,5% dos meninos e 26,6% das meninas têm televisor em seu quarto. Parece-nos uma medida muito perigosa por seus potenciais efeitos negativos nos adolescentes. De fato, temos ouvido muitos orientadores e professores do Ensino Médio dizer que boa parte dos casos de fracasso escolar aparece em indivíduos com televisor no quarto. O estudo também aponta que os televisores nos dormitórios "podem estimular o individualismo e o isolamento".

SUPERPROTEÇÃO

Estreitamente relacionada aos anteriores – por vezes causa e, em outras, conseqüência – está a errônea política familiar de superproteger os meninos e meninas. É fato que, tampouco neste caso, a situação do contexto social é indiferente na criação e manutenção deste tipo de comportamento, especialmente nos meios urbanos. Preservar a segurança dos filhos é uma de nossas tarefas como pais, mas também o é favorecer seu desenvolvimento pessoal autônomo. Saber conjugar segurança e liberdade, e ambas com autonomia, é um difícil desafio, porém necessário e fascinante. Pois bem, fomentar a autonomia de nossos filhos é o que se quer ao superprotegê-los?

Não podemos envolvê-los permanentemente com um manto protetor. Esta forma de proceder, além do mais, fomenta uma cultura de comodidade e irresponsabilidade. Na família, como nas escolas, os meninos e meninas têm de aprender a se responsabilizar por determinadas tarefas, que vão desde seus objetos pessoais, brinquedos, manter o quarto em ordem etc., até compartilhar responsabilidades comuns com a família, por exemplo, o encargo de pôr e/ou tirar a mesa etc. Ou seja, temos de educar para o sentimento de reciprocidade. Um exemplo de fomento da cultura da irresponsabilidade é visto em algumas famílias quando, finalmente, aceitam a entrada de um animal de companhia reclamado pela menina ou pelo menino, pela garota ou pelo rapaz. A condição sensata posta pelos pais é que seja ela ou ele a se encarregar de sua manutenção: dar-lhe de comer, limpar seus excrementos, levá-lo a passear, no caso de cachorros etc. Condição que se cumpre nos primeiros dias ou semanas, mas que, ao cabo deste tempo, tornam-se tarefas realizadas pela mãe ou pelo pai.

Tampouco devemos tomar por norma ir em sua ajuda quando têm conflitos com seus colegas ou irmãos, ainda que tal auxílio seja solicitado. Certamente haverá ocasiões em que teremos de fazê-lo, sobretudo se o conflito adquire uma rota violenta, mas temos de dar-lhes oportunidades para que também exercitem sua autonomia e responsabilidade neste terreno. Falou com ele/ela? Quais soluções você propôs? Insultar as pessoas é uma forma justa de resolver conflitos? São possíveis respostas dos pais para que os filhos tomem consciência de que têm de aprender regras para resolver suas contendas, que nem tudo é permitido, que devem aprender a negociar e a resolver seus conflitos por si mesmos, tal como veremos no terceiro ponto deste capítulo. O afã de superproteção, junto à hipervalorização de seus filhos, faz com que muitos pais entrem em conflito entre si por causa dos conflitos de seus filhos. E o pior é que costumam entrar de forma negativa, ou seja, acusando ou ameaçando a outra parte, o que reduz sensivelmente as possibilidades de resolução positiva.

SOMOS AMIGOS

Outra idéia muito ligada ao mito do trauma e à suposta educação livre, concepção bastante difundida nos últimos anos, na qual o vínculo paterno-filial é considerado como uma relação de amizade, de amigos, de colegas: "Mais que pais, somos amigos de nossos filhos". Como dissemos, é uma expressão que ouvimos em infindáveis ocasiões e que, temos de reconhecer, goza de prestígio em determinados cenários pedagógicos progressistas. Expressão que denota um desejo bem-intencionado de relação de igualdade e de proximidade, mas que, por sua natureza mesma, está condenada ao fracasso. Não apenas porque é diferente a relação de amizade entre iguais e a relação entre pais e filhos – que, por definição, é desigual –, mas, acima de tudo, não é desejável. Os pais devem exercer a função de pais, não de amigos, o que não significa que entre pais e filhos não haja muito boa comunicação, ternura e cumplicidade. Como ressaltou Montaigne no século XVI, "de filhos a pais, a amizade é, mais que tal, respeito" (1947: 172).

CEDER PARA NÃO ENTRAR EM CONFLITO

Já encontramos famílias que evitam entrar em conflito com seus filhos, especialmente quando são adolescentes. As causas deste comportamento podem ser variadas: evitar os conflitos por considerá-los negativos; pensar, como vimos, que se entrarmos em conflito com eles poderemos chegar a situações com as quais não saibamos lidar; crer que podemos traumatizá-los; ter medo das reações dos filhos; por comodidade etc. Como reflete o título da notícia publicada pelo *El País* (05/06/2002) sobre o estudo da Fundação Santa María, "Valores e modelos de interação familiar na adolescência": "Os pais preferem a tolerância ao conflito com os adolescentes". A matéria cita que 53,5% dos pais se inclinariam a esta postura.

Entretanto, como assinalamos no início deste capítulo, as famílias têm de compreender que os conflitos são inevitáveis em determinados momentos e que, em conseqüência, o desafio que se apresenta não é evitá-los, mas aprender a resolvê-los de forma não-violenta desde crianças. Além de inevitáveis, se enfrentados de forma positiva, os conflitos são um instrumento de amadurecimento muito importante para o desenvolvimento intelectual e moral. É óbvio que é mais fácil olhar para o outro lado, ou até deixar que façam o que quiserem para "conquistar seu carinho". Contudo, este tipo de comportamento, em geral, mais cedo que se pensa, deixa seu rastro negativo. Nada é tão perigosamente fácil quanto renunciar.

MOSTRAR IMPOTÊNCIA: NÃO POSSO COM MEU FILHO!

A conduta anterior, de evitar os conflitos, pode ser a conseqüência final de um processo roto e complicado, de rupturas e desencontros. Neste momento, fartos de tanto conflito, alguns pais jogam a toalha e dizem que "não podem mais". Este sentimento, compreensível em muitos casos, pode levar a situações limite quando os filhos ameaçam e agridem os pais. Não esqueçamos que na Espanha foram registradas seis mil denúncias, em 2005, por maus-tratos de filhos a pais. A Fundação de Ajuda contra a Drogadicção afirma, inclusive, que 8% dos pais sentem-se agredidos por seus filhos. Segundo diversas fontes, os rapazes formam a grande maioria dos agressores, e as mães costumam ser as vítimas – a parte que cede mais habitualmente, mais permissiva, mais branda. Javier Urra, ex-promotor do menor e psicólogo da Promotoria do Tribunal Superior de Justiça, assinala em seu livro *O pequeno ditador* que nove em cada dez agressores são garotos e quase 100% das vítimas são suas mães.

A situação começa a tornar-se muito perigosa quando o sentimento de impotência é demonstrado ao próprio menino ou menina, diante dele ou dela. Em minha época de professor, recordo a primeira vez em que me deparei com um caso que reflete esta situação, em meados da década de 1980. Este caso foi descoberto quando tive de chamar uma família por conta das reiteradas faltas relacionadas à indisciplina de seu filho. A mãe veio à escola e, pouco tempo depois de começar a conversa, confessa angustiada e derrotada: "Não posso com meu filho, não sei o que fazer com ele!". Isto me impressionou muito, pela situação delicada e porque nunca tinha ouvido esse argumento de um pai ou mãe com um filho tão pequeno, onze ou doze anos. Vinte anos mais tarde, já escutei esta mesma frase da boca de pais e de professores com crianças de oito, nove ou dez anos.[11] Vemos, pois, que também nesta temática de conflituosidade entre pais-filhos diminui a idade dos filhos no momento de surgir conflitos ou "papel de reivindicações", da mesma forma que ocorre com o consumo de drogas, delinqüência juvenil, primeiras relações sexuais etc. E, sem dúvida, estamos convencidos de que tudo isso está relacionado.

Portanto, como critério geral, devemos evitar mostrar impotência diante dos filhos, e da mesma forma perante o alunado, no caso dos professores, porque a partir do momento em que eles se apercebem e aprendem que são mais fortes podem chegar a ser autênticos pequenos ditadores. Não se pode ceder às birras que aprontam desde pequenos e, não obstante, aprendem rapidamente que são exitosas, porque conseguem o que querem. Precisam aprender que não se pode conseguir tudo o que se quer, ainda menos assim e, ao contrário, devem saber suportar determinadas frustrações ou impe-

---

11. No referido estudo da Fundação Santa María, *Valores e modelos de interação familiar na adolescência*, 1,7% das famílias admite qualquer conduta do filho porque se acha incapaz de enfrentá-lo.

dimentos que a vida apresenta. Em alguns casos, não cabe dúvida que será necessária a ajuda de um profissional. É também imprescindível a resposta institucional em todas as comunidades autônomas para ajudar estas famílias. Algumas delas já o fazem, como a Comunidade valenciana que deu início, em 2004, a uma escola de pais nos centros de internação de menores, nos quais os adolescentes ingressaram depois de terem sido denunciados por seus pais. Segundo os resultados obtidos, 80% dos casos foram resolvidos de maneira favorável e nenhum dos meninos voltou a agredir seus pais.

CONFUNDIR O PROBLEMA COM A PESSOA

Este é um erro bastante generalizado que de modo algum é exclusivo ou preferencial das famílias. Mas é necessário ressaltar sua importância na educação para a convivência a partir das famílias, seja no plano quantitativo ou qualitativo. Habitualmente, quando encaramos um conflito, costumamos atacar as pessoas e não seus conteúdos ou causas. Vejamos um exemplo do que dizemos através de um caso real que presenciamos na entrada de um restaurante. Estávamos na fila para entrar no restaurante. À nossa frente, havia uma família – pais, uma menina de mais ou menos cinco anos e um bebê no carrinho. De repente, ouvimos um ruído e, imediatamente, os gritos do pai para a menina: "Você é retardada ou o quê? Estou dizendo que esta menina é retardada". Ao mesmo tempo em que olhava para a garotinha, virava-se para a mãe buscando aprovação, e insistia: "Estou dizendo a você que ela é retardada!". A mãe da criança não respondeu nada, e a menina permaneceu totalmente imóvel e calada, olhando para frente na direção da fila de forma que não consegui ver seu rosto. O motivo deste comportamento do pai foi que a garotinha deixou cair, sem querer, a estante com o cardápio do restaurante. Todos ficaram perplexos, sem saber o que fazer e com um silêncio revelador.

O que ocorreu aqui? Em minha opinião, o pai cometeu quatro erros.

1 Confundir o problema com a pessoa. A resposta foi atacar a filha, não a suposta causa do problema.
2 Conferir um caráter de problema a algo que, na realidade, não era. Reação desproporcional ante um assunto de pouca importância.
3 Chamar-lhe a atenção em público, de forma ostensiva.
4 E, sobretudo, atacar a auto-estima da menina, com o agravante, ademais, de fazê-lo publicamente.

ENCOBRIR OS FILHOS QUANDO COMETEM ALGUMA FALTA
Esta prática está bastante disseminada em um setor da população – em minha opinião, majoritário –, mas com incidência nas escolas, tal como é cada vez mais corroborado por colegas. É outro exemplo de como vivemos uma situação pendular, dado que 25 anos atrás, mais ou menos, quando sofríamos algum castigo como estudantes nem passava por nossa cabeça comentá-lo em casa, porque sabíamos que, se o fizéssemos, receberíamos outro tanto. Isto é, a família tinha confiança total no fazer e na autoridade do professorado, de tal forma que existia um consenso social de que quando o professor castigava, alguma razão havia. Deste consenso, passou-se a uma situação totalmente oposta, na qual um setor da população questiona abertamente a atitude do professorado quando repreende seus filhos, e chega inclusive a encobri-los quando cometem faltas na escola. É evidente que os professores podem se equivocar, e de fato o fazemos em muitas ocasiões, mas em geral quando um aluno é repreendido tende a haver motivos para isso, e em muitos casos sobram razões (ainda que estejamos sempre obrigados a não cometer o erro anterior, confundir o problema com a pessoa e, portanto, não cometer enganos no momento da correção).

Chamar os pais para tentar resolver a situação e que estes respondam com ataques ao professor, acobertando o filho, além de frustrante para o educador, é um grande erro que se comete com o próprio filho. Temos verificado, por exemplo, o caso de meninos e meninas que faltam a aulas no Ensino Médio – ou seja, cabulam ou "enforcam": a escola chama os pais para comunicar a ocorrência e a resposta deles é acobertá-los diante de um fato tão objetivo e aferível como estar ausente durante todo o período.[12] Os pais precisam entender que uma coisa é o filho em casa e outra, diferente, é esse mesmo jovem em classe, com seus colegas. Em segundo lugar, não podemos tolerar comportamentos graves que, ao ficarem impunes, tendem a se reproduzir.

---

12. Lamentavelmente, também temos constatado o contrário. Rapazes e garotas que cabulam aula no Ensino Médio e que a monitora responsável não avisa a família sobre tais faltas. Sinceramente, parece-me uma falta muito grave que deveria estar regulada.

A CULPA É DOS PROFESSORES!

Um equívoco que muitas vezes se liga ao anterior costuma ser a atitude de desautorizar em casa o papel dos professores diante das crianças ou jovens, seja porque se pensa de forma diferente a respeito de possíveis práticas educacionais, seja porque se pretende transferir nossas responsabilidades ao professorado. Se os filhos não vão bem no colégio e, inclusive, dão problemas em casa, o recurso à mão é dizer "a culpa é dos professores!". Alguns pais chegam até a atribuir os maus resultados acadêmicos de seus filhos à incompetência do professorado (independente de que haja casos em que esta acusação possa estar correta).

Em reportagem do jornal *El País* (20/03/2005), uma mãe reconhece este erro de forma contundente: "Até nós, pais, desautorizamos os professores caso repreendam nossos filhos; assim, não há como impor normas mínimas, e as crianças ficam fora de controle". Testemunho que tem a dimensão positiva da autocrítica, de reconhecer que se está agindo mal neste aspecto, ainda que, ao mesmo tempo, admita que o erro continua a ser cometido. Mas também tem outra dimensão negativa, porque a mãe que fala tem uma filha de apenas quatro anos; ou seja, na tenra idade dos filhos tem início o desencontro entre as famílias e o professorado. Que atitude se pode esperar de uma menina ou menino de quatro anos, ou menos, que ouve seus pais falarem mal dos professores? Além do possível conflito em que possam ser colocados estes meninos ou meninas entre, de um lado, o que dizem seus pais e, de outro, a opinião de seu professor ou professora, tampouco podemos esquecer que há temas que não podem ser falados diante dos pequenos e, muito menos, um tão importante quanto as relações das crianças com seus professores.

Como costumo dizer nas conferências para mães e pais, não se trata de os pais renunciarem ao controle do ensino de nossos filhos na escola, nem de assinar um cheque em branco ao professorado, ou que tenhamos de nos calar quando vemos ou prevemos que possa haver algum conflito. Os pais não só têm a obrigação como o direito de participar da vida na escola, e é um dever moral e legal acompanhar a vida acadêmica de nossos filhos. Porém, quando pensamos que entramos em conflito ou que estamos em desacordo com algo que o professor tenha feito ou dito, devemos falar com este, com o monitor/a e/ou com o diretor/a de forma respeitosa. Os problemas e conflitos têm de ser enfrentados, mas temos de saber enfrentá-los. Vivi situações, como professor e diretor de uma escola, nas quais as solicitações de pais/mães eram totalmente razoáveis, mas que me colocavam em posição impossível de apoiá-las pela forma como haviam abordado o conflito. E este continua sendo um dos grandes problemas não resolvidos.

Desautorizar o professorado diante das crianças e dos jovens é um erro enorme, porque desvaloriza a necessária autoridade dos professores para a boa educação dos estudantes e, em segundo lugar, pode suscitar uma perigosa conduta de arrogância em relação aos docentes, que pode levar a pensar que, façam o que fizerem, terão o respaldo de seus pais. Conhecemos alguns casos extremos, felizmente irrelevantes do ponto de vista estatístico, nos quais rapazes chegaram a ameaçar professores de avisar seus pais se fossem repreendidos ou castigados. Mas, sem ir a estes casos excepcionais, convém não falar diante dos jovens de forma depreciativa ou negativa em relação ao professorado. Há discrepâncias que não devem ser comentadas com crianças ou jovens, e outros casos que podem ser abordados, mas devemos apresentar nossa perspectiva do conflito ou dos temas discordantes sem atacar ou desvalorizar a figura do professor/a. Entre outras coisas, porque, como pais, interessa-nos que a figura do docente não seja danificada para a melhor qualidade do processo educacional.

"PERDER A CABEÇA"

Nós que temos responsabilidades educativas, seja como docentes, pais, educadores sociais, multiplicadores etc., sabemos que uma das contingências possíveis em dado momento é o que coloquialmente chama-se "perder a cabeça". Do ponto de vista profissional, é também um dos erros a serem evitados. Mas, considerando o aspecto que nos ocupa, educação a partir das famílias, sabemos que é uma situação que acontece com certa freqüência. O citado estudo da Fundação Santa María, "Valores e modelos de interação familiar na adolescência", mostra que 31,9% dos pais reconhecem que "perdem a cabeça" e são agressivos freqüentemente ou muito freqüentemente.[13] É curioso, porque é uma percentagem similar à

---

13. Além desta percentagem, também não podemos menosprezar os 29,6% que deram a resposta "regular"' de difícil avaliação pelas enormes possibilidades de flutuação que possui. Somente 38,3% declaram que "poucas" vezes ou "nunca" perdem a cabeça.

do fracasso escolar no Ensino Médio. É evidente que não pretendemos estabelecer uma única relação de causa-efeito, mas sem dúvida está no centro das preocupações e possíveis descontroles nas famílias.[14]

Ainda que seja compreensível em muitos casos, e por isto não sujeito a crítica ou desvalorização, "perder a cabeça" é um erro, porque ao nos alterarmos, perdemos boa parte de nossas capacidades reflexivas e, conseqüentemente, temos maiores probabilidades de equívoco. Portanto, somos menos eficazes quando estamos alterados.

Mas, "perder a cabeça" também pode ser uma forma de intimidação. Deveriam ser observados, pois, os diferentes graus de "perder a cabeça" e, inclusive, sua justificativa. Às vezes, podemos "perder a cabeça" porque algo objetivamente errado foi feito, mas tampouco é menos certo que há outros casos em que os pais, e também o professorado, "se enfurecem" por quase nada, e até sem qualquer motivo aparente.

USO DA VIOLÊNCIA

Em alguns casos este "perder a cabeça" vem acompanhado ou se apresenta como justificativa, ou álibi, para agir de forma violenta. Mesmo que seja correto dizer que o castigo corporal está praticamente erradicado das escolas, no meio familiar ainda goza de autoridade. Na realidade, mais que o castigo físico, em um setor das famílias o que se dá é a chamada "palmada pedagógica", vista como positiva pela maioria da população. Estudo do Centro de Pesquisas Sociológicas (CIS), realizado em 2006 (*El País*, 09/04/2006), mostra que – ainda que a grande maioria dos entrevistados (95%) afirme que o diálogo é a melhor atitude dos pais ante situações dificultosas – 60,1% pensam que uma surra em tempo evita maiores problemas. Como diz Montaigne ao tratar da relação pais/filhos:

> É mister fazer-se respeitar pela virtude e valia, e amar, pela bondade e doçura dos costumes [...] aos que se há de haver formado (aos filhos) o espírito no dever, mediante a razão, não mediante a necessidade e a escassez, nem mediante a dureza e a força. (1947: 75)

---

14. De fato, como o referido estudo constata, "a falta de esforço e interesse nos estudos ou no trabalho" é a segunda causa de conflito de pais com seus filhos adolescentes, e a terceira em relação às meninas.

Esta opinião ampliada – que logo viria a qualificar o que se entende por "palmada pedagógica" – explica a constatação pessoal à qual chegamos com nossos estudantes, no sentido de que a maioria reconhece que, em determinados momentos, foi utilizada alguma forma de violência física com eles (mais com eles que com elas). Igualmente, outro âmbito de indagação está relacionado aos amigos e amigas de minha filha Sira. Lembro-me de uma experiência bastante ilustrativa, ocorrida na celebração de seus onze anos. Em dado momento, do grupo de suas convidadas, seis colegas do colégio, sai o comentário alto e a uma só voz: "Que fresca! A Sira nunca apanhou!" Ao ouvir esta frase e os comentários de aprovação das que tinham exclamado, não pude resistir à tentação de "meter o bedelho" no assunto, como quem não quer nada. Todas reconheciam ter recebido alguma forma de violência física (empurrões, bater com a vassoura, com o cinto etc.) de seus pais, ao ponto de demonstrarem estranhamento pela forma como Sira fora educada, sem nunca ter apanhado. De repente, a falsa equação aprendida – educação = violência – se desequilibrava diante de seus olhos. Os processos de naturalização da violência são diversos e eficazes, e nestas meninas estavam sendo muito eficientes. Espero que esta surpresa-conflito lhes tenha servido para começarem a desandar e desaprender o caminho da violência.

A justificação da violência também é transmitida quando, nas relações entre iguais na casa, se diz: "Se baterem em você, revide". "Não bata em ninguém, mas se baterem em você, defenda-se". É uma forma de reproduzir a espiral de violência e, em muitos casos, pensar que ela está nos outros e não em meu filho.

IMPOSIÇÃO DE NOSSAS ESCOLHAS

Um erro que ainda está muito enraizado em setores da sociedade é a "naturalização" do fato de, por sermos os pais, podermos impor determinadas opções ideológicas, religiosas ou profissionais a nossos filhos. Conheci casos de autênticos conflitos quando os filhos optam por caminhos muito diferentes daqueles que seus pais desejavam.

> Não tenho dúvidas de que minha obrigação como pai, amante da liberdade, mas não licencioso, zeloso de minha autoridade, mas não autoritário, não consiste em manipular a opção partidária, religiosa ou profissional de meus filhos, "guiando-os" a este ou aquele partido, ou esta ou aquela igre-

ja ou profissão. Ao contrário, sem ocultar-lhes minha escolha partidária e religiosa, o que me incumbe é atestar meu profundo amor pela liberdade, meu respeito aos limites, sem os quais cessa minha liberdade, meu acatamento de sua liberdade no processo de aprendizagem para que, no futuro, eles e elas a utilizem plenamente tanto no campo político quanto no da fé. (Freire, 2001: 47)

A imposição tampouco combina com a cultura democrática que devemos fomentar nas famílias, nem com a necessidade de desenvolver a autonomia dos pequenos e pequenas, à qual nos referimos anteriormente. Esta prática está embasada na tradição autoritária de reclamar obediência e conformismo no caso das famílias aos filhos e das escolas aos estudantes. Entretanto, devemos ser muito críticos a estas práticas autoritárias porque dificultam o desenvolvimento pessoal dos indivíduos, e porque o conformismo é um contra-valor, é um valor diametralmente oposto a uma cultura democrática. Em sentido oposto, devemos fomentar sua autonomia e capacidade crítica que pode levar a posições de dissidência em relação à nossa própria forma de educar. Respeitar e saber entrosar na vida familiar o direito a dissentir, que nada tem a ver com falta de respeito, é um princípio básico para seu funcionamento democrático.

INTERESSE ÚNICO PELOS ESTUDOS
É um equívoco no qual incorremos, tanto da perspectiva dos filhos quanto do papel do professor ao falar com alguns pais. Este erro tem duas facetas. Uma delas consiste em aproximar-se dos filhos apenas quando chegam as notas, ou seja, interessam somente os resultados. A partir desta perspectiva, o "trabalho" dos filhos é estudar e a única coisa que interessa é que os objetivos sejam alcançados. Tudo o mais não importa, ou não é levado em consideração. Na outra faceta, a aproximação não se restringe ao dia das notas, mas os contatos têm como temática única os estudos. Como afirma uma mãe preocupada com a educação de seus filhos, "temos cada vez menos tempo para os afetos". O tema dos estudos é muito importante e exige uma preocupação e vigilância constante de nossa parte, não há ou não deve haver dúvidas a respeito. Mas, tampouco podemos esquecer que nossos filhos e filhas também têm sentimentos, questões pessoais, conflitos, aspirações etc. Favorecer espaços e relações de confiança para que tudo isso possa aflorar é muito importante, tanto para seu desenvolvimen-

to pessoal quanto para promover a convivência. Compartilhar espaços de ócio conjuntos também é muito interessante e necessário.

TRATAMENTO DESIGUAL POR RAZÃO DE SEXO
Ainda que tenhamos avançado muito no que diz respeito à igualdade entre os sexos nos últimos anos, não restam dúvidas de que até agora são mantidos certos tratamentos desiguais em função do sexo dos filhos, em determinadas famílias. Desigualdade que pode estar relacionada à realização das tarefas domésticas, diferentes horários de lazer de acordo com o sexo, expectativas profissionais e, inclusive, a avaliação do papel da mulher na sociedade. A preocupação com a erradicação de preconceitos e estereótipos em razão de gênero, e de igual forma em função de etnia ou classe social, é uma necessidade para a convivência democrática. "Ao desprezar os mais fracos, enganar os incautos, ofender a vida, explorar aos outros, discriminar o índio, o negro, a mulher, não estarei contribuindo para que meus filhos sejam sérios, justos e amantes da vida e dos demais" (Freire, 2001: 178).[15] Neste sentido, a "institucionalização" da "dupla jornada" que muitas mães estão a suportar – trabalho fora de casa que não as exime das atividades e responsabilidades das tarefas domésticas e da educação dos filhos – é uma situação que não favorece o desaparecimento desta discriminação. A publicidade continua a ser um bom recurso didático para questionar os estereótipos sexistas que boa parte dela produz.

ESTRATÉGIAS PARA FAVORECER A CONVIVÊNCIA NAS FAMÍLIAS

Além do exposto no capítulo 1 sobre os conteúdos da convivência, o primeiro passo a ser considerado por mães e pais, assim como por filhos à medida que vão crescendo, é que onde há vida, há conflito. Portanto, ainda que a família seja o espaço social onde, em geral, as relações afetivas têm maior profundidade, não está isenta de modo algum de conflitos de diversas naturezas. E mais, pais e mães devem aprender que, desde o nascimento do filho ou filha, passamos a estabelecer uma relação incomensuravelmente amorosa, mas também potencialmente conflituosa.

---

15. Estas são as últimas palavras escritas por Paulo Freire, exatamente no dia 21 de abril de 1997.

Não apenas com o novo ser, mas entre os próprios pais no florescer de diferenças educacionais sobre como realizar a educação dos filhos. Assim, sobre esta segunda idéia, é realmente alarmante que muitos pais/mães, ou futuros pais/mães, não tenham trocado nenhum ponto de vista sobre os critérios educacionais da formação de seus filhos. Talvez, porque continue funcionando a idéia implícita de que há apenas uma forma de educar que é, como se pensa, a mesma com a qual nossos pais nos educaram.

Em boa medida, as estratégias que propomos estão ligadas a corrigir os erros comentados no ponto anterior. Ao mesmo tempo, muitas das propostas que vimos no capítulo 3 aplicadas no âmbito escolar têm aplicação também no seio familiar.

DIÁLOGO

Vimos no capítulo 1 que o diálogo é conteúdo fundamental à convivência. Também o é como estratégia imprescindível para construir famílias, escolas e sociedades pacíficas. Falar, falar, falar e ouvir, ouvir, ouvir ativa e constantemente são as grandes chaves para gerar famílias conviviais, ao mesmo tempo em que servem como prevenção de determinadas situações indesejadas. Mães e pais devem mostrar diariamente uma atitude de interesse e de escuta ativa das situações vitais para seus filhos, relações com seus colegas e professores, preferências, preocupações etc. Em relação ao colégio é importante falar diariamente sobre como foi o dia, não com caráter fiscalizador e, muito menos, apenas acadêmico. Perguntar "como foi o dia" deixa tudo em aberto: o que aconteceu nas aulas, as relações com os colegas, o recreio etc. Mas, para que a qualidade da resposta à pergunta seja boa, há que fazê-la em ambiente de confiança e respeito. Em segundo lugar, tal como expomos no ponto seguinte, é necessário ter tempo, além de atitude, fundamentalmente a da escuta ativa, e condições – por exemplo, começar a conversar sem ruídos, seja do televisor ou outro meio que dificulte a comunicação.

Em determinadas ocasiões, ou em situação de conflito, também é importante estabelecer um cenário de diálogo mais formal e com mais tempo disponível. Da mesma forma que costuma acontecer em muitas famílias, há momentos nos quais temos de abordar determinadas situações que afetam algum membro ou decisões que dizem respeito a todos. Nestas horas, alguém convoca uma reunião familiar. Ou seja, sabemos que é um tema que precisa ser pensado e discutido com calma e portanto, e se possível, é organizada uma reunião à noite, para o dia seguinte ou no final de semana. Também há dois momentos do dia que dedicamos ao diálogo – um deles é o horário de almoço e outro, antes de dormir. Em suma, dialogar e dialogar, como melhor garantia para o êxito da convivência.

TEMPO

Esta variável, assim como o sistema educacional, é fundamental nas famílias. Entretanto, é fato aceito por todas que a nova situação socioeconômica e as novas relações familiares provocaram, em um importante número de famílias, a diminuição do tempo para estar com os filhos e, inclusive e em muitos casos, que este tempo não seja de qualidade, baseado na escuta ativa, no diálogo, no apoio mútuo etc. Às vezes, sobretudo nas classes sociais média e alta, tenta-se suprir a falta de tempo "ocupando" os filhos em um carrossel de atividades de formação extra-escolar que em muitos casos costumam ser prejudiciais ao rendimento acadêmico e às relações familiares.

Devemos ser claros neste ponto. Construir uma convivência saudável, democrática, respeitosa, feliz, exige o investimento de tempo, além de energia (esforço). Não podemos nos safar disso; é necessário dedicar tempo e espaços para cultivar a convivência, que são as bases de uma família, de uma escola ou de um país. Neste sentido, a conciliação da vida laboral e familiar é básica, de forma que as relações de trabalho que não permitem este tempo devem ser modificadas. O conjunto da população deve tomar consciência da necessidade de as famílias terem seu tempo para crescer e abordar os conflitos. Consciência que também deve ser muito crítica com aqueles pais que, mesmo tendo tempo, não o dedicam a seus filhos.

NORMAS

Como frisamos no ponto anterior, um dos erros que vêm sendo cometidos no seio das famílias é a ausência de normas e/ou seu descumprimento. As famílias, como todas as organizações, têm uma série de normas, explícitas ou não. Eventualmente, são aplicadas algumas que ninguém explicitou mas que todos aprenderam. Há famílias que funcionam com normas de caráter mais cooperativo e outras em sentido contrário; há famílias que constroem suas próprias normas democraticamente, e outras, não; há famílias que têm normas muito claras e para todos os seus membros, e outras que funcionam com regras menos claras e/ou que não são iguais para todos; há famílias que, ao longo do tempo, mantêm as mesmas normas, e outras que as mudam constantemente; há famílias que se detêm e dedicam tempo para que as crianças aprendam a expressar seus sentimentos, e outras que nunca o fizeram.

A convivência exige a adoção de um rol de normas básicas que a regulem. Normas que devem ser aprovadas por todos aqueles e aquelas que sejam afetados por elas, depois de uma conversa exaustiva e livre. Ou seja, devemos conjugar o respeito – de todos/as e para todos/as – com a necessidade de aprovar e chegar a um consenso sobre as normas de funcionamento, tanto nas famílias quanto nas escolas. Normas que, portanto, devem ser sentidas, discutidas e aprovadas por todas e todos os que configuram uma determinada comunidade de convivência, seja uma família ou uma classe, e que devem ter como referência os princípios democráticos e os direitos humanos.

Esta forma de construir a convivência será a melhor garantia de sua efetividade, por tais normas serem sentidas, valorizadas e aceitas como próprias daquele conjunto. Entretanto, em família ou outra comunidade educacional, há certas normas que não podem ser sujeitas a discussão, tanto as que se referem a questões de segurança, de saúde ou de relações interpessoais. Por exemplo, relatórios detectam um aumento dos comas alcoólicos nos finais de semana entre jovens de onze a quinze anos. É evidente que nesta faixa etária uma família responsável não pode admitir que os jovens estejam até altas horas da madrugada consumindo álcool e outros tipos de drogas. Tampouco pode a sociedade permitir.

APRENDER A RESOLVER CONFLITOS
As famílias têm de ser o primeiro laboratório de aprendizagem de resolução não-violenta de conflitos. Tal como atestam diferentes experiências, podemos aprender a resolver os conflitos de forma não-violenta desde crianças, situação que, sem dúvida, facilitará a criação de uma nova cultura do conflito. Neste sentido, é necessário que nos familiarizemos desde os primeiros anos de vida com as diversas estratégias e recursos de resolução não-violenta.

Uma forma de levar a cabo esta tarefa é contrastar o que acontece no dia-a-dia com o exposto no cartaz "O que fazer diante de um conflito?" (ver quadro), que desenhamos para o programa educativo municipal de Vigo, Aprender a Conviver (Jares, 2001a e 2001b). A idéia é trabalhar de forma contínua as habilidades ou atitudes que favorecem a resolução de conflito e as que, ao contrário, obstruem. Foi uma proposta bastante exitosa nas escolas e, como sabemos, em outras esferas como empresas, associações de mães e pais, e tem sido utilizada também no campo familiar.

O QUE FAZER DIANTE DE UM CONFLITO?

Para ajudar a resolvê-lo:	Para obstruir sua resolução:
Acalmar-se	Insultar
Escutar de maneira ativa	Ameaçar
Empregar uma linguagem respeitosa	Culpabilizar
Separar o problema da pessoa	Acusar
Voltar a atenção ao problema	Desprezar / Ridicularizar
Saber acolher as posições de cada uma das partes, respeitando os sentimentos de cada uma	Julgar
Saber pedir desculpas quando se comete uma falta	Ver somente a própria posição
Propor soluções	Generalizar / Rotular
Buscar acordos e sermos respeitosos em relação a eles	Arrasar
Abrir espaços para enfrentar os conflitos	Levantar outras questões não ligadas ao conflito

Dado nosso tipo de cultura e por serem dominantes as formas negativas de encarar os conflitos, devemos trabalhar, com constância, para evitar comportamentos que costumam ser os mais freqüentes, tais como:

- Fazer generalizações, estereótipos ou "rotulações". Exemplos: "Você sempre se comporta mal"; "Trabalhar com você é perda de tempo".
- Misturar sentimentos pessoais com a ação causadora do suposto conflito. Exemplos: "Não suporto receber queixas de você"; "Cada vez que ouço falar mal de você, fico doente".
- Responder às ações que precisam ser corrigidas desvalorizando ou insultando a pessoa: "Estou farto de suas bobagens"; "Sabia que você era inútil, mas não tanto assim!".
- Propiciar o "efeito pecha", fomentando a baixa auto-estima com frases

como: "Já sabia que você não seria capaz"; "Como pude pensar que você faria isso bem?"; "A quem você puxou?" (frase terrível por supor o não reconhecimento do filho por parte dos pais, e por considerar que o indivíduo nasceu como "um bicho raro", "sem remédio", do ponto de vista do filho ou da filha).

> Realizar comunicações seletivas com algum dos filhos fazendo pouco caso do outro/a ou outros/as. Habitualmente, as famílias costumam adotar a forma de comparação entre irmãos, apoiando e reforçando a conduta positiva de um deles, ao mesmo tempo em que se transmite a falta de esperança na conduta negativa do outro. Exemplo: "Faça igual à sua irmã, traste!"; "Não tem vergonha, você é a ovelha negra da família!".

> Cair na contradição de reclamar um tipo de comportamento, fazendo justamente o contrário. É bastante habitual na falta de respeito verbal. Exemplo: "Não me insulte, imbecil!". Outras vezes, reclamando maneiras gentis de trato. Exemplo: "Já disse para vocês não gritarem!" (grita o pai para os irmãos que estão brigando).

Um exercício que costumamos realizar para favorecer a comunicação são os de escuta ativa. O ouvir, por si só, pode não resolver um conflito, ainda que às vezes aconteça. Entretanto, a escuta ativa é a condição imprescindível que está sempre presente em todo processo de resolução. Uma das habilidades que estimula a escuta ativa é o parafrasear. Trata-se de um processo mediante o qual o receptor repete ou sintetiza sua mensagem para o emissor, para que este confirme a veracidade do que foi expressado. Coloquialmente, nos exercícios de treinamento denomino este exercício de "efeito espelho", no qual o receptor devolve ao emissor o que foi dito (podem-se ver exemplos em Jares, 1999a, 1999b e 2001b).

Em geral, o processo de intervenção em um conflito depende de cada situação. Seguimos cinco passos que, de uma forma ou de outra, tendem a estar sempre presentes:

1 Facilitar e melhorar a comunicação
2 Clarificar a origem, a estrutura e a magnitude do conflito.
3 Trabalhar sobre os problemas concretos que as pessoas ou grupos têm entre si para buscar possíveis acordos.
4 Concretizar e manter o foco nas alternativas de resolução.
5 Avaliar as estratégias, processos e resultados.

No quadro a seguir (Jares, 2001b: 178-79), sintetizamos os objetivos e as estratégias básicas de cada uma destas fases.

PROCESSO DE INTERVENÇÃO PARA RESOLUÇÃO DE CONFLITOS

FASES	OBJETIVOS	ESTRATÉGIAS
1. Facilitar e melhorar a comunicação	• Facilitar um ambiente de diálogo • Controlar possíveis dinâmicas destrutivas • Reconhecer os interesses da outra parte • Gerar uma atitude de interdependência • Esclarecer o significado emocional do conflito	• Escuta ativa • Expressar interesses • Respeitar as demandas da outra parte • Buscar pontos em comum • Expor as visões de cada um e contrastar possíveis temores
2. Clarificar a origem, a estrutura e a magnitude do conflito	• Identificar a estrutura do conflito • Controlar os elementos subjetivos na visão do conflito	• Contrastar as visões do conflito das partes • Analisar o conflito globalmente
3. Trabalhar sobre os problemas concretos e opostos que as pessoas ou grupos apresentam para buscar possíveis acordos	• Manifestar os problemas e separá-los das pessoas • Confrontar interesses	• Despersonalização • Abordar as diferenças com toda a intensidade necessária, sem ferir as pessoas • Centrar foco nos interesses e não nas posições • Enumerar as necessidades básicas que devem estar incluídas no acordo
4. Manifestar e enfocar nas alternativas de resolução	• Buscar possíveis acordos	• Negociar possíveis acordos • Evitar entrar em outras considerações marginais ao conflito • Estabelecer prazos de execução • Expressar a necessidade de fazer constar por escrito os acordos alcançados
5. Avaliar as estratégias, processos e resultados	• Examinar os procedimentos utilizados, o tipo de acordo e seu cumprimento	• Contrastar o tipo de acordo entre as partes • Contrastar o tipo de estratégia utilizado • Verificar o grau de execução

EXPRESSAR SENTIMENTOS

No capítulo 1 desenvolvemos a importância da afetividade na educação e nos processos de convivência. Um dos aspectos compreendidos na dimensão afetiva é saber reconhecer e expressar sentimentos. Tanto para o âmbito geral da convivência quanto para a resolução de conflitos em particular, saber reconhecê-lo e expressá-los é uma das habilidades que deve ser aprendida desde criança, o que agrega, entre outros aspectos, saber diferenciar sentimentos de ações. "As crianças que compreendem como as outras pessoas se sentem podem resolver os conflitos mais facilmente que aquelas que não. A compreensão de sentimentos inclui identificá-los, compreender sua natureza e distinguir entre sentimentos e ações" (Crary, 1998: 52).

Um aspecto importante para esclarecer o significado emocional do conflito para os envolvidos é abordar os temores mútuos dos protagonistas e as aspirações de cada uma das partes para resolver o conflito.

> Conseguir que cada uma perceba as aspirações da outra sobre o que está em jogo, e a falta de clareza com a qual se percebem as ações da parte contrária, pode ser um primeiro passo para reduzir, em ambos os lados, os níveis de medo e insegurança. Quando tais temores são tirados da superfície e suas causas, tratadas, tornam-se mais acessíveis as perspectivas de manejo construtivo do conflito. (Ross, 1995: 244)

CORRIGIR DEMONSTRANDO TERNURA

Como assinalamos no segundo ponto deste capítulo, dedicado aos erros na educação dos filhos, educar também significa dizer não, corrigir, chamar a atenção etc. Mas estes processos necessários devem ser feitos:

> Utilizando uma linguagem correta e, se possível, afetuosa.

>> Uma comunicação afetuosa começa por não culpar, ajudando ambas as partes a se ouvirem e entenderem, enviando uma mensagem que não agrida e que demonstre sua maneira de perceber o problema. Uma linguagem carinhosa faz saber àqueles seres que você os ama, que são importantes e merecem respeito. Aprenda a dizer "perdoe-me"; esta maneira de admitir a responsabilidade tem o poder de diluir a situação conflituosa e controlar o problema. (Schmidt e Friedman, 1994: 15)

- Em espaço e momento adequados.
- Ouvir sem preconceitos. Como frisam Schmidt e Friedman (1994: 17), qualificar a capacidade de escuta requer levar em conta destrezas como:
  – Tempo para ouvir. Não interrompa ou pense em uma resposta antes que a outra pessoa termine de falar.
  – Assegure-se de que tenha entendido. Repita com suas próprias palavras o que pensa ter dito à outra pessoa. Tenha certeza de que não está "pondo palavras na boca do outro".
  – Fique atento à sua linguagem corporal e observe a dos demais. A linguagem do corpo pode dizer mais que as palavras.
  – Concentre-se nos sentimentos sem julgar se são bons ou não. Exemplo: "Como fiz você sentir isso?"; "Está chateado?"; "Quer falar sobre isso?".
  – Fale em tom de voz que não seja ameaçador.
  – Utilize frases que estimulem e comuniquem seu interesse.
  – Estimule sem falar, seja com um sorriso, um abraço, afirmando com a cabeça ou acariciando.
  – Pergunte quando não entender, e evite frases ou palavras que tendam a acusar e colocar a outra pessoa na defensiva.
  – Aceite e permita os desacordos entre seus entes queridos, pois isto indica que você respeita sua opinião, ainda que possa não compartilhar dela.
- Mostrar apoio e aceitação incondicional à pessoa. A correção da conduta equivocada não pode dar lugar a enganos sobre o carinho que se sente pelos filhos. Trata-se de aplicar a máxima gandhiana "duros com os problemas, mas sensíveis com as pessoas". Separar o problema da pessoa, além de ser um avanço qualitativo muito importante no processo de resolução positiva dos conflitos, deixa as relações afetivas intactas. O que estou contestando não é a pessoa, mas alguma ação concreta desta pessoa.

PEDIR DESCULPAS QUANDO NOS EQUIVOCAMOS

Como assinalamos no quadro "O que fazer diante de um conflito?", exposto anteriormente, um processo que ajuda a resolver os conflitos é saber pedir desculpas quando se comete uma falta. Ao longo deste capítulo falamos que os pais têm de saber corrigir, estabelecer limites, fazer com que os direitos sejam respeitados e os deveres cumpridos etc. Mas, também devemos pedir desculpas quando cometemos erros. Aplicar esta estratégia em nada questiona nossa autoridade, nem provoca confusão nas crianças ou jovens. Ao contrário. Quando mãe ou pai estão dispostos a pedir desculpas diante de seu filho ou filhos por ter perdido o controle, por exemplo, está reforçando sua autoridade ao mesmo tempo em que facilita o aprendizado desta estratégia da melhor forma possível, dando o exemplo. Pedir desculpas não é sinônimo de fraqueza, mas de inteligência e segurança em si mesmo. É também uma forma de tornar operativa a próxima estratégia.

COERÊNCIA

Ao aplicar as habilidades anteriores, estou cumprindo uma regra fundamental a todo educador, seja pai ou mãe, professor ou professora: a coerência com aquilo que se proclama. A coerência como valor a ser demonstrado e vivido.

> É preciso testemunhar a nossos filhos que é possível ser coerente, mais ainda, que ser coerente é um objetivo de integridade de nosso ser. Ao final das contas, a coerência não é um favor que fazemos aos outros, mas uma forma ética de nos comportarmos. Por isto, não sou coerente para que me compensem, me elogiem, me aplaudam. (Freire, 2001: 56)

A coerência também é necessária nos critérios educativos dos pais e da relação com os filhos. Há muitos conflitos que têm origem e agravamento na falta de coerência de critérios entre pai e mãe. Ocasionalmente, chega-se a encenar essas diferenças diante dos filhos, como argumento para "conquistá-los". Os pequenos precisam amadurecer a partir de critérios coerentes e normas claras.

MEDIAR

A mediação, além da negociação e da arbitragem, também deve ser aplicada nas famílias. Desde pequenos podemos aprender a negociar e a atuar como mediadores em conflitos entre irmãos, entre pai e mãe, entre um filho ou filha etc. Como vimos no capítulo anterior, a mediação deve ser utilizada quando se rompem os canais de comunicação entre as partes em conflito. O mediador ou mediadora facilita que as partes dialoguem e encontrem soluções para suas desavenças. Às vezes, é a família inteira que necessita de um mediador profissional.

SISTEMA EDUCACIONAL ESPANHOL (LOE)

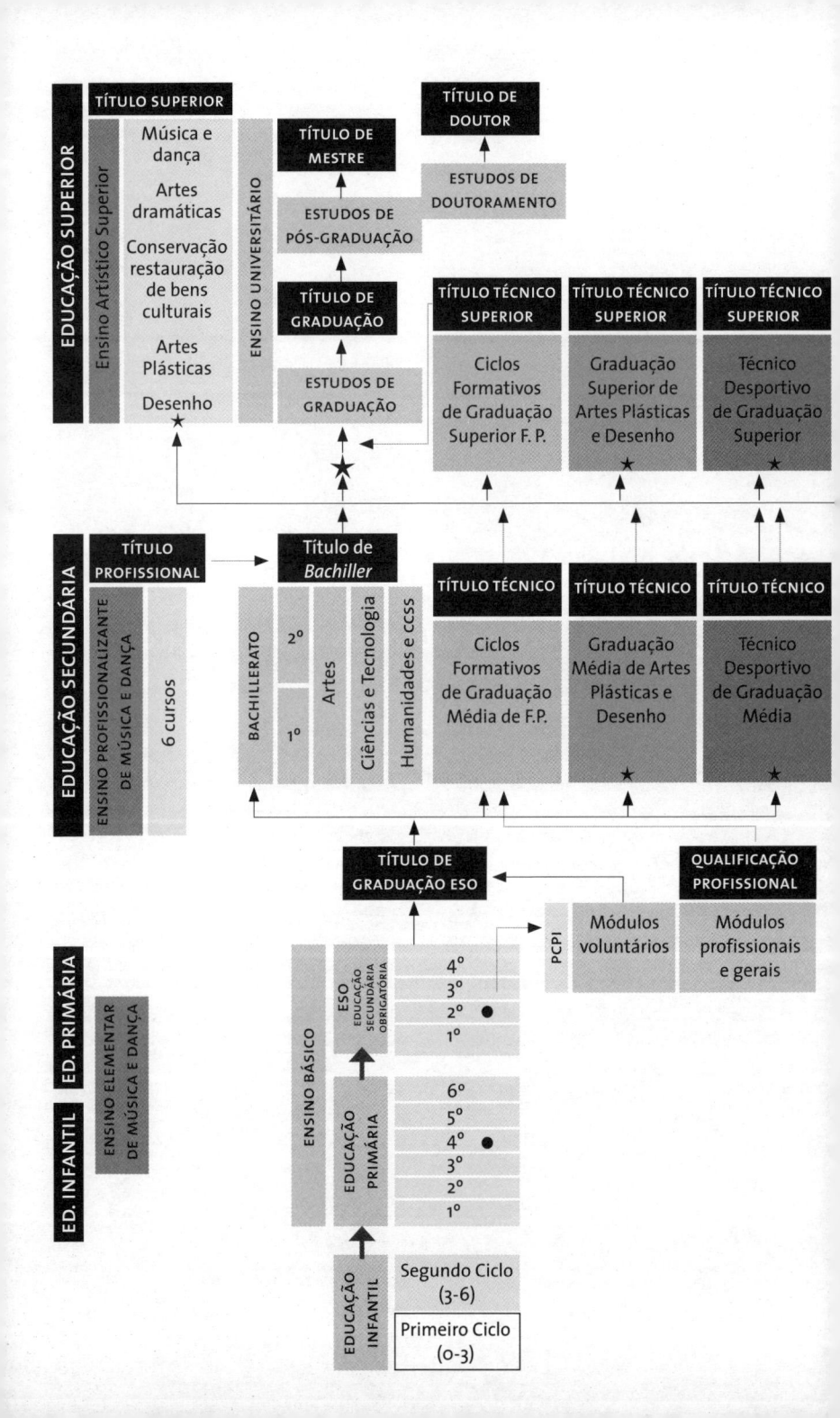

EDUCAÇÃO SUPERIOR

TÍTULO SUPERIOR
Ensino Artístico Superior
- Música e dança
- Artes dramáticas
- Conservação restauração de bens culturais
- Artes Plásticas
- Desenho ★

Ensino Universitário

TÍTULO DE MESTRE
ESTUDOS DE PÓS-GRADUAÇÃO

TÍTULO DE DOUTOR
ESTUDOS DE DOUTORAMENTO

TÍTULO DE GRADUAÇÃO
ESTUDOS DE GRADUAÇÃO ★

TÍTULO TÉCNICO SUPERIOR
Ciclos Formativos de Graduação Superior F.P.

TÍTULO TÉCNICO SUPERIOR
Graduação Superior de Artes Plásticas e Desenho ★

TÍTULO TÉCNICO SUPERIOR
Técnico Desportivo de Graduação Superior ★

EDUCAÇÃO SECUNDÁRIA

TÍTULO PROFISSIONAL
Ensino Profissionalizante de Música e Dança
6 cursos

Título de *Bachiller*
BACHILLERATO
- 1º / 2º
- Artes
- Ciências e Tecnologia
- Humanidades e CCSS

TÍTULO TÉCNICO
Ciclos Formativos de Graduação Média de F.P.

TÍTULO TÉCNICO
Graduação Média de Artes Plásticas e Desenho ★

TÍTULO TÉCNICO
Técnico Desportivo de Graduação Média ★

TÍTULO DE GRADUAÇÃO ESO

QUALIFICAÇÃO PROFISSIONAL
PCPI
- Módulos voluntários
- Módulos profissionais e gerais

ED. PRIMÁRIA / ED. INFANTIL

Ensino Elementar de Música e Dança

ENSINO BÁSICO

ESO — EDUCAÇÃO SECUNDÁRIA OBRIGATÓRIA
- 1º
- 2º ●
- 3º
- 4º

EDUCAÇÃO PRIMÁRIA
- 1º
- 2º
- 3º
- 4º ●
- 5º
- 6º

EDUCAÇÃO INFANTIL
- Primeiro Ciclo (0-3)
- Segundo Ciclo (3-6)

Nível Básico

Nível Intermediário

Nível Avançado

ENSINO DE IDIOMAS

EDUCAÇÃO DE PESSOAS ADULTAS

■ Ensino Gratuito
■ Formação Profissional
■ Ensino Artístico
■ Ensino Desportivo
▶ Acesso com condições
● Prova de Diagnóstico
★ Prova de Acesso

Educação infantil: Etapa educativa. Organizada em dois ciclos; o segundo, gratuito.
Ensino básico: Está formado pela educação primária e ESO; é gratuita, obrigatória e organizada segundo os princípios de educação para todos, com atenção à diversidade.
Educação primária: Consta de seis anos cursados ordinariamente entre seis e doze anos.
Educação secundária: Divide-se em obrigatória (ESO) e pós-obrigatória (*Bachillerato*, F. P. de graduação média, ensinos profissionalizantes de artes plásticas e desenho de graduação média e ensinos desportivos de graduação média).
Educação secundária obrigatória (ESO): Consta de quatro anos cursados ordinariamente entre doze e dezesseis anos. Há programas de diversificação curricular a partir do 3º ano, orientados à obtenção do título. O título de Graduado em ESO dá acesso à secundária pós-obrigatória.
Programas de qualificação profissional inicial (PCPI): Para alunos maiores de dezesseis anos, excepcionalmente de quinze. Incluem três tipos de módulos:
a) obtenção de qualificação profissional; b) formativos de caráter geral; e c) voluntários, com o título de graduação em ESO.
Bachillerato: Consta de dois cursos com três modalidades: Artes, Ciências e Tecnologia, e **Humanidades e Ciências Sociais:** O título de bachiller dá acesso à educação superior.
Educação superior. Está constituída pelos ensinos universitários, artísticos superiores, F. P. de graduação superior, ensinos profissionais de artes plásticas e desenho de graduação superior e pelo ensino desportivo de graduação superior.
Educação universitária: Está regulada pelos Reais Decretos 55/2005 e 56/2005, de 21 de janeiro. Para ingressar nesta etapa é necessário superar uma prova de acesso.
Formação profissional: O ingresso é possível sem os requisitos acadêmicos através de prova de acesso (graduação média para maiores de dezessete anos e graduação superior para maiores de dezenove anos, ou dezoito se possuírem o título de técnico relacionado à especialidade).
Ensino de regime especial: São os ensinos de idiomas, artísticos e desportivos.
Ensino de idiomas: Para ingressar será necessário ser maior de dezesseis anos, salvo os maiores de catorze anos que estudam um idioma distinto do cursado na ESO. Com o título de *bachiller* ingressa diretamente no nível intermediário da primeira língua cursada no *Bachillerato*.
Ensino Desportivo: Para ingressar na graduação superior será necessário possuir o título de *bachiller* e o título de graduação média da especialidade correspondente. Em algumas especialidades pode ser necessário superar uma prova de acesso específica. Poderá ingressar sem os requisitos acadêmicos através de uma prova de acesso (graduação média para maiores de dezessete anos e graduação superior para maiores de dezenove anos, ou dezoito se possuírem o título de técnico relacionado à especialidade).
Ensino artístico profissional: São os ensinos profissionais de música e dança e graduação média e superior de artes plásticas e desenho. Para ingressar é necessário superar uma prova específica. O alunado que finalize o ensino profissional de música e dança obterá o título de *bachiller* se aprovado nas matérias comuns do *Bachillerato*. Poderá ingressar sem os requisitos acadêmicos nos ensinos profissionais de artes plásticas e desenho superando uma prova de acesso (graduação média para maiores de dezessete anos e graduação superior para maiores de dezenove anos, ou dezoito se possuírem o título de técnico relacionado à especialidade).
Ensino artístico superior: Para ingressar é necessário, além do título de *bachiller*, superar uma prova específica. Poderão ser estabelecidos convênios com as universidades para a organização de estudos de doutorado próprios a estes ensinos.
Educação de pessoas adultas: Está destinada a maiores de dezesseis anos. Sua metodologia é flexível e aberta. Para facilitar a incorporação de adultos ao sistema educacional serão preparadas provas para a obtenção de títulos e o acesso aos distintos ensinos.

REFERÊNCIAS BIBLIOGRÁFICAS

Aguilar, S et al. *Las mentiras de una guerra: Desinformación y censura en el conflicto del Golfo*. Barcelona: Deriva Editorial, 1991.
Amnistía Internacional. *Educación en derechos humanos: asignatura suspensa. (Informe sobre la formación en las escuelas de Magisterio y facultades de Pedagogía y Ciencias de la Educación en materia de derechos humanos)*. Madri: Amnistía Internacional, 2003
APDH. *Implantar en España una mejor educación en y para los derechos humanos*. Madri, APDH, 2004.
Arendt, H. *La condición humana*. Barcelona: Paidós, 1993. [Edição brasileira: *A condição humana*. São Paulo: Forense, 2005]
Arteta, A. (2004): "Cartas ao diretor". *El País*, 26/11/2004.
Arteta, A.(2005) "Deixe de filosofias". *El País*, 26/06/2005.
Ball, S. *La micropolítica de la escuela. Hacia una teoría de la organización escolar*. Barcelona: Paidós-MEC, 1989.
Bauman, Z. *La sociedad individualizada*. Madri: Cátedra, 2001.
Benedetti, M. *Memoria y esperanza. Un mensaje a los jóvenes*. Barcelona: Destino, 2004.
Bernstein, B. *Poder, educación y conciencia*. Barcelona: El Roure, 1990.
Bloch, E. *El principio esperanza*. Vol. II. Madri: Aguilar, 1979.
Bloch, E. *El principio esperanza* (1). Madri: Trotta, 2004.

Boff, L. *Fundamentalismo. La globalización y el futuro de la humanidad*. Santander: Sal Terrae, 2003.

Bonino, S. *Bambini e nonviolenza*. Turim: Abele, 1987.

Camus, A. *Crónicas* (1944-1953). Madri: Alianza, "Biblioteca Camus", 2002.

Casamayor, G. (Org.). *Cómo dar respuesta a los conflictos. La disciplina en la Enseñanza Secundaria*. Barcelona: Graó, 1998.

Castilla del Pino, C. et al. *El odio*. Barcelona: Tusquets, 2002.

Cerda, A. M. y Assaél, J. "Normatividad escolar y construcción de valores en la vida cotidiana del liceo". *Perspectivas*, vol. XXVIII, n° 4, pp. 659-44, dez., 1998.

Cifuentes, L. M. "Algo más que una asignatura". *Cuadernos de Pedagogía*, n° 350, pp. 94-97, 2005.

Crary, E. *Crecer sin peleas*. Barcelona: RBA, 1998.

Cyrulnik, B. et al. *El realismo de la esperanza. Testimonios de esperanzas profesionales entorno a la resiliencia*. Barcelona: Gedisa, 2004.

De Lucas, J. "Paradojas de la dimensión política de la solidaridad". En Vázquez, J. y Sánchez Torrado, S. (Coords.): *La Cultura de la solidaridad. Proyecto. Y tú... ¿Cómo lo ves?*. Madri: ACSUR-Las Segovias, pp. 133-44, 1998.

England, G. "Tres formas de entender la administración educativa". En Bates, R. et al.: *Práctica crítica de la administración educativa*. Valencia: Universidad de Valencia, 1989.

Escudero Muñoz, J. M. *Innovación y desarrollo organizativo de los centros escolares. II Congreso Interuniversitario de Organización Escolar*. Sevilla: GID-Universidad de Sevilla, 1992.

Etxeberria, X. *La educación para la paz ante la violencia de ETA*. Bilbao: Bakeaz, 2003.

Freinet, C. *Los planes de trabajo*. Barcelona: Laia, 1974a.

Freinet, C. *Por una escuela del pueblo*. Barcelona: Laia, (3ª ed.), 1974b. [Edição brasileira: *Para uma escola do povo*. São Paulo: Martins Fontes, 1996.]

Freinet, C. *Técnicas Freinet de la escuela moderna*. México DF: Siglo XXI, (10ª ed.), 1978.

Freire, P. *Pedagogía del oprimido*. Buenos Aires: Siglo XXI, 1970. [Edição brasileira: *Pedagogia do oprimido*. Rio de Janeiro: Paz e Terra, 1981.]

Freire, P. *Pedagogía de la indignación*. Madri: Morata, 2001. [Edição brasi-

leira: *Pedagogia da indgnação: cartas pedagógicas e outros escritos*. São Paulo: UNESP, 2000.]
Fuentes, C. *En esto creo*. Barcelona: Seix Barral, (2ª ed.), 2002.
Galtung, J. *Gandhi oggi*. Turim: Abele, 1987. [Edição brasileira: *Gandhi hoje: o caminho e a meta*. São Paulo: Palas Athena, 2003.]
García Roca, J. *Solidaridad y voluntariado*. Santander: Sal Terrae, 1994.
Gil Calvo, E. *El miedo es el mensaje. Riesgo, incertidumbre y medios de comunicación*. Madri: Alianza, 2003.
Gimeno Sacristán, J. *Poderes inestables en educación*. Madri: Morata, 1998.
Gimeno Sacristán, J. *Educar y convivir en la cultura global*. Madri: Morata, 2001.
Gras, G. e Goytisolo, J. "Frente a la catástrofe programada". Em *Pensamiento crítico vs. Pensamiento único. Le Monde diplomatique*. Madri: Debate, 1998, pp. 81-95.
ICEC. *La convivencia en los centros educativos de Secundaria de la Comunidad Autónoma Canaria*. Sta. Cruz de Tenerife: Consejería de Educación y Cultura del Gobierno Canario, 2004.
Ignatieff, M. *El honor del guerrero. Guerra étnica y conciencia moderna*. Madri: Taurus, (2ª ed.), 2004.
Jares, X. R. *El placer de jugar juntos. Nuevas técnicas y juegos cooperativos*. Madri: CCS, (5ª ed., 2004), 1992.
Jares, X. R. *Educación para la paz. Su teoría y su práctica*. Madri: Popular, (3ª ed., 2005), 1999a. [Edição brasileira: *Educação para a paz. Sua teoria e sua prática*. Porto Alegre: Artmed, 2002.]
Jares, X. R. *Educación y derechos humanos. Estrategias didácticas y organizativas*. Madri: Popular, (2ª ed., 2002), 1999b.
Jares, X. R. *Aprender a convivir*. Vigo: Xerais, (2ª ed., 2002), 2001a.
Jares, X. R. *Educación y conflicto. Guía de educación para la convivencia*. Madri: Popular, 2001b. [Edição em português: *Educação e conflito. Guia de educação para a convivência*. Porto: Edições ASA, 2002.]
Jares, X. R. *Educar para la paz en tiempos difíciles*. Bilbao: Bakeaz, 2004. [Edição brasileira: *Educar para a paz em tempos difíceis*. São Paulo: Palas Athena , 2007.]
Jares, X. R. *Educar para la verdad y la esperanza. En tiempos de globalización, guerra preventiva y terrorismos*. Madri: Popular, (2ª ed.), 2005a. [Edição brasileira: *Educação para a verdade e para a esperança. Em

tempos de globalização, guerra preventiva e terrorismos. Porto Alegre: Artmed, 2005.]

Jares, X. R. *Técnicas e Xogos Cooperativos para todas as idades*. Vigo: Xerais, (3ª ed.), 2005b. [Edição em português: *Técnicas e jogos cooperativos para todas as idades*. Porto: Edições ASA, 2007.]

Johnson, D. W. e Johnson, R. T. *Cómo reducir la violencia en las escuelas*. Barcelona: Paidós, 1999.

Laval, C. *La escuela no es una empresa*. Barcelona: Paidós, 2004. [Edição brasileira: *A escola não é uma empresa*. Londrina: Planta, 2003.]

Lledó, E. *Imágenes y palabras*. Madri: Taurus, 1998.

Lledó, E. "Entrevista". *El País Semanal*, nº 1364, 17/11/02, pp. 10-16, 2002.

Maalouf, A. *Identidades asesinas*. Madri: Alianza editorial, 1999. [Edição em português: *Identidades assassinas*. Lisboa: Difel, 1999.]

Magris, C. *Utopía y desencanto. Historias, esperanzas e ilusiones de la modernidad*. Barcelona: Anagrama, 2001.

Marchesi, A. y Pérez, E. M. *Opinión de las familias sobre la calidad de la educación*. Madri: CIE-FUHEM, 2005.

Montaigne, M. *Ensayos Completos*. Tomo I, Barcelona: Muntaner, 1947. [Edição brasileira: *Os ensaios* (vol. 1). São Paulo: Martins Fontes, 2002.]

Morin, E. *Los siete saberes necesarios para la educación del futuro*. Barcelona: Paidós, 2001. [Edição brasileira: *Os sete saberes necessários à educação do futuro*. São Paulo: Cortez; Brasília: UNESCO, 2003.]

Peces Barba, G. (2004) "A educação em valores, uma disciplina imprescindível". *El País*, 22/11/2004.

Puente Ojea, G. "El laicismo principio indisociable de la democracia". www.inisoc.org/ojea65.htm, 2002.

Restrepo, L. C. *El derecho a la ternura*. Santafé de Bogotá: Arango Editores, (15ª ed.), 1999. [Edição brasileira: *O direito à ternura*. São Paulo: Vozes, 1998.]

Rojas Marcos, L. *Más allá del 11 de septiembre. La superación del trauma*. Madri: Espasa Calpe, 2002.

Rojas Marcos, L. *Nuestra incierta vida normal*. Madri: Aguilar, 2004.

Ross, M. H. *La cultura del conflicto. Las diferencias interculturales en la práctica de la violencia*. Barcelona: Paidós, 1995.

Russell, B. *La conquista de la felicidad*. Madri: Espasa Calpe, 1991.[Edição brasileira: *A conquista da felicidade*. São Paulo: Ediouro, 2003.]

Sánchez Torrado, S. "Solidaridad: ciudadanía y cooperación al desarrollo". Em Vázquez, J. e Sánchez Torrado, S. (coord.).: *La Cultura de la solidaridad. Proyecto. Y tú... ¿Cómo lo ves?* Madri: ACSUR–Las Segovias, 1998, pp. 73-79.

Santos Guerra, M. A. "La escuela: un espacio para la cultura". *Kikiriki*, nº 31-32, 1994, pp. 3-13.

Savater, F. (2005a): "Educação cívica: transversal ou atravessada?". *El País*, 01/03/2005.

Savater, F. (2005b): "Adiós a la filosofia?". *El País*, 23/05/2005.

Schmidt, F. e Friedman, A. *Una lucha justa para toda la familia*. Miami: Peace Education Foundation, 1994.

Smith, D. "Estudio de los conflictos y educación para la paz". *Perspectivas*, vol. x, nº 2, 1979.

Smith, P. e Sharp, S. *School Bullying. Insights and perspectives*. Londres: Routledge, 1994.

Tortosa, J. M. *Corrupción*. Barcelona: Icaria, 1995.

Esta obra foi composta nas fontes Minion Pro e The Sans
e impressa nas oficinas da Gráfica Palas Athena